Thea Leitner
Jugendzeit damals

SERIE PIPER

Zu diesem Buch

»Dies ist die Geschichte meiner Jugend zwischen 1921 und 1938, einer sehr, sehr fernen, fremden Zeit, denn seither hat sich die Welt umwälzender und grundlegender verändert als in den 500 Jahren davor.« Thea Leitner, eine typische »höhere Tochter«, beschreibt den Alltag von damals mit all seinen vielfältigen Facetten und längst entschwundenen Bräuchen. Sie erzählt von einer Zeit, in der ihre Familie nach heutigen Begriffen an der Armutsgrenze lebte, aber dennoch »repräsentieren« musste. Bildung war das höchste Gut, für das jedes Opfer gebracht wurde: Stundenlange Fußmärsche, um das Geld für die Straßenbahn zu sparen – ein französisches Kindermädchen und eine Klavierlehrerin mussten jedoch sein. Spannend und pointiert, packend und anschaulich zeichnet die Erfolgsautorin Thea Leitner das Bild einer scheinbar heilen Welt, die schon an allen Ecken und Enden brüchig zu werden beginnt.

Thea Leitner, geboren in Wien, studierte Malerei, Kunstgeschichte und Sprachen und arbeitete als Journalistin. Nach zahlreichen Kinder- und Jugendbüchern gelang ihr mit »Habsburgs verkaufte Töchter« und weiteren Büchern zur österreichischen Geschichte der Sprung auf die Bestsellerlisten. Thea Leitner lebt heute als freie Autorin in ihrer Geburtsstadt.

Thea Leitner

Jugendzeit damals

Ein bürgerliches Leben zwischen Sachsen und Wien
1921 – 1938

Mit 17 Fotos

Piper München Zürich

Bildnachweis: Privatarchiv und Josef Kolarsky (4)

Von Thea Leitner liegen in der Serie Piper vor:
Habsburgs verkaufte Töchter (1827)
Fürstin, Dame, Armes Weib (1864)
Habsburgs vergessene Kinder (1865)
Skandal bei Hof (2009)
Die Männer im Schatten (2324)
Spiele nicht mit meinem Herzen (3004)
Habsburgs Goldene Bräute (3525)
Jugendzeit damals (3840)
Skandal bei Hof/Habsburgs Goldene Bräute (Doppelband, 4165)

Ungekürzte Taschenbuchausgabe
Piper Verlag GmbH, München
1. Auflage Dezember 2003
2. Auflage März 2005

unter dem Titel: »Jugendzeit – Seinerzeit«
Umschlag/Bildredaktion: Büro Hamburg
Isabel Bünermann, Julia Martinez/
Charlotte Wippermann, Kathrin Hilse
Fotos Umschlagvorderseite: Privatarchiv
Druck und Bindung: Clausen & Bosse, Leck
Printed in Germany ISBN 3-492-23840-8

www.piper.de

Inhalt

Für Verena und Maria

Wer ein gutes Gedächtnis
hat, braucht keine Fantasie.
Antonio Lobo Antunes

Kein Dino-Land und auch kein Goldenes Zeitalter

Dies ist die Geschichte meiner Jugend zwischen 1921 und 1938, einer sehr, sehr fernen, fremden Zeit, denn seither hat sich die Welt umwälzender und grundlegender verändert als in den 500 Jahren davor.

Wie haben wir existiert ohne Fernsehen, ohne Kreditkarten, Laser, Kugelschreiber und Teflonpfannen? Es gab kein Penicillin, keine Antibabypillen, keinen Gen-Mais. Keine Klimaanlagen, Geschirrspüler oder Wäschetrockner, Computer und Handys. Ein Chip war ein angelsächsischer Holzspan, Hardware bekam man dort in der Eisenhandlung, Software war kein Saft, nicht einmal ein Wort. Aids waren amerikanische Bürodiener, Rockmusik hätte man vielleicht für Gejodel in Tiroler Felsen gehalten.

Wie haben wir gelebt? Ärmlich, gemessen an heutigen Verhältnissen, auch in der Stadt meist zu Fuß unterwegs, um Geld für die Straßenbahn (damals Tramway genannt) zu sparen, Kleider wurden, wenn sie abgetragen waren, zertrennt und gewendet, das Ferienbett im Bauernhaus durfte nicht mehr als 50 Groschen (0,04 Euro) pro Nacht kosten, sonst hätte es keinen Urlaub gegeben.

Dass je einer von uns ein eigenes Auto besitzen könnte, das war noch unvorstellbarer als in diesen Tagen die eigene Weltraumkapsel für einen Wochenend-Trip zum Mond.

Wie haben wir – zumindest ich und zahlreiche Mädchen meiner Generation – gelebt, geschnürt in ein enges Moral-Korsett, sodass wir glaubten, ein Kuss wäre Sünde und vom Tango-Tanzen könnte man schwanger werden.

Die Geschichten, die Sie jetzt lesen werden, scheinen, aus heutigem Blickwinkel, stellenweise so absurd, dass selbst ich, die ich sie leibhaftig erlebt habe, sie für Fantasiegebilde halten könnte – doch ich weiß: mein Langzeitgedächtnis (wie übrigens auch mein Kurzzeitgedächtnis) funktioniert zum Glück noch einwandfrei.

Diese Berichte aus einer fernen, für immer vergangenen Welt mag den Jungen und Jüngsten wie eine Dino-Saga erscheinen, Älteren und Alten hingegen Erinnerungen an ein vermeintlich goldenes Zeitalter erwecken, da, ihrer Meinung nach, noch Sitte und Moral, Anstand und Ehre, Ruhe und Ordnung gang und gäbe waren. Zwei grundfalsche Bilder. Ich will versuchen, sie in diesem Buch zurechtzurücken.

Thea Leitner

Die Aufzählung der »seinerzeit« noch unbekannten Gegenstände und Begriffe verdanke ich einem längeren Text von Univ.-Prof. Dr. Hans Grümm, bei dem ich mich dafür herzlich bedanke.

1

Dank dem toten Brüderchen

Der 2. Juni 1921 war ein für diese Jahreszeit außergewöhnlich heißer Tag. Viele Menschen saßen am Abend, wie in den Sommermonaten üblich, auf Bänken und Sesseln vor den Haustoren, plauderten und spähten auf die wenig belebte Straße in der Hoffnung, dass sich vielleicht doch etwas Sehenswertes ereignen könnte.

Sie wurden nicht enttäuscht. Kurz nach 21 Uhr kam ein junger, eleganter und sportlich offensichtlich wohl geübter Mann angesprintet, hinter ihm, vor Anstrengung keuchend, eine beleibte ältere Frau mit wehenden Röcken, eine große lederne Tasche schwingend.

Das zahlreiche Publikum war entzückt von dem überraschenden Schauspiel, und etliche Männer feuerten den Läufer mit aufmunternden Zurufen an: »Renn, Burscherl, renn, dass di dei Alte net derwischt.« Der junge Mann, das war mein Vater, die hinter ihm herhastende Frau die Hebamme, die gerade noch zurecht kommen würde, um mir ans Licht dieser Welt zu verhelfen.

Die Szene spielt in Wien, genauer gesagt, in der Gentzgasse, im achtzehnten Gemeindebezirk, und Sie werden fragen, wie es kam, dass in der Großstadt, die bis drei Jahre zuvor Zentrum einer Weltmacht gewesen war, die Leute abends auf der Straße saßen wie in einem ländlichen Weiler. Die Antwort ist einfach. Der achtzehnte Bezirk, genannt Währing, ein Konglomerat aus mehreren kleinen Dörfern namens Weinhaus, Gersthof, Pötzleinsdorf und eben Währing, war vor dem seit dem Mittelalter bestehenden Verteidigungsgürtel der Stadt, dem Linienwall, gelegen und erst 29 Jahre zuvor eingemeindet worden. Sitten und Gebräuche sind zäh und nicht in der knappen Spanne von 29 Jahren auszumerzen. Wie seit urdenklichen Zeiten gewohnt, verbrachten viele die warmen Abende im Freien, also auf der Gasse.

1921 standen noch ungezählte ebenerdige Häuser mit ihren riesigen Einfahrtstoren für Pferd und Wagen. Das Wirtshaus »Biersack«, in dem Franz Schubert 1826 sein »Ständchen« (»Horch! Horch! Die Lerch' im Ätherblau!«) zu Papier gebracht hatte, nur einen Steinwurf von meinem Elternhaus entfernt, war erst kurz vor meiner Geburt abgerissen worden. Am Rande des Bezirkes lagen lange Zeilen kleiner, geduckter Bauern- und Winzerhäuser inmitten ausgedehnter Weingärten, wo zur Lesezeit finster dreinblickende Flurwächter durch schrille Misstöne aus lang gezogenen, primitiven Blasinstrumenten Traubendiebe in die Flucht schlugen. Die kleinen Katen, die ausgedehnten Rebpflanzungen sind nach dem Zweiten Weltkrieg ebenso hässlichen wie teuren Appartementgebäuden und gigantischen Supermärkten gewichen und dem »letzten Winzer von Währing« wurde dann, knapp neben einer Straßenbahn-Haltestelle, ein klobiges Denkmal aus rotem Stein gesetzt.

Aber noch heute ist Währing einer der grünsten Bezirke der Stadt. Fast in jedem der geräumigen Höfe hinter den Häusern gibt es alte Bäume sonder Zahl. Vor den Fenstern unserer Wohnung standen zwei mächtige Kastanien, ein Nuss- und ein Ahornbaum (der im Zweiten Weltkrieg verheizt werden würde, wobei das nasse Holz Unmengen beißenden Qualms ausstieß) und im Hof des Nachbarhauses, nur durch ein kleines Mäuerchen von dem unseren getrennt, drei beeindruckend hohe Akazien, die zur Zeit meiner Geburt in voller Blüte standen. Deren süßer Duft muss mit dem ersten Atemzug tief in meine kleine Lunge eingedrungen sein, er ist mir unvermindert gleichbedeutend mit Wonne, Glück, Leben.

Meine arme Mutter hingegen in ihrer schweren Stunde halb

betäubt von der Hitze und dem durchdringenden Geruch, der durch die Fenster des Schlafzimmers drang, hatte zeitlebens ein gestörtes Verhältnis zu den weiß blühenden Bäumen, die sie am liebsten abgehackt gesehen hätte.

Ich hingegen, als ich viele, viele Jahre später die Wohnung von meinen Eltern übernommen hatte, führte einen langen, erbitterten Kampf gegen die Baugesellschaft, die an die Stelle der Akazien einen Wohnblock setzen wollte. Ich habe ihn, kräftig unterstützt von den durch mich aufgewiegelten Bewohnern der umliegenden Häuser und dank meiner schamlos ausgenützten Beziehungen, die ich als Journalistin aufgebaut hatte, dann auch wirklich gewonnen. Es war einer der größten Triumphe meines Lebens.

Die Zukunft schien damals, am 2. Juni 1921, nicht besonders rosig, sollten meine Eltern den düsteren Prophezeiungen der böhmischen Hebamme Glauben schenken. Ihre erste Aussage beim Anblick des Neugeborenen lautete: »O weh! Isse nur a Madl. Madl ham schwer im Leben.« Das hat Vater und Mutter kaum gestört, aus gutem Grund waren sie froh, dass das Kind überhaupt gesund war. Die Schwere der nächsten Vorhersage, die nun aus dem Mund der Weisen Frau folgte, konnten sie indes nicht ermessen. Sie meinte: »Hate Mordsfieß, das Madl. Wirde amal werdn a Riesin.« Na, wenn schon, mögen sie gedacht haben. Sie beide waren, für damalige Verhältnisse, auch ziemlich hoch gewachsen, die Mutter maß 172 Zentimeter, der Vater 174 – was sollte schon viel passieren? Es passierten letzten Endes 180 Zentimeter – heute nichts Ungewöhnliches oder gar Anrüchiges, schon gar nicht bei Models, seinerzeit ein Handicap, das mir noch sehr, sehr viel Kummer bereiten sollte.

Ich war das zweite Kind meiner Eltern und, zu meinem Glück, nicht das dritte meines Vaters, das heißt eigentlich, es gäbe mich gar nicht, denn für dieses dritte Kind hätte mein Vater niemals meine Mutter, sondern nur eine andere Frau zur Partnerin haben können. Im Falle der tatsächlichen Existenz *seines* ersten hätte meine Mutter ihn unweigerlich mit *ihrem* ersten Kind, das sein zweites gewesen wäre, verlassen.

Eine höchst komplizierte Geschichte, die aus dem Gewirr der abgrundtiefen Lügen und Geheimnisse spross, wie sie in jeder Familie tief verborgen schlummern, nur dass man niemals etwas davon erfährt. Vermutlich würde sich jedes einzelne Mitglied der Sippe lieber ins Schwert oder sonst wohin stürzen, als nur ein Quäntchen davon preiszugeben. Nur ganz selten münden, wie im gegenständlichen Fall, solche Tragödien in eine Farce, deren Slapstick-Elemente in Zukunft mehr als einmal aufgeboten werden würden, um ein wenig Aufmunterung in erlahmendes gesellschaftliches Geplauder zu bringen.

Meine Eltern haben im Mai 1919 geheiratet. Im darauf folgenden Sommer, meine Mutter war im zweiten oder dritten Monat schwanger, klingelte es Sturm an ihrer Wohnungstüre. Sie war allein zu Hause, blickte prüfend durch das Guckloch und erspähte eine junge hübsche Frau. Auf dem Arm hielt sie einen Säugling, der auf dem Kopf, trotz der sommerlichen Hitze, eine Haube trug. Letztere ist wichtig für die Geschichte.

Meine Mutter öffnete arglos in der Annahme, dass ihr von der zierlichen Frau keine Gefahr drohte, und fragte sie nach deren Begehr. Es folgte eine Flut aufgeregter Worte in einem für meine Mutter nicht identifizierbaren Idiom, denn sie lebte erst zu kurze Zeit in Österreich, um zwischen den Sprachen des erst jüngst verblichenen Vielvölkerstaates unterscheiden zu können. Tschechisch? Slowakisch? Ungarisch? Slowenisch? Italienisch? Polnisch? Ruthenisch? Jiddisch oder was sonst immer? Aus den wenigen dazwischen hervorgestoßenen deutschen Brocken war zu entnehmen, dass die Frau »dem Herr Oprlaitnant« zu sprechen wünschte.

Der anschließende, langwierige und schwierige Dialog erfolgte hauptsächlich mittels Mimik und Gestik und so schälte sich, letzten Endes, nachstehender erschreckender Tatbestand heraus: Die junge Frau war durch den in dieser Wohnung, Wien achtzehn, Gentzgasse 50, zweiter Stock, Tür acht, lebenden Oberleutnant unter Vorspiegelung ernsthafter Heiratsabsichten verführt und zur Mutter eines Sohnes gemacht worden, der Kindsvater hätte indes nicht die leiseste Absicht gezeigt, diese Tatsache auch nur zur Kenntnis zu nehmen, von Alimenten ganz zu schweigen.

Meine Mutter, aus der tiefsten sächsischen Provinz stammend, in einem protestantisch-puritanischen Lehrerhaushalt aufgewachsen und nun mit einem Oberleutnant jung verheiratet, muss einem Kollaps nahe gewesen sein. Ihr unverrückbares Bild vom Zusammenleben der Geschlechter war von den Damen Nataly von Eschstruth und Eugenie Marlitt geprägt worden – den damaligen Rosamunde Pilchers sozusagen –, deren nimmermüden Federn Romane wie »Gänseliesel«, »Die Erlkönigin«, »Heideprinzesschen« und »Reichsgräfin Gisela« entflossen waren. Die darin besungene Liebe war niemals »schmutzig«, das Thema Eros kam, wenn überhaupt, nur keimfrei und unverfänglich zur Sprache. Ich weiß das, ich habe diese epochalen Werke als Zwölf-, Dreizehnjährige mit glühenden Wangen gelesen, nachdem ich sie, völlig verstaubt, auf dem Dachboden meines großelterlichen Hauses aufgestöbert hatte.

Es steht außer jedem Zweifel, dass meine Mutter auf der Stelle die Wohnung verlassen und samt ihrem Ungeborenen ins heimatliche Sachsen geflohen wäre, hätte sich der »Fehltritt« meines Vaters bewahrheitet. Immerhin musste das Baby des Herrn »Oprlaitnant« zu einem Zeitpunkt gezeugt worden sein, da sie schon lange Zeit den feierlich angesteckten Verlobungsring getragen hatte (drei Brillanten, lupenrein, insgesamt mindestens ein halbes Karat schwer).

Natürlich wies sie die Anschuldigungen der fremden Frau wütend zurück. Die spielte dann aber ihren vermeintlich unschlagbaren Trumpf aus: Sie riss dem Baby die Mütze vom Kopf, in der Annahme, den letzten Beweis für die Vaterschaft des Herrn »Oprlaitnant« geliefert zu haben. Der Junge hatte nämlich, wie sein Vater auch, eine angeborene Halbglatze. Mein Vater hingegen verfügte zu jener Zeit noch über eine beeindruckende Lockenpracht, die nur, des vorgeschriebenen militärischen Kurzhaarschnitts wegen, nicht voll zur Geltung kommen konnte.

An dieser Stelle, mit dieser Pointe, endete die Geschichte,

wenn sie von meinem Vater zum Besten gegeben worden war. Immer er erzählte sie, meine Mutter hüllte sich in geniertes Schweigen. Es war ihr offensichtlich bis ans Ende ihrer Tage peinlich, an die bizarre Szene erinnert zu werden. Leider habe ich es verabsäumt, sie je danach zu fragen, wie die Affäre letzten Endes ausgegangen war, nachdem sich einwandfrei herausgestellt hatte, dass nicht mein Vater der Urheber des halbglatzigen Kindes gewesen sein konnte, sondern der Vormieter meiner elterlichen Wohnung, ebenfalls ein Oberleutnant.

Da ich diese Anekdote niederschreibe, kommt mir schmerzlich zu Bewusstsein, was wir alles in jungen Jahren unsere Eltern zu fragen unterlassen haben, wie wenig wir im Grunde von ihren Gefühlen wissen, dass wir dadurch, zu unserem eigenen Schaden aus ihren Siegen und Niederlagen weder lernen noch daraus Nutzen ziehen konnten.

Zwangsläufig, vermute ich, stellt sich nun die Frage, wie eine protestantische Lehrerstochter aus der tiefsten sächsischen Provinz die Chance hatte, einen katholischen Offizier der weiland glanzvollen k. u. k. Armee überhaupt kennen zu lernen. Dabei fällt mir ein amüsanter Essay des polnischen Schriftstellers Stanislav Lem ein, worin er nachweist, dass es, statistisch gesehen, gar nicht so viele Zu- und Zwischenfälle geben könnte wie jene, die dazu geführt, dass seine Eltern einander gefunden hätten.

Dasselbe gilt auch für meinen Fall: Wäre Fräulein Lisa Jentzsch aus Dresden nicht von daheim durchgebrannt, um sich mit einem ganz und gar inakzeptablen Mann zu verbinden, wäre mein Vater im Jahre 1913 nicht aus Güns (heute Köszeg) nach Wien gereist, um Richard Wagners »Parsifal« zu sehen, stattdessen aber in einem Varieté landete – nun, die Aussicht, dass sich die Lebenswege meiner Eltern gekreuzt hätten, wäre gleich null gewesen und somit auch mein Dasein ausgeschlossen.

Besagte Lisa Jentzsch, eine Schwester meiner Großmutter mütterlicherseits, war das Sorgenkind ihrer bürgerlich-konservativen Familie: zu vorlaut, zu aufmüpfig, zu selbstbewusst, zu hartnäckig in der Verfolgung und Durchsetzung ihrer extravaganten Wünsche. Irgendwo, ich weiß nicht oder wusste eigentlich nie wo genau, hat Lisa einen jungen Mann namens Jean Pergandé kennen und lieben gelernt, was einerseits erfreulich war, denn schließlich war es Sinn und Zweck eines Frauenlebens, in die Ehe zu münden, andererseits war es höchst bedenklich: Jean Pergandé war ein uneheliches Kind, noch dazu einer französischen Tänzerin.

Als sich die blamable Tatsache der Ehe eines Fräuleins aus gutem Haus mit dem illegitimen Sohn einer anrüchigen Person nicht mehr länger verheimlichen ließ, wurde der junge Mann flugs in einen Nebel von Legenden, seine Herkunft betreffend, gehüllt. In Wirklichkeit sei dessen Mutter die Primaballerina der Dresdner Hofoper gewesen, der Vater kein Geringerer als ein leibhaftiger Prinz aus dem in Sachsen regierenden Hause Wettin.

Selten geht es bei der Konstruierung angeblich vornehmster Abstammung unter einem Grafen, Herzog oder Prinzen ab. In meiner Klasse gab es ein Mädchen, dessen bildschöner Bruder dem Herzog von Reichstadt, Napoleons unglücklichem Sohn aus der Ehe mit der Habsburgerin Marie Louise, wie aus dem Gesicht geschnitten war. Stolz und bei jeder sich bietenden Gelegenheit zeigte der Vater des Knaben einen Siegelring, der angeblich aus dem Besitz des früh verstorbenen Herzogs stammte und den dieser einem Kammermädchen geschenkt haben soll, das die Mutter seines Sohnes geworden war – Ahnherr jener Wiener Familie.

In einer anderen, mir sehr wohl bekannten Familie wurde mit Hingabe an der Saga gewirkt, dass die aus Bayern stammende Ur-Urgroßmutter eine nicht folgenlos gebliebene Liaison mit dem Wittelsbacher König Ludwig II. unterhalten hätte, woraus sich eine überdurchschnittlich hohe Dichte an schrägen Vögeln und melancholischen Typen in der nächsten Verwandtschaft erklären ließe.

Ist es nicht seltsam, wie es die Menschen dazu drängt, ihre wahren Wurzeln zu verbergen, wunschträumend, dass man schon »immer« zu den »besseren Leuten« gehört habe. Als während des NS-Regimes das große Ahnenforschen, teils aus Zwang, teils als Steckenpferd gelangweilter Pensionisten, groß in

Mode kam, wird so mancher heftig erschrocken sein. Spätestens im 18. Jahrhundert entpuppten sich die angeblich vornehmen Ahnen von Industriellen, Handelsherren, Wissenschaftskoryphäen, Offizieren und anderen Stützen der Gesellschaft als einfache Bauern und Handwerker und schon mehr als einmal mag ein Tagelöhner den Stammbaum verunziert haben.

Bei der Erinnerung noch immer innerlich lächelnd, entsinne ich mich eines Jugendfreundes, der nach dem Zweiten Weltkrieg in der Zeit des üppig gedeihenden westdeutschen Wirtschaftswunders eine bedeutende Schuhfabrik aufgebaut hatte. Wenn er in Wien war, residierte er selbstverständlich im Palais Schwarzenberg.

Eines Tages hatten wir ein Rendezvous dort ausgemacht, ich erwartete ihn in der Halle und er kam, in edles Kaschmir gehüllt, den Kamelhaarmantel lässig um die Schulter drapiert, über die Treppe herabgeschritten, als ginge er geradewegs zum Lunch mit dem Fürsten Schwarzenberg persönlich.

Nur widerwillig und sehr verschwommen erzählte er, wenn man ihn bohrend befragte, dass sein Vater ein »eher mittlerer Schuhfabrikant« in Sachsen gewesen wäre – tatsächlich wurden dort nur Filzpantoffeln, auf gut Sächsisch »Berlatschen«, erzeugt. Und lieber hätte sich mein Freund wahrscheinlich die Zunge abgebissen als einzugestehen, dass noch seine Großmutter die »Berlatschen« mit eigener Hand genäht und sein Großvater diese in einer großen Holzbutte über die Dörfer getragen und den Bauern verkauft hatte.

Gehen wir immer weiter zurück durch die Jahrhunderte, dann enden wir doch alle, ob großer oder kleiner Name, bei den wilden Horden, die aus dem asiatischen Raum über Europa hereingebrochen sind, ganz zu schweigen von deren Vorfahren aus dem Innersten Afrikas.

Auch Kaiser Maximilian I. und Karl der Große, um nur zwei zu nennen, denen eifrige und liebedienerische Genealogen die Abkunft von den edlen Trojanern angedichtet hatten, stammen, je nach Glaubensrichtung, von Adam und Eva oder von den Affen ab, die von den Bäumen stiegen, um die Welt zu erobern und doch, laut Erich Kästner, immer die gleichen Affen geblieben sind.

Statt stolz zu sein auf die Altvorderen, die es dank eigener Kraft geschafft hatten, aus der Masse der Hungerleider und Habenichtse in die oberen Etagen der gesellschaftlichen Pyramide zu gelangen, leugnet man deren Leistung, um mit dem geborgten Glanz erfundener »feiner« Leute auf wen auch immer Eindruck zu machen.

Um auf Großtante Lisa und ihren unmöglichen Ehemann zurückzukommen: Was und wer ist höher zu bewerten – eine Primaballerina, die von einem Prinzen ausgehalten wird, oder eine unbedeutende französische Tanzmaus, die es im feindlichen Ausland schafft, ihren kleinen Bastard auf eine höhere Schule zu schicken und dann auch noch studieren zu lassen?

Das schändliche Verhalten der wilden Lisa war in dem Augenblick vergessen und verziehen, da sich herausstellte, dass der dubiose Herr Pergandé als Direktor eines Industriebetriebes (ich glaube, er hatte etwas mit Chemie zu tun), in Wien zu Reichtum und Ansehen gelangt war. Großmütig wurde die Tochter samt Schwiegersohn in den Schoß der Familie aufgenommen und selbst meine sittenstrenge Großmutter sträubte sich nur der Form halber ein wenig, ehe sie ihrer Tochter die Erlaubnis erteilte, Tante und Onkel einen längeren Besuch abzustatten. Die Überlegung, dass unter den Fittichen der umtriebigen Tante Lisa auch ein Ehemann aus der guten Wiener Gesellschaft gefunden werden könnte, mag dabei eine nicht unwesentliche Rolle gespielt haben. Eine, wie man gleich sehen wird, im weitesten Sinne stimmige Kalkulation.

So gelangte Susanne Kunze aus Hartha in Sachsen, Kreis Döbeln, im Frühjahr 1913, noch nicht ganz achtzehn Jahre alt, in die Haupt- und Residenzstadt der österreichisch-ungarischen Monarchie und somit schon in beträchtliche Nähe des in Güns (Köszeg) mit seinem Regiment stationierten Oberleutnants Rudolf Knapp. Für eine Romanze à la Nataly Eschstruth, Eugenie Marlitt oder auch Rosamunde Pilcher war nur noch eine läppische Distanz von 95 Kilometern Luftlinie – mit der Eisenbahn ein paar mehr – zu überwinden.

Die Pergandé wohnten im neunten Gemeindebezirk, Alsergrund, in einem vornehmen Patrizierhaus in der Kolingasse, ganz nahe der Ringstraße, dem Prachtboulevard Wiens. Natürlich lag ihre »Herrschaftswohnung« in der Beletage, im ersten Stockwerk also, tatsächlich im zweiten, denn zuvor gab es und gibt es in den älteren Häusern noch immer einen »Mezzanin«, manchmal noch ein »Hochparterre«, sodass gleich drei akzeptable Adressen herauskommen und keiner der dortigen Bewohner sich genieren muss, im unfeinen zweiten, dritten oder gar vierten Stock zu wohnen.

Das Sechs-Zimmer-Appartement verfügte über zwei Eingänge, einen großen mit reich geschnitzten Flügeltüren und einen unauffälligen eintürigen, den für die »Lieferanten und Dienstboten«. Niemals hätte es ein »Dienstbote« gewagt, durch die »Herrschaftstüre« zu gehen, oder ein Lieferant, an dieser auch nur zu klopfen.

Wie viele »Dienstboten« die Pergandé beschäftigten, weiß ich nicht, vermutlich eine »Köchin für alles«, das heißt eine, die neben der Küche auch noch andere Arbeiten im Haushalt verrichtete, zusätzlich eine Frau fürs Grobe. Vielleicht aber doch eine »Alleinköchin« und daneben ein Stubenmädchen. Auf jeden Fall aber eine Waschfrau – selbst ärmere Familien, wie sie die unsere einmal sein würde, hielt sich wenigstens eine Person weiblichen Geschlechtes, die alle vier Wochen kam und zehn bis zwölf Stunden am Stück Schwerstarbeit leistete.

Über die Einzelheiten des mehrwöchigen Besuches meiner Mutter in Wien ist nie viel gesprochen worden. Das eine, das einzigartige Erlebnis, das den Lebenslauf des jungen Mädchens aus Sachsen so nachhaltig verändern sollte, stand stets im Mittelpunkt aller Erzählungen. Es wurde mit ihr das klassische Wien-Programm abgewickelt: Oper, Burgtheater, Prater samt Riesenrad, Schloss Schönbrunn, die wichtigsten Museen.

Eines Tages dann, zur Erholung, leichtere Kost im Kolosseum, einem eleganten Theater mittlerer Größe, ebenfalls am Alsergrund, und wie die meisten seiner Art weidlich bemüht, es den großen Häusern gleichzutun mit viel rotem Samt, üppigen

Goldverzierungen und funkelnden Kristalllustern. Ich habe es als Kind noch kennen gelernt, es war in ein Kino umgewandelt worden, wo ich die ersten Mickymaus-Filme bewunderte, heimlich, weil Film, von meinen Eltern als »volksverblödend« eingestuft, absolut tabu war; einer der wenigen Anlässe, die mich verführten, meine Eltern anzuschwindeln. Ich log ihnen vor, mit meiner Schulfreundin Hannerl Wiegner Hausaufgaben zu machen, stattdessen nahm sie mich ins Kino mit, wo ihr Vater als Dirigent einer kleinen Kapelle die stummen Filme akustisch begleitete.

Heute besteht das Kolosseum, noch immer ein Filmtheater, aus sechs oder sieben über- und nebeneinander geschachtelten Containern, wo auf längst abgewetzten Plastiksesseln das meist jugendliche Publikum Action- und Horrorthriller, Science-Fiction oder als Kunst getarnten unverhüllten Sex sowie Coca-Cola nebst fettigen Popcorn aus laut knisternden Papiersäckchen konsumiert.

1913 rauschte über die Bühne ein fulminantes Programm internationaler Künstler und Artisten, spielte ein Salon-Orchester, produzierte sich ein Schnell-Dichter. Auf Zurufe aus dem Zuschauerraum formte er blitzschnell lustige Verse und erntete viel Applaus.

In einer Parterre-Loge saß meine Mutter nebst Tante und Onkel, ein paar Meter von ihr entfernt im Parkett mein Vater, der eigentlich nur durch Zufall ins Kolosseum geraten war. Er verbrachte ein paar Urlaubstage in Wien, in erster Linie um »Parsifal« zu sehen und zu hören, die große Oper von Richard Wagner, die bis dahin nur in Bayreuth aufgeführt werden durfte und soeben, dreißig Jahre nach dem Tod des Meisters, für die übrige Welt freigegeben worden war. Nebenbei bemerkt: Mein Vater hat das fast sechsstündige Werk dreizehn Mal gesehen, immer vom »Offiziersstehparterre« aus, von dem später ausführlich zu berichten sein wird. Diese Oper beginnt, wegen ihrer Überlänge, schon am späten Nachmittag. Mein Vater hatte verschlafen, und da ihm nichts Besseres einfiel, besuchte er das Kolosseum, dessen guter Ruf bis in seine kleine Garnison gedrungen war.

Eigentlich, so erzählte er später immer wieder schmunzelnd,

hätte ihn das Programm nicht sonderlich interessiert, wer will, im Grunde genommen, schon Zauberkünstler und Cancan-Tänzerinnen statt Parsifal. Fast wäre er eingeschlafen, als ihn eine Stimme hochriss. Es war die sehr kräftige, damals hätte man gesagt »glockenhelle« Stimme meiner Mutter, die dem Schnelldichter die schicksalsschweren Worte »Borgen bringt Sorgen« zwecks Reimverwendung zurief. »Borgen bringt Sorgen«, das liest sich so leicht dahin, doch tatsächlich hatte meine Mutter im schönsten, ausdrucksstarken Sächsisch »Borchen bringt Sorchen« geschmettert, was helles Gelächter im Publikum auslöste, den Vers des Dichters untergehen ließ und meiner Mutter, dem Objekt der allgemeinen Heiterkeit, die Schamröte ins Gesicht trieb.

Mein Vater hingegen, der, wie alle anderen auch, in die Loge geblickt hatte, muss auf der Stelle von Amors Pfeil getroffen worden sein, was gar nicht so verwunderlich ist, denn meine Mutter war eine makellose Schönheit: groß gewachsen, schlank, aber nicht mager, ein fein geschnittenes Gesicht mit hohen Backenknochen, eine klassisch leicht gebogene Nase, der damals so begehrte gewisse Pfirsichteint und eine kastanienfarbige Haarpracht, zu glänzenden Locken hochgetürmt.

Als mein Vater bemerkte, dass die schöne Unbekannte und das ältere Paar Anstalten machten, eilig die Loge zu verlassen, hielt es auch ihn nicht länger. Er stürzte zum Ausgang und sah die drei gerade noch die Straße entlanggehen. Unauffällig folgte er dem Trio. Sie begaben sich in ein nahe gelegenes Restaurant, erstens um zu speisen und zweitens um den Schrecken zu verarbeiten, den das Gelächter des Publikums, vor allem bei meiner Mutter, ausgelöst hatte. Sie war nämlich, im Grunde genommen, ein ausgesprochen schüchternes Mädchen, ihren vorlauten Ausruf konnte sie sich zeitlebens nicht erklären und die Reaktion der vielen Leute hatte sie tief verstört.

Lisa und Jean Pergandé sprachen der geschockten Nichte während der ganzen Mahlzeit Trost und Mut zu. Keinem fiel der junge Mann auf, der sich, nur ein paar Tische entfernt, niedergelassen hatte und verklärt die sächsische Schönheit anstarrte.

Die schöne Unbekannte aus Sachsen: meine Mutter

Nachdem Familie Pergandé gezahlt und das Lokal verlassen hatte, folgte ihnen mein Vater, ein wahrer Sherlock Holmes, in gebührendem Abstand in die Kolingasse, notierte sich die Hausnummer, eilte in sein Quartier und verfasste noch in derselben Nacht – ja, was eigentlich? Einen glühenden Liebesbrief? Eher nicht. Eine militärisch-knappe Darstellung seiner Erlebnisse, Eindrücke und Empfindungen an jenem Abend? Vielleicht eine Mischung aus beidem. Ich habe den Brief nie zu Gesicht bekommen und auch nicht danach gefragt. Als ich in das Alter kam, da man langsam beginnt, sich für das Leben, Denken und Fühlen seiner Eltern zu interessieren, war meine arme Mutter schon tot und meinen Vater wagte ich nicht, ich weiß nicht warum, zu fragen.

Das aufregendste Detail habe ich natürlich erfahren. Der bewusste Brief trug nämlich die Adresse: »An das deutsche Fräulein, Wien IX, Kolingasse ...« – Hausnummer weiß ich nicht mehr. Mein Vater hatte es sehr eilig und sandte den Brief selbstverständlich gleich am nächsten Morgen mit der Rohrpost ab, die noch bis lange nach dem Zweiten Weltkrieg existierte, heute leider nicht mehr. Ein Jammer für alle, die, ohne E-Mail oder Fax, gezwungen sind, Briefe zu schreiben, auf deren Beförderung oder Zustellung von einem Bezirk zum anderen man oft Tage warten muss. Damals war durch die ganze Stadt ein dichtes Netz von unterirdischen Rohren gelegt, die an bestimmten, recht zahlreichen Punkten auf den Straßen in kleinen roten Briefkästen mündeten. Warf man den Brief, der doppelt frankiert sein musste, in den Rohrpostkasten, wurde er mittels Luftdruck an eine Zentralstelle geleitet, von wo aus er, durch ein weiteres Rohr, zum nächsten Postamt befördert wurde. Von dort machte sich ein Briefträger spornstreichs auf den Weg. Ein Rohrpostbrief brauchte selten mehr als eine Stunde, um von A nach B zu gelangen, und das System funktionierte auch sonn- und feiertags. Übrigens: auch die »normale« Post wurde an allen Wochentagen zweimal, an Sonn- und Feiertagen einmal ausgetragen, auch noch in meiner Kindheit in den Zwanziger- und Dreißigerjahren des vorigen Jahrhunderts.

Hatte also mein Vater, bebend vor Aufregung, seinen Rohrpostbrief um acht Uhr früh aufgegeben, hielt ihn das »deutsche Fräulein« in der Kolingasse bereits um neun Uhr in Händen. So war es auch und es muss sich sehr gewundert haben, dieses deutsche Fräulein, das weder jung noch schön und ganz gewiss nicht am Vorabend im Kolosseum gewesen war. Diese alte Dame, aus Hannover stammend, und schon lange in der Kolingasse ansässig, war dem Briefträger das einzig bekannte deutsche Fräulein im Haus und darum war der Brief bei ihr gelandet.

Zu meinem Glück entsann sich die Dame aus Hannover des jungen Gastes bei Familie Pergandé, trug den Brief an die richtige Adresse, löste damit eine heftige Kontroverse zwischen Tante und Nichte aus. Nachdem sie das Schreiben des fremden jungen Mannes gelesen hatte, war meine Mutter drauf und dran, diese »bodenlose Unverschämtheit« sofort dem Kaminfeuer zu überantworten. Die wilde Lisa hingegen, immer auf ein prickelndes Abenteuer aus, entschied jedoch: »Den gucken wir uns doch erst mal an.« War es bloße Neugier, war es der allgemein drängende Wunsch, ein junges Mädchen, das »schon« das überreife Alter von achtzehn Jahren erreicht hatte, ohne dass sich ein ernsthafter Bewerber am Horizont blicken ließ, jedem auch nur halbwegs annehmbaren Kandidaten vorzuführen, und ein k. u. k. Oberleutnant war doch gewiss nicht das Schlechteste, das man sich vorstellen konnte – oder?

Nach langem Hin und Her ließ sich meine Mutter überreden, dem Herrn Oberleutnant eine kurze Antwort zukommen zu lassen und einem Rendezvous – selbstverständlich in Begleitung der Tante – zuzustimmen. Aus dem einen Stelldichein wurden mehrere, es folgte ein ausführlicher, immer heftiger werdender Briefwechsel, der in dem für damalige Verhältnisse recht abenteuerlich wirkenden Plan mündete, sich nach so kurzer, oberflächlicher Bekanntschaft zu verloben.

Mitte Dezember nahm mein Vater einen längeren Urlaub, um nach Hartha in Sachsen zu reisen und sich zunächst vom zukünftigen Schwiegervater, dem Handelsschuldirektor Franz Kunze, auf Herz und Nieren prüfen zu lassen. Das Ergebnis der stundenlangen Gespräche unter Männern endete für beide Seiten zufriedenstellend. Der Herr Oberleutnant, ein gut aussehender Mann mit perfekten Manieren, konnte meinen Großvater von seiner Seriosität überzeugen, der alte Kunze den jungen Offizier beruhigen: Geld für die »Kaution« und eine stattliche Mitgift wäre ausreichend vorhanden. Junge Mädchen, die einen österreichisch-ungarischen Offizier heiraten wollten, mussten damals eine finanzielle Sicherstellung gewährleisten – ich glaube, es war die ungeheure Summe von 20 000 Kronen –, um zu garantieren, dass die zukünftige Offiziersfamilie, trotz des karg bemessenen Soldes des jungen Ehemannes, ein standesgemäßes Leben führen könnte.

Nebenbei gesagt, es war gar nicht das Geld meines Großvaters, der zwar ordentlich verdiente, aber keine Reichtümer ansammeln konnte. Es war das Goldmark-Vermögen meiner Großmutter, das Kaution plus Mitgift plus Aussteuer ermöglichen würde. Das viele Geld wurde dann, entgegen des dringenden Rates meines der Scholle verwurzelten Großvaters, nicht in Grund und Boden, sondern in Kriegsanleihen angelegt, die nach 1918 keinen Pappenstiel mehr wert waren.

Das Herz meiner Großmutter hatte mein Vater schon in dem Augenblick erobert, da er ihr zum ersten Mal galant die Hand küsste, und überhaupt lagen ihm die Damen von Hartha zu Füßen. Ach, die Handküsse! Welch ein Charme! Welche Eleganz (wobei die schnittige Uniform gewiss eine Rolle spielte)! Ach, die weiche österreichische Sprache!

Ich glaube, meine Mutter war das meist beneidete Mädchen der ganzen Kleinstadt (5000 Einwohner), man sieht ihr das auch an dem von innen kommenden Strahlen auf dem Verlobungsbild vom Weihnachtsabend 1913 an. Hingegossen, hingeflossen lehnt sie unter dem mannshohen Christbaum in einem Sessel, hinter ihr mein Vater in voller Uniform, den rechten Arm wie beschützend auf ihre Schulter gelegt, den linken in martialischer Pose in die Hüfte gestemmt. Der Blick seiner sonst so warm strahlenden Augen in dem breit geschnittenen slawischen Gesicht ist starr auf einen fernen Punkt gerichtet. Auf das Ziel vielleicht, die Erfüllung aller Träume, auf den 1. August 1914, an dem die Hochzeit stattfinden sollte. An diesem Tag brach der Erste Weltkrieg aus, meinem Vater war bereits nach dem Attentat auf den österreichischen Thronfolger Franz Ferdinand in Sarajevo am 28. Juni wegen der allgemeinen Mobilmachung der Urlaub gesperrt worden.

Es sollte fast sechs Jahre dauern, ehe meine Eltern vor den Traualtar treten konnten, nachdem mein Großvater seiner Tochter eine Eheschließung während des Krieges untersagt hatte. Da die Volljährigkeit erst mit 24 Jahren erreicht war, musste sie warten, ob sie wollte oder nicht.

Es wird sie sehr getroffen und lange bedrückt haben, dies Trauern um die verlorene Zeit. Genugtuung wurde ihr erst später zuteil. Da setzte sie, gegen den Widerstand meines Vaters, mit einer für sie ungewöhnlichen Forschheit und angeborener Zähigkeit durch, dass ich, erst 20 Jahre alt und damit ebenfalls unmündig, mitten während des Zweiten Weltkrieges heiraten durfte. Auch einen aktiven Oberleutnant, wen denn sonst.

Dies war einer der seltenen Momente, da sie mir einen kurzen Blick in ihre damals, 1914 bis 1918, so schwer gepeinigte Seele gestattete, ja geradezu aufdrängte. »Du wirst heiraten«, sagte sie, »du kannst wenigstens ein Kind von ihm haben dürfen, sollte er fallen. Ich hätte diesen Trost nicht gehabt, wenn dein Vater im Feld geblieben wäre.«

Dass sich die Verlobungszeit meiner Eltern durch lange Jahre hinquälen würde, das war 1914, im allgemeinen Taumel der Kriegsbegeisterung, gewiss nicht abzusehen. Mein Großvater meinte damals, die beiden könnten sofort nach dem großen, dem endgültigen Sieg, also in sechs bis höchstens zwölf Monaten, heiraten.

Die Zeit zog sich, die Siege wurden immer rarer, es kam zum lähmenden Stellungskrieg. Meine Mutter, niemals gewillt, auch nur eine Sekunde ihrer Zeit ziellos zu vertrödeln, meldete sich, des zermürbenden Wartens müde, als Krankenschwester zum Kriegseinsatz. Es wäre nicht meine Mutter gewesen, hätte sie das getan, was die meisten Damen unter »Einsatz für unsere heldenhaften Soldaten« verstanden, nämlich Scharpie zupfen, Verbände aufwickeln und einem Verwundeten im Lazarett über die fieberroten Wangen zu streichen.

Sie begann, konsequent und systematisch, eine Ausbildung zur Krankenschwester, die sie mit einem vor lauter »Vorzüglich« und »Sehr gut« strotzenden Diplom abschloss, um dann in einem Krankenhaus im schlesischen Grünberg als Operationsschwester zu fungieren. Gerne hätte sie nach dem Kriege ihren geliebten Beruf beibehalten, doch das schickte sich nicht für eine Offiziersfrau, aber wenigstens die Arztkosten hielten sich in unserer Familie in Grenzen. Sie verstand von der Materie mehr als so mancher Doktor.

Mein Vater stand fast während des ganzen Krieges an der Ostfront, die raren Urlaube der Liebenden ließen sich nur schwer gegenseitig abstimmen. Sie haben einander während der ganzen langen Jahre nur zwei oder drei Mal in Hartha getroffen, also kaum Gelegenheit, die kurze Bekanntschaft wesentlich zu vertiefen.

Nach Ende des Krieges konnte im Mai 1919 endlich geheiratet werden, ganz ohne den früher üblich gewesenen Pomp, denn sowohl das Vermögen meiner Großmutter als auch das ohnehin bescheidene meines Vaters waren perdu. Doch mein Vater hatte das unwahrscheinliche Glück, nicht, wie die meisten seiner Kameraden, arbeitslos und damit aus der Bahn geworfen zu werden. Er kam in der labilen Formation unter, aus der zwei, drei Jahre später das österreichische Bundesheer entstehen sollte. Das junge Paar würde mit einem, wenn auch mageren, so doch wenigstens regelmäßigen Einkommen rechnen können.

Der Anfang dieser Ehe muss ziemlich schwierig gewesen sein. Beide, Mann wie Frau, waren praktisch fremd in Wien, er ein bisschen weniger als sie, er hatte wenigstens die meisten seiner Urlaube dort verbracht. Mein Vater stammte aus jenem Teil der Untersteiermark, der heute zu Slowenien gehört, er war in Graz zur Schule gegangen und nach seiner Offiziersausbildung in allen möglichen und unmöglichen Teilen der österreichisch-ungarischen Monarchie stationiert gewesen, nur nicht in der Hauptstadt.

Hochzeitsbild Rudolf und Thea (Suse) Knapp

Welche Differenzen es zwischen den jungen Eheleuten aus so unterschiedlichen Kulturkreisen gegeben haben mag, die einander ja erst, alles in allem gerechnet, nicht mehr als ein paar Wochen kannten, das habe ich natürlich niemals erfahren, nur eine harmlose Episode sickerte mit der Zeit durch.

Es waren die Kochkünste meiner Mutter, die meinen Vater fast in den Wahnsinn trieben. Wer jemals in seinem Leben den Tücken der sächsischen Küche ausgesetzt war, wird ihn verstehen. Wenn ich lange genug nachdenke, dann sind es nur ein paar Dinge aus der kulinarischen Wüste Sachsens, die nicht nur genießbar, sondern sogar außergewöhnlich wohlschmeckend sind. Das sind die breiten Kuchen (an erster Stelle Bienenstich, dann Streuselkuchen, dann Eierschecke), der Dresdner Stollen, die hervorragenden Blut- und Leberwürste, der Ziegenkäse, das Leipziger Allerlei, aus verschiedenem jungen Gemüse bestehend – und dann stocke ich schon. Vor meinen geistigen Augen tauchen Gebirge von Salzkartoffeln auf, übergossen mit Unmengen von undefinierbaren Saucen (Höhepunkt des Schreckens: Wiener Schnitzel mit Tunke), das *gekochte* Täubchen mit Kohlrabi-Graupen, das undefinierbare Etwas aus Apfel- und Kartoffelmus, das den Namen »Schlesisches Himmelreich« trägt, das »Warmbier«, ein gekochtes, mit Eiern verquirltes und Unmengen von Zucker vergiftetes Gebräu, zu dem man Butterbrot verzehrt, das absolut untrinkbare Abwasser, das unter dem Namen »Gaffe« (Kaffee) firmiert – und was der Abscheulichkeiten mehr sind.

Die Kritik des jungen Ehemannes, bereits in den Flitterwochen anhebend, mag maß- und liebevoll gewesen sein; stets ein zarter, aber bohrender Hinweis, dass seine Schwester Resi, eine vorzügliche Köchin, dies und jenes vielleicht ein wenig anders zubereitet hätte. Doch eines Tages, angesichts schwarz verkohlter, gallebitter schmeckender Zwiebelringe auf dem »Schlesischen Himmelreich«, muss es zum ultimativen Eklat gekommen sein. Meine Mutter sprang vom Tisch auf, packte ihre Koffer und verließ meinen Vater, aber nicht, wie vielleicht vermutet werden könnte, um nach Hartha in Sachsen zu entfliehen; o nein, sie fuhr nun stehenden Fußes nach Köszeg in Ungarn (ehemals Güns). Alldort lebte die legendäre Schwester Resi in angenehmen Verhältnissen, nachdem es ihr, anlässlich eines Besuches bei ihrem Bruder, gelungen war, einen äußerst wohlhabenden ungarischen Herrn namens Gombas in den Hafen der Ehe zu manövrieren.

Schwester Resi jedoch schwang nicht mehr selbst den Kochlöffel, dafür gab es im Hause Gombas eine »Alleinköchin«, deren außerordentliche Künste zu genießen ich des späteren öfter Gelegenheit hatte. Sie wurde von allen »Etelka-Neni« (Tante Etelka) genannt, eine Frau, deren sanfte Seele in einem überdimensionierten Leib residierte und deren geringfügigste Wortmeldungen mit der Donnerstimme eines Dragonerfeldwebels aus dem regentonnenförmigen Brustkasten dröhnte.

Etelka-Neni nahm sich mit engelhafter Geduld meiner verstörten Mutter an, die vor Lernbegierde brannte. Und so dauerte es nur zwei, drei Wochen, bis sie die Grundbegriffe einer nicht nur gerade essbaren, sondern auch wirklich schmackhaften Küche verinnerlicht hatte. Solange sie lebte, umgab sie sich mit wachsenden Bergen von Kochbüchern, vor allem aus der Feder des hochgerühmten Franz Ruhm, »Küchenchef«, so der damals übliche Adelstitel für einen Mann von der Qualität eines heutigen Haubenkochs. Ruhm gab auch eine Monatszeitschrift heraus, die in unserem Hause das Ansehen periodisch erscheinender Gesetzestexte genoss.

Überflüssig zu sagen, dass meine Mutter zu einer exzellenten Köchin heranreifte, der es, was wohl in den schlimmen Zeiten nach dem Ersten Weltkrieg das Wichtigste war, gelang, aus »Nichts« »Etwas« zu machen. Nach dem Zweiten Weltkrieg zauberte sie aus den allgegenwärtigen, zumeist wurmigen Erbsen so unterschiedliche Speisen wie Suppen, Strudel, Eintöpfe, Puddings, Kekse und Torten, die immer anders, aber nicht vorwiegend nach Erbsen schmeckten.

Nachdem dieses Problem so wie jenes der ledigen Mutter mit dem halbglatzigen Kind gelöst war, richtete sich alles Denken und Hoffen auf das kommende Kind namens Rüdiger. Dass es ein Sohn werden würde, stand für beide Elternteile unumstößlich fest und sie sollten sich nicht getäuscht haben. Es *war* ein Sohn – aber er wurde, nachdem meine Mutter beim Milchholen auf einer Eisplatte ausgerutscht und schwer gestürzt war, um anderthalb Monate zu früh geboren und starb nach wenigen Tagen.

Noch ehe das unglückliche Würmchen seine Augen für immer geschlossen hatte, kam meine Großmutter nach Wien angereist – eine kolossale Leistung, wenn man bedenkt, dass sowohl in Deutschland als auch in Österreich das blanke Chaos und bürgerkriegsähnliche Zustände herrschten. Keine Rede von einem geordneten und regelmäßigen Zugverkehr. Dass sie mit List und blitzschnellem Reaktionsvermögen, mit Überredungsgabe und Bestechung, innerhalb von 24 Stunden von Hartha nach Wien gelangte, das war mehr als eine Leistung, das war ein Wunder.

Ein Wunder auch, wie es überhaupt dazu kam, dass sie sich

spontan auf den Weg machte. Meine Großmutter erzählte oft Geschichten, die gelegentlich nicht ganz frei von unbewussten Übertreibungen oder bewussten Ausschmückungen waren, diese eine musste sich aber tatsächlich so zugetragen haben, sie wurde von meinem durch und durch skeptischen und rationalen Großvater Wort für Wort bestätigt.

In jener verhängnisvollen Nacht, da Rüdiger überfallsartig zur Welt kam, setzte sich meine Großmutter plötzlich kerzengerade im Bett auf, rüttelte ihren Mann wach und sagte: »Franz, hilf mir den Koffer packen, ich muss sofort nach Wien, dort ist etwas Schreckliches passiert.« Seinen erregten Einwänden zum Trotz ließ sie sich nicht aufhalten und begab sich auf die riskante Reise.

Nachdem die kleine Familie in Wien den ersten Schock überwunden hatte und nur noch stiller Trauer hingegeben war, machte sie sich daran, ernsthaft über eine delikate Frage nachzudenken, die sich aus der Frühgeburt ergeben hatte: Wie konnte man der Kleinstadtgesellschaft von Hartha klar machen, dass Rüdiger tatsächlich ein Siebeneinhalb-Monate-Kind gewesen und nicht, Gott behüte, schon vor der Eheschließung gezeugt worden war. Um den guten Ruf meiner Mutter nicht für immer zu ruinieren, blieb meine Großmutter acht Wochen lang in Wien, um dann in Hartha allen Leuten zu erzählen, dass ihr erstes Enkelkind, mehr als neun Monate nach der Hochzeit, leider tot zur Welt gekommen wäre. Bürgerkrieg und Chaos allenthalben – aber *ernsthafte* Sorgen machte man sich um den präzisen Zeitpunkt, da ein Mädchen seine Jungfräulichkeit verloren hatte ...

Auch mich hat Rüdigers Tod lange Zeit mehr belastet, als es die Erwachsenen je wahrgenommen haben. Eltern und Großeltern der ganzen Welt verschließen hartnäckig die Augen vor der simplen Wahrheit des wunderbaren Satzes, den Dostojewski einmal so formuliert hat: »Sie irren, Ivan Petrowitsch: ein Kind versteht alles.«

Mir wurde sehr viel erzählt von Rüdiger, dem »armen kleinen Brüderchen«, das nun sowohl auf dem Wiener Zentralfriedhof lag, jener gigantischen Totenstadt am Rande von Wien, als auch, in ein Englein verwandelt, im Himmel schwebte – eine für das Kind sehr verwirrende Vorstellung. Viel mehr bedrückte mich noch die Gewissheit, dass Rüdiger sterben musste, damit ich leben konnte. Es war nun nicht so, dass dies irgendjemand so deutlich in meiner Gegenwart ausgesprochen hätte, doch aus gelegentlich und anscheinend unbedacht und ganz nebenbei gefallenen Bemerkungen der Eltern konnte ich mir unschwer zusammenreimen, dass sie von vornherein geplant hätten, nur ein Kind zu haben, und dass ich meine Existenz dem Tod des Brüderchens zu verdanken hätte – obgleich ich völlig ahnungslos war, wie sie es angestellt haben könnten, den Storch davon abzuhalten, jede ihm genehme Zahl von Kindern zu bringen.

Ich ahnte, nein, ich *wusste* instinktiv, dass ich Rüdigers vorzeitiges Ableben mit verursacht hatte. Das wurde für mich zu einer unerträglichen Bürde, was allerdings nur jemand verstehen kann, der einigermaßen mit dem Prinzip einer streng protestantischen Erziehung vertraut ist, dem Prinzip der uneingeschränkten Eigenverantwortlichkeit des Menschen unter dem erbarmungslosen Regime eines allgegenwärtigen Gewissens. Das führt in manchen Fällen so weit, dass der Mensch sich für fast alles und jedes Unbill auf dieser Welt verantwortlich fühlt, ganz besonders natürlich für die eigene Unzulänglichkeit. Ich lebte, also war ich Schuld am Tod meines Brüderchens, ein Gedanke, der mir noch heute Unbehagen bereitet, da ich es nun doch endlich besser wissen und Rüdiger, der mein Dasein ermöglichte, dankbar sein müsste.

Wie oft habe ich in meiner Kindheit die katholischen Freundinnen beneidet, die mit gesenktem Kopf in den Beichtstuhl schlichen, um ihn hoch erhobenen Hauptes zu verlassen, nachdem ihnen der gütige Pater, der in unserer Schule Religionsunterricht erteilte, mit ein paar Aves die Schuldenlast von den Schultern genommen hatte. Unsere Religionslehrerin hingegen, eine hagere Person mit bösartig blitzender Stahlbrille, lehrte uns die *stumme* Beichte zum HERRN, ER werde dann über uns richten. Aber ach, es war ein strenger HERR und meist ließ er uns mit unserem bohrend schlechten Gewissen allein. Dafür kann ich heute noch manche Strophe des Kirchenliedes »Geh aus, mein Herz, und suche Freud in dieser schönen Sommerzeit, Narzissus und der Tulipan, die ziehen sich viel schöner an als Salomonis Seide ...« Das Gewissen und die Kirchenlieder Paul Gerhardts waren die Steckenpferde dieser unbegabten Lehrerin. Sie hat in den Seelen der Kinder nicht wieder gutzumachende Verwüstungen angerichtet statt ihnen, wie es der katholische Pater tat, herzerwärmende Geschichten vom lieben Jesulein und den in allen Notlagen hilfsbereiten Heiligen zu erzählen.

Meine Qualen wurden noch verschärft durch eine Demütigung, die ich einmal während des verhassten alljährlichen Ganges zu Rüdigers Grab erlitt. Wir fuhren mit der Linie 71, die am Allerseelentag hoffnungslos überfüllt war, zum Zentralfriedhof. Mein Vater stieg bei der vorderen Tür des Straßenbahnwagens aus, meine Mutter bei der hinteren, jeder in der Annahme, der andere Partner hätte das Kind bei sich. Das Kind aber, tief versunken in seine düsteren selbstquälerischen Gedanken, saß geistesabwesend auf seinem Platz und nahm das Verschwinden der Eltern gar nicht wahr.

Der Zug setzte sich bereits in Bewegung, als die Eltern an der Haltestelle entsetzt feststellen mussten, dass sie allein waren. Laut schreiend liefen sie der langsam anfahrenden Straßenbahn nach, tatsächlich hielt der Motorführer an, ließ meine Mutter ein, die mich, ziemlich laut schimpfend, an sich riss. Nie vergesse ich die Kommentare, die während des Spießrutenlaufes durch den Waggon abgegeben wurden: »So a bledes Kind ... ham S' scho so a vertrotteltes Kind gesehn?« Weinend trottete ich hinter meinen Eltern zu Rüdigers letzter Ruhestätte und wünschte mir inbrünstig, sie nur ein einziges Mal anspucken zu können. Gott sei Dank wurden die Besuche dann bald eingestellt, ich vermute, dass die Erhaltung des Grabes mit der Zeit zu kostspielig geworden war.

Meine Eltern waren vom Trauma, das durch den Tod ihres ersten Kindes entstanden war, erlöst, als sich bei meiner Geburt am 2. Juni 1921 herausstellte, dass das Baby vollkommen gesund war. Es kümmerte sie wenig, dass es »nur a Madl« war sowie »Riesenfieß« hatte.

Mit einigem Glück habe ich auch die ersten Lebensmonate überstanden, nachdem ich, pausenlos kreischend, um ein Haar vom Hungertod dahingerafft worden wäre. Daran trugen die »neuesten wissenschaftlichen Erkenntnisse« Schuld, denen meine Mutter blindlings gefolgt war, noch tief der Wissenschaftsgläubigkeit des 19. Jahrhunderts verhaftet. Damals, 1921, postulierten die führenden Kinderärzte, dass man dem Geschrei von Babys keine Beachtung schenken sollte, denn erstens sei es gut für die Entwicklung der Lungen und zweitens würden sich die Kinder zu wahren Tyrannen entwickeln, wenn man sofort darauf reagierte. Meine Mutter ließ erst von ihrer Laien-Demut ab, nachdem mein Vater energisch eingegriffen und den Hausarzt geholt hatte. Der stellte eine gefährliche Unterernährung fest, weil meine Mutter offensichtlich zu wenig Milch, noch dazu von minderer Güte, hervorbrachte.

Die Wissenschaftshörigkeit hat sich mittlerweile gelegt, an ihre Stelle ist eine allgemeine Verunsicherung getreten. Der Laie ist konfus und ratlos, wenn zu allen und jeden Themen von den höchsten Experten die widersprüchlichsten, »unumstößlichen« Erkenntnisse publiziert werden. Wen wundert es, dass so viele den Verstand überhaupt ausschalten und in die wolkigen Welten der selbst ernannten politischen Gurus und religiösen Erlöser flüchten, die selbst auf komplizierte Fragen stets eine einfache Antwort finden ...

Kaum war ich dem Leben wiedergegeben, als neuer Ärger ins Haus stand, der vor allem den Vater ergriff, während die Geschichte meine Mutter eher amüsierte, stand sie doch mit der von meinem Vater teils erzwungenen, teils erschmeichelten Änderung ihres Vornamens in Zusammenhang. Sie hieß Susanne, wurde Suse gerufen, was, auf Sächsisch »Suuuse«, zumindest in den Ohren meines Vaters, unfein klang. Er benannte sie in Thea um und sie hat es, wenn auch widerstrebend, akzeptiert. Wieso gerade Thea, das weiß ich nicht. Mein Vater fand den Namen so wunderschön, dass er ihn auch mir verpasste, notabene Thea sich von den damals gängigen Ilses, Hertas, Inges, Elfriedes und Annemaries glänzend abhob.

Man kann sich seine Empörung vorstellen, als plötzlich eine

Margarine dieses Namens auf den Markt kam. Thea, eine Margarine! Nein, das durfte nicht sein und mein Vater brachte es doch tatsächlich fertig, bei der betreffenden Firma Protest einzulegen, wie sie sich unterstehen könnte, einen derart strahlenden und außergewöhnlichen Namen einem derart ordinären Produkt beizulegen. Es folgte ein langer, von beiden Seiten mit großer Heftigkeit geführter Briefwechsel, der zu gar nichts führte, denn den letzten Schritt, nämlich eine Klage, unternahm mein Vater nicht, nachdem ein befreundeter Anwalt ihn des Schwachsinns bezichtigt und ihm vorgerechnet hatte, was ein von vornherein aussichtsloser Prozess kosten würde.

Es blieb bei »Thea – die Feine« (dies der Werbe-Slogan, mit dem mich Witzbolde auch heute noch schikanieren), aber es blieb, zumindest für zwei Jahrzehnte, nicht bei Thea für mich persönlich. Alle Welt rief mich, zu meinem wachsenden Ärger, ausschließlich Puppi, auch lange, nachdem ich über das Aussehen eines reizenden Püppchens zu einer 180 Zentimeter langen, erschreckend dürren Hopfenstange hinausgewachsen war. Erst als sich mein Selbstbewusstsein so weit gefestigt hatte, dass ich auf Puppi einfach nicht mehr reagierte, war der Spuk zu Ende.

Der Juni 1921, ich sagte es schon, war schön und heiß, und was lag näher, als dass meine Mutter täglich mit mir dem Türkenschanzpark zustrebte, so genannt nach den Schanzen, von wo aus die Türken anno 1683 Wien beschossen hatten. Er ist eine der größten Grünanlagen der Stadt am Rande des vornehmen »Cottage«-Villenviertels und im englischen Stil auf hügeligem Gelände angelegtes Paradies mit weiten Wiesen, wie von der Natur geformten Baumgruppen, zwei großen Teichen, samt Enten und Schwänen, einem Wasserfall, zwei Springbrunnen, Spielplätzen und sogar einem Aussichtsturm. Von dem aus hatte man einen herrlichen Blick über die ganze Stadt bis hin zum bläulich schimmernden 2000-Meter-Massiv des Schneeberges am Rande der Ostalpen. Ich sage *hatte*, denn heute sieht man gar nichts mehr. Der Turm ist längst von den riesig gewordenen Bäumen überwachsen und bröckelt, für Besucher nicht mehr zugänglich, dem Ruin entgegen.

Friedel und Thea (Puppi) im Türkenschanzpark

Der meist ziemlich steil bergan führende und mit dem hochrädrigen, schweren Kinderwagen nicht eben leicht zu bewältigende Weg auf die ehemalige Türkenschanze dauerte mindestens 25 bis 30 Minuten. Zum zwar weit kleineren, jedoch auch voll begrünten Schubertpark, einem aufgelassenen Friedhof, auf dem einst Schubert und Beethoven bestattet worden waren, wären es höchstens fünf Minuten gewesen, zum Währinger Park, ebenfalls ein ehemaliger Gottesacker, vielleicht zehn. Doch nein, es musste der Türkenschanzpark sein, aus einem offen zugegebenen und einem meist verschwiegenen Grund: Dieser Park war größer und bot mehr Abwechslung. Außerdem war dort das Publikum »besser« ...

Im Türkenschanzpark machte ich meine erste Herrenbekanntschaft. Er war zwar neun Tage jünger als ich, aber der Altersunterschied hat in unserer bis zum heutigen Tag währenden innigen Freundschaft niemals eine Rolle gespielt. Er hieß Friedel Kolarsky und seine Mutter stammte, so wie die meine, nicht aus

Wien, auch sein Vater war, wie meiner, kein Wiener. Beide Eltern hatten keine näheren Bekannten in der Stadt und so ergab es sich fast von selbst, dass die beiden jungen Frauen mit ihren gleichaltrigen Babys rasch zueinander fanden, nachdem sie gemeinsam dieselbe Parkbank benützt hatten.

Es ist ein ewiger Streitpunkt zwischen Friedel und mir, wo unser schicksalhaftes Treffen stattgefunden haben mag. Die Mütter, beide längst unter der Erde, können wir nicht mehr fragen und so beharrt jeder auf seinem Standpunkt, obwohl doch unbestreitbar ist, dass weder er noch ich, damals gerade ein paar Wochen alt, die leiseste Erinnerung haben können. Ich poche auf die Logik, er, ein ansonsten durchaus logischer Mensch, pocht auf die angeblich unwiderlegbaren Berichte seiner Mutter. Er sagt, es wäre der »große Spielplatz« gewesen, ich meine, der kann es nicht gewesen sein, denn nie und nimmer hätten sich unsere Mütter unter das dort zahlreich vorhandene »gemeine Volk« gemischt. »Kannst du dich erinnern, dass wir je auf dem großen Spielplatz spielen durften?«, frage ich Friedel. Er muss verneinen, gibt sich aber nicht geschlagen. Männer!

Die Attraktionen des großen Spielplatzes gegenüber den drei kleineren bestand im einzigen Brunnen des Parks, aus dem man Wasser fürs Graben und Bauen in der Sandkiste beziehen konnte und in der quirligen Masse von Kindern, die sich dort lautstark vergnügten und in immer wechselnden Gruppierungen zu gemeinsamen Spielen zueinander fanden.

Sie sind längst in die Tiefe des Vergessens gesunken, diese Kreis- und Fangspiele, deren Wiege weit im Dunkel der Geschichte liegt, wie etwa der Auszählreim »am dam des diesemale press diesemale pumperness am dam des«. Rätselhaft auch der Ursprung der fast blutrünstig wirkenden »schwarzen Köchin«: Kinder bilden einen Kreis, eines steht in der Mitte und tippt, dem Singsang der anderen folgend, den Mitspielern auf die Brust. »Ist die schwarze Köchin da, nein, nein, nein, drei Mal muss sie durchmarschiern, das vierte Mal den Kopf verliern, das fünfte Mal muss sagen, du bist schön und du bist schön und du die (der) Allerschönste.« Das »Allerschönste« verlässt den Kreis, das

Spiel geht weiter, bis nur noch ein Kind übrig ist. Da schreien alle: »Ist die schwarze Köchin da? Ja, ja, ja. Pfui, pfui, pfui!« Das letzte Kind ist die schwarze Köchin und ärgert sich gewaltig.

Ein sehr beliebtes Fangspiel war das »Drittabschlagen«. Zwei Kinder stehen hintereinander, mehrere solcher Paare bilden einen Kreis, zwei weitere Kinder rennen darum herum und versuchen einander zu fangen. Das schnellere und geschicktere von beiden schafft es, in das Innere des Kreises zu gelangen, stellt sich vor eines der Paare, sodass es nun drei Kinder sind. Das dritte, sozusagen überflüssige, tritt in den Wettkampf mit dem draußen gebliebenen. Das Spiel beginnt von vorn, bis alle japsend vor Erschöpfung aufhören, zum Brunnen laufen, um einen kräftigen Schluck zu machen, sich Gesicht und Hände zu waschen, denn die Staubwolken auf dem mit Kies bestreuten Platz waren gewaltig. Meistens schloss sich dann eine wahre Orgie gegenseitigen Anspritzens an.

An das »Tempelhüpfen« kann ich mich nur vage erinnern, niemand, den ich befragte, wusste mehr über dieses mysteriöse Spiel, das vielleicht auf einer jüdischen, vielleicht einer antiken Tempel-Tradition basiert. Auf den Boden wurde ein Rechteck von ungefähr zwei Metern Länge gezeichnet, gekrönt durch einen Halbkreis, genannt »der Himmel«. Das Feld wurde durch sechs nummerierte Quadrate unterteilt, in die man Steinchen warf. Nach komplizierten Regeln mussten die Felder, einmal mit geschlossenen, einmal mit gespreizten Beinen, durchhüpft werden, ehe man im Himmel landete. Ich habe nicht die leiseste Ahnung, nach welchen Kriterien die Sieger ermittelt wurden.

Sicher bin ich nur, dass die Spiele meiner Kindheit die letzten kümmerlichen Reste einer großen, variationsreichen Spielkultur waren, wie sie noch weit in die Neuzeit nicht nur von Kindern, sondern gleichermaßen auch von Erwachsenen ausgeübt wurde – man sehe sich nur einmal Breughels »Kinderspiele« im Wiener Kunsthistorischen Museum an.

Heute ist der große Spielplatz im Türkenschanzpark von mannigfachen Geräten bestückt, die haufenweise »Spaß«, »Action« und »Event« verheißen, wie etwa Schaukeln, Kletterbäume, Laufräder, und jedes Kind ist mehr oder weniger mit sich allein beschäftigt. Das einstige Miteinander, Gegeneinander und Durcheinander findet nicht mehr statt. Der viel beklagte Mangel an Kommunikation beginnt bereits auf dem Spielplatz und es müsste eigentlich jemandem einfallen, auch dort einen Animateur einzusetzen, der die Kleinen lehrt, zueinander Kontakt zu finden.

Friedel und ich hätten, kaum dem Kinderwagen entwachsen, alles darum gegeben, auf dem großen Spielplatz mitmachen zu dürfen. Dem wurde aber ein strenger Riegel vorgeschoben, in erster Linie angeblich, weil die Gefahr bestünde, dass wir uns im feuchten Sand schmutzig machen könnten, am Brunnen zu viel kaltes Wasser tränken, hauptsächlich wohl, weil dort zu viel plebs misera zugange war. Was heute die scheel angesehenen, angeblich zu lauten, zu frechen Ausländerkinder sind, das waren in jenen Tagen die »Proletenkinder«, die an den schönen Sommertagen aus ihren dumpfen Wohnhöhlen gekrochen kamen, um ein wenig Luft, Sonne, Freiheit und Lebensfreude zu ergattern. Es versteht sich von selbst, dass auch unser sehnlichster Wunsch, nur ein Mal, ein einziges Mal im städtischen Kinderfreibad inmitten des Parkes planschen zu dürfen, unter fadenscheinigen Vorwänden abgelehnt wurde.

Friedel und ich, begleitet von unseren Müttern, manchmal auch von seiner Großmama, wurden auf die weniger belebten Spielplätze geführt. Doch was wir dort gemacht haben, daran können wir uns beide nicht mehr erinnern. Sicher haben wir Ball gespielt, vielleicht auch ein großes Rad aus leichtem, gebogenen Holz mittels eines Stabes vor uns hergetrieben – mit der Auflage: »Lauft nicht zu schnell, ihr könntet euch erhitzen oder niederfallen.« Sandspielen war, glaube ich, nicht gestattet, man musste ja seine Kleidung sauber und ordentlich halten. Ich habe mich vielleicht einige Male am Diabolo versucht: Zwei auf der Spitze zusammengefügte Trichter aus Hartgummi von insgesamt acht bis zehn Zentimeter Länge, die mittels einer zwischen zwei Stöcken gespannten Schnur hochgeschleudert und dann wieder aufgefangen wurden, wobei Geübtere das Diabolo so geschickt warfen, dass es sich figurenreich in der Luft drehte. So weit reichte mein Können nie, Friedel hat es gar nicht versucht, er hatte für solche Spiele absolut linke Hände. Später ist er dann ein hoch geschätzter Arzt mit wunderbar einfühlsamen Fingern geworden.

Gelegentlich vergnügten wir uns mit anderen Kindern, doch auf einem bestimmten Spielplatz waren wir meist allein, nur auf einander angewiesen. Das war der so genannte Sesselspielplatz, in dessen Rund kleine, grüne Sessel aus kaltem, harten Gusseisen standen. Sie wurden abends zusammengeklappt, in eine Reihe aufgestellt und aneinander gekettet. Strenge Herrin über den Platz war die »Sesselfrau«, ein kleines, buckliges Weiblein, das Sommer wie Herbst und Frühling eine dicke Wollmütze trug. Sie wachte mit Argusaugen darüber, dass sich alle manierlich betrugen, ohne den geringsten Lärm zu verursachen. Der Platz war fast immer so gut wie leer, denn für die Benützung der Sessel musste bezahlt werden. Niemandem in unseren Familien, ausgenommen Friedels spendabler Großmama, wäre es eingefallen, nur fürs Sitzen etwas zu bezahlen, schon gar nicht meiner Mutter, der die fünf Groschen Gebühr pro Sessel, der Preis von zweieinhalb Karamell-Bonbons, viel zu hoch war. Denn wir waren, nach heutigen Maßstäben, »armutsgefährdet«.

Ist das wahr? Waren wir wirklich so arm?

2

Alltag in der Gentzgasse

Manchmal träumte ich vom plötzlichen Reichtum, damals, zum Beispiel, nachdem ich meine Schulfreundin Helli Schmoll, Tochter eines erfolgreichen Fabrikanten von Schuhpasta, in ihrem neuen Domizil, einer hochmodernen Villa im Cottage-Viertel, zum ersten Mal besucht hatte. Ich war sprachlos, überwältigt, als sie mir ihr Zimmer zeigte, eingerichtet nach dem neuesten Geschmack, mit Möbeln aus – Stahlrohr! Das war es, so etwas musste man haben und doch nicht die altbackenen Biedermeiermöbel aus Ur-Ur-Urgroßmutters Nachlass, mit denen sie mein Zimmer voll gestopft hatten. Nein, lieber Gott, ich wollte nicht länger ausrangierte Möbel haben, nicht mehr die abgelegten Kleider der Töchter von Mutters reichen Freundinnen aus Hartha tragen müssen. Ich wollte Stahlrohrmöbel, ich wollte Kleider von Bittmann, dem führenden Kindermoden-Haus auf der Kärntner Straße in der Inneren Stadt.

Darum wünschte ich nichts sehnlicher als plötzlichen Reichtum – nicht den langsam, aber stetig wachsenden, wie er, so mein Vater, ohnehin nur denen beschert war, die »Handel und Wandel« trieben. Vermögen dieser Art war in der Familie eines Staatsbeamten undenkbar. Aber das Geld, blitzartig aus heiterem Himmel, das hatte, wenn auch eine marginale Chance, eines Tages in der Gentzgasse 50 anzukommen. Man hatte derlei schon gelesen und es wurde manchmal darüber gesprochen, dass ein längst verschollener Verwandter in Amerika als Millionär kinderlos gestorben war und nun in seinem europäischen Ursprungsland nach blutsverwandten möglichen Erben gesucht wurde. Gleich zwei Mitglieder unserer Familie, ein Ur-Ur-Großonkel mütterlicherseits und ein Urgroßonkel väterlicherseits, waren, irgendwann in der Mitte des 19. Jahrhunderts, wie damals viele Söhne, die etwas angestellt hatten oder aus denen einfach »nichts geworden« war, mit einer Schiffskarte und ein bisschen Bargeld in der Hand über den großen Teich geschickt worden.

Es waren die Zeiten, man kann es in alten Romanen und Dramen nachlesen, da zürnende Väter und Mütter die missratene Brut mit dräuend erhobener Faust grollend aus dem Hause jagten. »Ach, du bist mein Sohn nicht mehr«, hören wir den alten Germont in »La Traviata« (19. Jahrhundert) schmettern, und bei Neidhart von Reuental lesen wir: »Die Alte packte einen großen Rocken, stieß die Tochter und prügelte sie ... ›Und jetzt verschwinde. Der Teufel steckt in dir.‹« Die Kindesverstoßung hat demnach eine jahrhundertelange Tradition, die, wie so vieles Althergebrachtes, ob gut oder schlecht, seit ein paar Jahrzehnten offenbar verlöscht ist. Jetzt haben die Versager eine faire Chance, indem man sie durchfüttert und über die Misslichkeiten des Daseins trägt, bis sie endgültig scheitern oder dann doch in ein geordnetes Dasein finden, um vielleicht als vereinzelte »schwarze Schafe« in Wirtschaft und Politik Karriere zu machen.

Was aus meinen Onkeln geworden ist, hat man nie erfahren. Vielleicht gelang ihnen der amerikanische Traum, sie haben so lange Teller gewaschen, bis sie Millionäre wurden, oder sie führten ein unauffälliges bürgerliches Leben oder sie sind auch fern der Heimat danebengeraten und untergegangen. Auf jeden Fall haben sie alle Brücken hinter sich abgebrochen.

Ich zog in meinen Träumen die Millionärsversion vor und wartete, nicht immer, aber doch recht häufig, auf den Dollar-Segen, dem nur ein winziges Hindernis im Wege stand: Wir lasen das liberale »Tagblatt« und nicht die amtliche »Wiener Zeitung«, in der die Fahndung nach Erben veröffentlicht wurde, doch ich gab die Hoffnung nicht auf: Wenn es denn je so weit käme, dass man Nachfahren von Guhrmüller oder Knapp suchte, würden wir dies doch irgendwie erfahren.

Ich versuche, zur Beruhigung meines leise, aber stetig bohrenden Gewissens, ganz fest zu glauben, dass ich den Dollar-Segen nicht ausschließlich egoistisch motiviert herbeigesehnt haben möge. Zu sehr war mir schon als Kind bewusst, dass meine Eltern mit finanziellen Sorgen belastet waren. Noch heute klingt mir das mehrmals während des Tages von meiner Mutter ausgestoßene »Spar, spar, spar!« in den Ohren.

An vielen Abenden saß der Vater im matten Schein einer Leuchte (nur 40-Watt-Birnen, niemals mehr als 40-Watt-Birnen!) an seinem Schreibtisch und brütete über dem Haushaltsbuch, in das er mit seiner schönen, steilen, stark gezackten Schrift akribisch Einnahmen und Ausgaben eintrug, mit Tintenstift: Das war ein Bleistift mit besonders stark haftendem Abdruck, der nur den Nachteil hatte, zu zerfließen, sobald er mit Wasser in Berührung kam. Doch das heilige Haushaltsbuch, ein dicker, braun gebundener Foliant, wurde so sorgsam gehütet, dass es niemals mit Feuchtigkeit in Berührung kam. Den Stift spitzte der Vater mit einem Federmesser, das länger vorhielt als ein Spitzer, dessen Klingen von Zeit zu Zeit ausgewechselt werden mussten, und er benützte ihn bis zum letzten Stummel. Wenn dieser zu kurz geworden war, um ihn bequem führen zu können, wurde ein »Bleistiftverlängerer« darüber gestülpt, ein hölzernes Röhrchen mit Ringverschluss. Aber selbst den letzten Rest warf mein Vater nicht weg, er bewahrte ihn auf – wozu? Ich habe keine Ahnung. Nach seinem Tod fand ich eine ganze Schublade voll gestopft mit Bleistiftstummeln, Kerzenresten, aus denen er mit großer Geschicklichkeit neue Kerzen gegossen hatte, und Tausende Blätter Papier verschiedener Größe, aus zum Großteil voll geschriebenen Heften herausgerissen.

Es hat mich einige Überlegung gekostet, in Zeiten von Währungsumbrüchen herauszufinden und darzustellen, wie unsere pekuniäre Lage wirklich war, und es kam mir die Idee mit den Fahrscheinen: Der monatliche Sold meines Vaters, mit dem zwei

Erwachsene und ein heranwachsendes Kind auskommen mussten, stellte den Gegenwert von eintausend Fahrscheinen der Wiener Städtischen Verkehrsbetriebe dar. Das kürzlich von der österreichischen Armutskonferenz berechnete Einkommen einer dreiköpfigen »armutsgefährdeten« Familie schlägt sich ebenfalls mit eintausend Fahrscheinen zu Buche. Wir lagen damals demnach ziemlich gleichauf mit den heute »Armutsgefährdeten«.

Das ist allerdings ein äußerst verzerrtes Bild, denn in meiner Kindheit gab es nicht nur »Armutsgefährdung« – den Ausdruck kannte man noch gar nicht –, es gab die wirkliche, die drückende, die lebensbedrohende Armut unter den Arbeitslosen, die »ausgesteuert« waren, das heißt, kein Arbeitslosengeld und auch sonst keinerlei soziale Benefizien genossen.

Neben unserer Wohnungstüre, auf dem Fensterbrett, stand eine flache Muschel, gefüllt mit Ein- und Zwei-Groschen-Stücken für die Bettler, von denen täglich fünf bis sechs an der Türe klingelten. Fast kein Tag verging, an dem nicht in unserem Hinterhof Sänger, Geigen-, Harmonika- oder Gitarrespieler und auch Rezitatoren klassischer Texte auftauchten, um mit ihrer Vortragskunst ein Almosen zu erflehen. Zwei, vier oder sechs Groschen – je nachdem, wie viele Personen an den Darbietungen teilnahmen –, wurden in ein Stück Zeitungspapier gewickelt und in den Hof geworfen. Es versteht sich von selbst, dass an vielen Ecken der Stadt Bettler mit dem Hut in der Hand standen, und an manchen Sonntagen in der warmen Jahreszeit pilgerten wir, ungefähr eine drei viertel Stunde Fußweg, zum Pötzleinsdorfer Friedhof, wo vier oder fünf exzellente Musiker vor dem oberen Eingang Kammermusik machten. Unter anderem spielten sie das Forellen-Quintett von Franz Schubert, den Klavierpart übernahm ein Gitarrist – es hat zauberhaft geklungen.

An einem Morgen, ich ging bereits zur Schule, prallte ich erschrocken zurück, als ich aus der Türe trat. Im Stiegenhaus standen, dicht an dicht gedrängt, Frauen und Mädchen jeglichen Alters. Die Zweier- oder Dreierreihe reichte vom dritten Stockwerk, wo eine Familie Schaplin über uns wohnte, bis zur Haustüre, und auch noch auf der Straße standen ein paar Frauen. Sie warteten geduldig, ergeben schweigend, ohne wenig Hoffnung, die Stelle eines Dienstmädchens ergattern zu können, welche die Schaplin in einer Tageszeitung annonciert hatten.

So betrachtet waren wir, zum Unterschied von diesen armen Kreaturen, weder arm noch armutsgefährdet, wir hatten satt zu essen, warm zu kleiden und im Winter wurden mindestens zwei, wenn nicht gar alle drei Kachelöfen in unserer geräumigen Wohnung geheizt, allerdings ausschließlich vom 15. Oktober bis 15. April. Niemals vor dem 15. Oktober, selbst wenn es draußen bereits fror. Das nackte Überleben also war nicht das Problem. Das Problem war der gesellschaftliche Status, der unter allen Umständen aufrechterhalten werden musste.

Ich glaube, es war meine Mutter, die mit aus diversen Romanen bezogenen fest gefügten Vorstellungen über die Lebensweise eines österreichischen Offiziers aus ihrer sächsischen Kleinstadt nach Wien kam; welche kulturellen Ansprüche zu erfüllen, wie Erziehung und Bildung des Kindes zu gestalten wären, und mein Vater hat sie offensichtlich zu sehr geliebt, um ihrem bis an die Grenzen der Selbstzerstörung reichenden Höhendrang Einhalt zu gebieten. Ich habe viele Wohnungen anderer Offiziere gesehen, keine war so elegant, so gepflegt wie die unsere. Dort waren schon mal die Winteräpfel und Einsiedegläser auf den Schränken im Vorzimmer gelagert und die Hausfrau spazierte den halben Tag in Schlafrock und Filzpantoffeln umher.

Erstaunlich, dass meine Mutter überhaupt in eine so genannte »Hofwohnung« eingezogen ist und nicht auf einer »standesgemäßen« nach der Straßenseite bestand, denn das waren die renommierten und daher viel teureren. Unsere billigere »Hofwohnung« – so stand es tatsächlich im Mietvertrag – ging, ich habe es bereits erwähnt, in einen ansehnlichen Garten, das lauteste von dort dringende Geräusch war das Rauschen der Blätter, das Gezwitscher der Vögel und, hin und wieder, das Klopfen eines Spechtes in der Krone des Nussbaumes, während im Laufe der Jahre die teureren Wohnungen zur Gentzgasse, vor allem nach dem Zweiten Weltkrieg, dem Höllenlärm des stetig steigenden Verkehrs ausgesetzt waren.

Die Architektur des Hauses repräsentierte in Stein gegossene Wunschträume seines ursprünglichen Besitzers, eines zu Hofschneider-Ehren gelangten böhmischen Handwerkers, dem Zug der Zeit folgend, da das empor drängende Bürgertum Ende des 19. Jahrhunderts adeligen Lebensstil möglichst nahe zu kommen strebte.

Die breite Eingangsstiege, einer Freitreppe nicht unähnlich, mit grünen Kokosläufern geziert, teilte sich dann in zwei geschwungene Stiegen, in deren Mitte ein prächtiger schmiedeiserner Kandelaber stand. Während meiner Kindheit zerfiel der Teppich, der Kandelaber leuchtete nicht mehr, die imposanten Marmorsäulen, die am Ende des protzigen Entrees standen, begannen vor sich hin zu bröckeln. Sie waren nur im Weg, wenn man es eilig hatte. Meine Mutter bekam das hautnah zu spüren, sie hat sich einmal daran die Nase furchtbar blutig geschlagen, weil sie zu sparsam war, eine Kerze anzuzünden, als sie spät abends in den Keller musste. Die Stiegenhausbeleuchtung wurde nämlich um 22 Uhr abgedreht und erst um 6 Uhr früh wieder eingeschaltet, eine Nachtbeleuchtung gab es nicht.

Das Haustor war nachts geschlossen, und zwar genau von 22 bis 6 Uhr, aber in meiner Kindheit besaß jeder Mieter bereits einen Haustorschlüssel. Vor dem Ersten Weltkrieg war das unüblich. Wer nach 22 Uhr ins Haus wollte, musste den Hausbesorger herausklingeln und das so genannte »Sperrsechserl« berappen. Mein Vater hat oft erzählt, wie in jenen Zeiten vor zehn Uhr abends ein eiliges Hasten und Rennen durch die Straßen der Stadt anhob, weil alle sich das »Sperrsechserl« ersparen wollten.

Untertags stand das Haustor jedermann offen – ausgenommen für »Bettler und Hausierer«, denen, laut einem gut sichtbar aufgehängten Warnschild aus poliertem Messing, »das Betreten verboten« war. Keiner hat sich daran gehalten, da konnte unsere brave Hausmeisterin Elise Fertsak noch so flink aus ihrer Türe herausschießen, hinter der sie stetig zu lauern schien, und die ungebetenen Besucher noch so scharf zurechtweisen. Ihre gewiss beachtliche Autorität reichte keineswegs aus, die in ihrer Not zu allem entschlossenen Bettler und Hausierer abzuschrecken.

Unsere Wohnung bestand aus vier großen Zimmern und einer so genannten Dienerkammer, Vorzimmer, Bad und Toilette. Drei Zimmer in einer Flucht zum Garten hinaus, das vierte sowie die Küche, die Kammer und das Vorzimmer gingen in zwei enge, ziemlich stickige Hinterhöfe. Mobiliar und Teppiche waren erlesen, offenbar noch mit Großmutters Vermögen rechtzeitig angeschafft, ehe das ganze Geld von den Kriegsanleihen aufgefressen war, dunkle Eiche, teilweise geschnitzt, wuchtig, aber nicht protzig und dazu die bewussten Biedermeiermöbel. Selbstverständlich ein schwarz polierter Flügel, schwere Vorhänge, unendliche Mengen an Bett- und Tischwäsche (feinster Damast, einige Tafeltücher für zwölf, resp. 24 Personen), Meißner Porzellan für zwölf Personen (allein 36 große Speiseteller), Kristall, Silber, alles üppig, alles elegant. Und sehr, sehr viel Pflege und Arbeit erfordernd von der Hausfrau, die zugleich ihre eigene Sklavin war.

Ihr Tagewerk begann um halb fünf Uhr früh mit zwei einprägsamen Geräuschen, einem ganz sanften Fff-fff-fff und einem energischen, rhythmischen Ksch-ksch-ksch. Das erste hat bei mir ein halbes Leben lang nachgewirkt.

Es ist meine früheste Erinnerung, ich muss noch keine drei Jahre alt gewesen sein, denn nur bis dahin schlief ich in einem weiß lackierten Kinderbett bei meinen Eltern. Danach hatte ich meine Nachtfurcht offenbar überwunden und bekam ein eigenes Zimmer.

Die Mutter stand im Schein einer abgedunkelten Nachttischlampe vor dem großen Spiegel und bürstete ihre hüftlangen braunen Haare, das leise Fff-fff-fff faszinierte mich ebenso wie die winzigen elektrischen Funken, die von Zeit zu Zeit aufsprühten. Ich beobachtete sie mit nur einen Spaltbreit geöffneten Augen, sagte kein Wort und wagte kaum zu atmen. So klein ich war, ich muss gefühlt haben, dass dies ein sehr intimer Vorgang war, wie sie genüsslich die Haare von vorne nach hinten, von hinten nach vorne, von einer auf die andere Seite bürstete, um sie dann mit einem Kopfruck wieder zu ordnen, sodass sie für einen Moment einem seidenen Umhang gleich über ihren Körper flossen, ehe sie sie mit schnellen, geschickten Bewegungen zu einem dicken Zopf flocht und am Hinterkopf feststeckte.

Eines Tages, ich war vielleicht vier oder fünf Jahre alt, nahm sie mich in ein Geschäft mit, wo Damen in einzelnen Kabinen saßen, von deren Decken dicke schwarze Schlangen herabhingen, die mir Angst machten, ich weiß nicht warum. Meine Mutter setzte mich in eine Ecke, von der aus ich sie beobachten konnte, drückte mir meine Puppe Ilse (so genannt nach meiner Freundin Ilse in Hartha) in den Arm und nahm in einer Kabine Platz. Ebenso misstrauisch wie neugierig beobachtete ich, wie sie die Haarnadeln aus dem Knoten zog, den Zopf entflocht und kurze Zeit die braune Pracht um sich drapiert hatte, bis ein bedrohlich und unheimlich aussehender nadeldünner Herr mit schwarzen Locken und einem faltenreichen schwarzen Gewand sich ihr näherte und, o Gott, Strähne für Strähne der Haarpracht in die linke Hand nahm, kurz daran zog und sie dann sogleich mit einer großen Schere abschnitt, bis sich rund um den Sessel ein trauriger Abfallhaufen toten Gespinstes gebildet hatte. Ich wollte schreien, aber ich konnte es nicht, denn der Schrecken war noch kein Ende: Die nun kurzen, wie Borsten von ihrem Kopf abstehenden Haare wurden mit einer seifig aussehenden Creme eingeschmiert, dann um metallene Röhrchen gewickelt, von denen der schwarze Mann jedes einzeln an den unheimlichen Schlangen befestigte. Ich saß wie gelähmt da, mehr als eine Stunde lang, wie man mir später erzählte, bis dann endlich meine Mutter von den Schlangen befreit wurde. Man wusch ihr das Haar, drehte es ein und trocknete es – ich weiß nicht mehr wie, ich glaube, Trockenhauben hat es damals noch gar nicht gegeben. Strahlend nahm mich eine völlig fremde Frau an der Hand und verließ mit mir das Geschäft.

Nachdem meine Mutter sich auf so beängstigende Art verändert hatte, keimte in mir der brennende Wunsch, meine eigenen Haare zu zwei schönen dicken Zöpfen wachsen zu lassen, wie sie manche meiner Freundinnen zierten. Doch nichts da – lange Haare seien unpraktisch, es blieb bei dem damals so genannten Bubikopf. Im darauf folgenden Sommer, den ich wie gewöhnlich bei meinen Großeltern in Hartha verbrachte, tat ich etwas, was mir, einem eher ängstlichen und schüchternen Kind, gar nicht ähnlich sah – Tiefenpsychologen hätten wohl ihre reine Freude daran und könnten sicher mit einer einleuchtenden Erklärung aufwarten. Ich spielte mit meiner Freundin, Ilse, Tochter des Hausmeisters im großelterlichen Haus. Nachdem wir von den Puppen genug hatten, schlug ich vor, Frisör zu spielen. Ich sei der Meister, Ilse die Kundin. Bereitwillig hielt sie mir ihre langen roten Zöpfe hin, und ehe sie es sich versah, ehe mir überhaupt klar wurde, was ich da tat, schnitt ich sie ihr in Sekundenschnelle ab. Ich nehme an, dass dies dann ein gewaltiges Donnerwetter zur Folge hatte, ich kann mich nicht daran erinnern. Ich fühle aber noch immer die satte Befriedigung, die mich erfüllte, als ich Ilses Zöpfe in Händen hielt.

Einige zwanzig Jahre danach ein spätes Nachspiel: Ich zwinge meine kleine Tochter ihr weizenblondes Haar zu Zöpfen wachsen zu lassen, gegen ihren wütenden Widerstand und tägliches lautes Geschrei beim Kämmen und Flechten. Bis sie dann, unterstützt von meiner energisch einschreitenden Mutter, ihren Kopf durchsetzt und eine schöne, kurze Pony-Frisur bekommt, wie sie in ihrer Schulklasse gerade Mode ist. Ich weiß jetzt, dass es töricht von mir war, ich bitte hiemit meine Tochter – die inzwischen ihr *langes* Haar hochgesteckt trägt – um Vergebung für die ihr sinnlos zugefügte Quälerei ...

Zur Winterszeit heizte meine Mutter als Erstes die Öfen an. Den Brand hatte mein Vater schon am Vorabend sorgfältig vorbereitet. Im Ofenloch lag lose zusammengeknülltes Zeitungspapier, darüber zahnstocherdünne geschnitzte Holzspäne, dann zwei, drei dickere Scheite und schließlich Kohle. Beide waren Meister im Feuermachen, ich kann mich nicht erinnern, dass es bei uns je gestunken und geraucht hätte wie in anderen Häusern.

War das geschehen, ertönte das weiter oben erwähnte Ksch-ksch-ksch, hervorgerufen durch die flache Bodenbürste im Ausmaß von etwa dreißig zu fünfzehn Zentimeter, die meine Mutter um den rechten Fuß geschnallt trug; mit dem linken tanzte sie auf einem weichen Lappen über das Parkett, die im Zickzack angelegten Holzteile solcherart durch rhythmisches Bürsten und Polieren auf Hochglanz bringend. Bis zum Frühstück wurde die Wohnung exzessiv gepflegt und einmal in der Woche, immer am Freitag, stellte die Mutter Zimmer für Zimmer buchstäblich auf den Kopf, um, wie mein Vater in liebevollem Spott meinte, die letzten imaginären Staubreste zu entfernen. Da es noch keine Staubsauger gab, wurden die Teppiche zweimal im Jahr in den Hof getragen, über die Klopfstange gehängt und dann mit aller Kraft mittels eines Teppichklopfers so lange geprügelt, bis der Flor der Perser durch die Luft wirbelte.

Zweimal im Jahr wurden die Böden von Hand mit Wasser, Schmierseife und Reibsand geschrubbt, wobei meine Mutter wie eine fromme Pilgerin auf den Knien langsam von Zimmer zu Zimmer rutschte. Als, lange nach dem Zweiten Weltkrieg, die Böden endlich versiegelt werden konnten, sagte der Handwerker, er würde es wagen, könnte aber für nichts garantieren: die Parketthölzer waren im Laufe der Jahrzehnte durch das ewige Schrubben papierdünn geworden.

Nur in Sachsen, sonst nirgendwo auf der Welt, habe ich derart über-ambitionierte Hausfrauen erlebt, die tatsächlich nach dem absurden Leitsatz agierten: »Das Klo ist das Gesicht der Hausfrau« und man müsse »vom Fußboden essen können«. Als ob irgendjemand nur im Traum daran dächte ...

War, gegen sieben Uhr, die Wohnung auf Hochglanz gebracht, ging es ans Frühstück. Das ofenwarme Gebäck lag nebst der Zeitung vor der Türe, es gab Kaffee, die Semmeln wurden mit Butter und Marmelade beschmiert und zur Krönung der ersten Mahlzeit rauchten meine Eltern eine einzige Zigarette gemeinsam. Ein Zug für dich, ein Zug für mich. So hielten sie es beim Mittag- und Abendessen, niemals mehr als drei Zigaretten pro Tag.

Danach brach meine Mutter mit einer großen schwarzen Ledertasche zum Einkauf auf. Solange ich noch nicht zur Schule ging, durfte ich sie begleiten – täglich. Ich weiß nicht, woran es lag, dass immer nur kleinste Mengen für den Tagesbedarf erstanden wurden, vielleicht daran, dass es noch keine Kühlschränke gab, vielleicht aber auch, weil das Geld so knapp war, dass man wirklich nur das Allernötigste erstehen konnte. Selbst für kleinste Beträge forderte meine Mutter eine Rechnung, die dann am Abend dem Vater zwecks Notierung im Haushaltsbuch vorgelegt wurde.

Ich liebte diese morgendlichen Ausflüge in die große weite Welt, die voller Abenteuer war. Kaum traten wir aus dem Haus, spähte ich zur gegenüberliegenden Pferdetränke, wo die Kutscher der diversen Lieferwagen ihren Tieren Wasser gaben, und wenn ich Glück hatte, konnte ich dem aufregenden Schauspiel beiwohnen, wie aus den prallen Hinterteilen der Rösser dampfende, exakt geformte Knödel purzelten, auf die immer ein paar Frauen schon geduldig warteten, um sie dann mit Schäufelchen in kleine Eimer zu befördern. Pferdemist, so hieß es, sei der beste Dünger für Blumen und Pflanzen.

Auch die Kutscher labten sich, denn hinter der Pferdetränke befand sich eine »Teestube«, in der, außer Tee, so gut wie alles an billigen Alkoholika ausgeschenkt wurde. Manche der Kutscher verließen das Geschäft leicht torkelnd, manche gingen schon schwankend hinein, und wenn es der Zufall wollte, konnte ich durch das Fenster ein ganz besonderes Zauberkunststück beobachten, dessen tieferen Anlass ich damals natürlich noch nicht verstand. Heute weiß ich, dass Alkoholiker wegen der stark zitternden Hände nicht fähig sind, ihr lebensrettendes erstes Glas Rum oder Schnaps zügig zum lechzenden Mund zu führen. Darum knüpften sie ihre Krawatte auf und fungierten diese zu einer Seilwinde um. Mit der Rechten umklammerten sie das Glas und einen Krawattenzipfel, mit der Linken das andere Ende und vorsichtig zogen sie das Glas an die Lippen.

In unserer Straße gab es viele kleine Geschäfte und jeder kannte jeden. Im Nebenhaus residierte unser Kohlenhändler, der immer ehrerbietig grüßte, denn wir waren gute Kunden, die jeden Herbst den Brennstoff gleich für den ganzen Winter einlagerten und sogar pünktlich bezahlten. Neben ihm der Installateur, ein dicker Mann, der vor seinem Geschäft stand und uns nicht grüßte, weil wir seine Dienste nicht in Anspruch nahmen.

Er muss ein schlechter Handwerker gewesen sein, sonst hätte er nicht täglich Maulaffen feilhalten können. Dafür wurde er immer fetter und seine alte Mutter, die hinten im Laden saß, erweiterte ständig seinen Arbeitsanzug, der durch verschieden getönte blaue Streifen deutlich unterscheidbare Jahresringe trug und damit das Breitenwachstum des Meisters haargenau anzeigte.

Des Weiteren gab es in unserer Gasse eine Bürstenbinderei, eine Papierhandlung, ein Geschäftchen, dessen über dem Eingang hängendes Schild großspurig »Spezereien« zum Verkauf ankündigte, obwohl man dort mit Mühe die allergängigsten Lebensmittel feilbot, eine, wie es in Wien genannt wird, »Pfeidlerei«, in der jeglich nur denkbarer Krimskrams zum Nähen, Stricken, Sticken und Stopfen zu finden war, eine Fleischhauerei und, um die Ecke, einen kleinen Vorstadtfrisör, der mit »preiswerten« Dauerwellen die Frauenköpfe der näheren Umgebung verunzierte. Er hieß Drapal und sein Name sollte über kurz oder lang im ganzen Lande berühmt werden, dank seiner Tochter Julia.

Sie war ungefähr in meinem Alter und mit scheelen Augen sah ich sie von Kindesbeinen an zu einer schwarz gelockten Schönheit erblühen. Sie bewegte sich aufs zierlichste, denn sie erhielt, noch lange, ehe wir in die Schule kamen, Ballettunterricht, während ich mich die ganzen Jahre mit der Koordination meiner viel zu langen, viel zu ungelenken Gliedmaßen abplagen musste. Als ich meine ersten journalistischen Gehversuche machte und als junge Lokalreporterin jeglicher »Sensation«, seien es bissige Hunde oder vernachlässigte Kinder, hinterherhechelte, feierte sie Triumphe als angebetete Primaballerina der Wiener Staatsoper, doch der Ruhm stieg ihr nie zu Kopf. Selten habe ich eine so warmherzige, großzügige und immer heitere Frau getroffen, wenn wir einander, viel, viel später gelegentlich auf dem gesellschaftlichen Parkett über den Weg liefen. Kein noch so perverses Hirn hätte sich das tragische Ende dieser bezaubernden Frau vorstellen können, die, schwer krank, von einer abartigen Pflegerin heimtückisch ins Jenseits befördert wurde.

Außer dem Kohlenhändler, dem Installateur und dem Frisör

gab es in unserer Gasse nur Geschäftsfrauen, durchwegs etwa im Alter meiner Mutter, die sich in ihren winzigen Lädchen mühselig über Wasser hielten. Blasse, unfrohe Geschöpfe, von denen ich keine jemals auch nur lächeln gesehen habe: die verlorene Generation der nach dem Ersten Weltkrieg »übrig gebliebenen« Frauen. So sah man es wenigstens in einer Zeit, da Mannlosigkeit weitgehend als selbst verschuldete Schande verstanden wurde. Ihre Männer oder Verlobten waren im Feld geblieben oder sie hatten nie die Chance gehabt, einen heiratsfähigen Mann auch nur kennen zu lernen.

Auf zwei von ihnen hatte meine Mutter ein scharfes Auge. Die eine war die Witwe Vieröckel, die in unserem Nebenhaus eine stattliche Fleischerei betrieb, die andere das Fräulein Gretsch, die an der übernächsten Ecke im väterlichen Bäckerladen stand. Die eine war dürr, schon leicht faltig, und wirkte mieselsüchtig, die andere war mehr als das, was man euphemistisch mit »vollschlank« umschrieb, aber von gutmütiger Freundlichkeit, wenn sie uns Kindern gelegentlich ein Bonbon zukommen ließ. Beide Damen zeichnete Wohlhabenheit aus, beide besaßen neben ihren florierenden Läden einträgliche Zinshäuser.

»Wenn ich einmal tot bin«, sagte meine Mutter gelegentlich zu meinem Vater, »dann solltest du eine reiche Frau heiraten, zum Beispiel die Frau Vieröckel oder das Fräulein Gretsch.« Mein Vater pflegte diese Art von makabren Scherzen ostentativ zu überhören, mir jagten sie Angst ein – nicht wegen des Todes meiner Mutter, den konnte ich mir einfach nicht vorstellen, sondern wegen der Auswahl der Nachfolgekandidatinnen. Ich konnte beide nicht leiden, am allerwenigsten die Frau Vieröckel, denn die Fleischerin hielt im Hof ihres Hauses, der an den unseren grenzte, von unserer Küche aus einsehbar, Schweine, ein Dutzend, vielleicht sogar mehr. Der Gestank war, besonders im Sommer, unerträglich, das ewige Grunzen noch viel mehr. Den Höhepunkt des kindlichen Entsetzens bildete aber das Schlachten, dem ein markerschütterndes, herzzerreißendes Quietschen in blanker Todesangst voranging. Ich weiß schon, warum ich kein Schweinefleisch mag.

Am ehesten hätte ich mich noch mit Fräulein Juliane Pettirsch als Stiefmutter anfreunden können, die hin und wieder auch ins Gespräch kam. Sie war zwar genau so mittellos wie wir, eine Volksschullehrerin, die wir einmal in den Ferien kennen gelernt hatten und die ich liebte, weil sie mir so schrecklich Leid tat. Manchmal, mitten im Gespräch, zog sich ihr Gesicht auf groteske Weise in die Länge, wie in einem Spiegelkabinett, sie blieb ganz stumm, während ihr Tränenströme aus den Augen flossen. Da wusste ich, sie hatte im Augenblick wieder einmal an ihren gefallenen Verlobten denken müssen.

Als Erwachsene habe ich mich oft gefragt, was meine Mutter dazu getrieben haben mag, mit ihrem möglichen Hinscheiden grausige Gedankenspiele zu treiben. Vielleicht lag es in ihrer durch und durch pessimistischen Natur, die immer den berüchtigten »worst case«, die schlimmste aller Möglichkeiten, einkalkulierte. Das Gewitter würde unweigerlich in ein Unwetter mit Orkan und Hagelschlag ausarten, der Mückenstich eine Blutvergiftung nach sich ziehen, und wenn der Vater verspätet nach Hause kam, war er bestimmt das Opfer eines Straßenbahnunfalls geworden.

Vielleicht aber trug sie, häufig von quälenden Schmerzen geplagt, das tiefere Wissen um ihr viel zu frühes Ende buchstäblich im Kopf. Sie starb nach einer Schädeloperation, bei welcher sich ein im Röntgenbild sichtbar gemachter Tumor als – Zwilling entpuppte, mit Härchen dran und einem Zähnchen drin ...*

Neben dem hohen Anteil an Weiblichkeit wiesen die Geschäftsleute der Gentzgasse noch eine weitere Gemeinsamkeit auf. Die meisten von ihnen gehörten ursprünglich der tschechischen Volksgruppe an. Die Gretsch und die Drapal hatten ihre Namen schon eingedeutscht, die Papierhändlerin Plz und die Pfeidlerin Wlk taten dies erst ab 1938, nachdem Österreich ins Deutsche Reich »heimgekehrt« worden war. Sie hießen dann Pulz und Wilk. Der Erbauer unseres Hauses hieß Urbanek, unse-

* Eine medizinische Rarität: Ein nicht fertig entwickelter Zwilling setzt sich als Tumor am Steiß des Geschwisters fest. Es können sich Ansätze von Organen, Haut, Haaren entwickeln. Äußerst selten findet sich so ein rudimentärer Zwilling im Gehirn.

re Hausbesorgerin war eine burgenländische Kroatin. Sie besorgte das Haus nicht nur, sie hütete, pflegte und bewahrte es wie ihr persönliches Eigentum, ständig auf dem Sprung, es gegen zweifelhafte Besucher oder unordentliche Kinder zu verteidigen.

Wien war die am meisten »überfremdete« Metropole Europas, was ursächlich damit zusammenhing, dass Österreich kein Nationalstaat war, sondern ein Konglomerat der unterschiedlichsten Volksstämme, die selbstverständlich freien Zuzug zur Hauptstadt hatten. Um die Wende vom 19. zum 20. Jahrhundert bestand rund ein Drittel der Wiener Bevölkerung aus Tschechen. Als Kind habe ich noch viele die deutsche Sprache radebrechen oder mit dem typischen böhmischen Akzent sprechen gehört.

»Die Bemm« (Böhmen), die zumeist die niedrigsten Arbeiten in der rasch wachsenden Industrie oder in den Haushalten als billige Dienstboten leisteten, waren verhasst und missachtet, was ihre Enkel und Urenkel, Jahrzehnte später, nicht daran hindert, Zuwanderer und Flüchtlinge zu hassen, zu missachten und mit dem zum Schimpfwort mutierten Begriff »Ausländer« zu stigmatisieren.

Ich hatte schon als Kind diese Vielfalt in der Fremdartigkeit geliebt, weil sie meine Fantasie über die Enge der Gentzgasse hinausführte, auch weil wohl in mir, durch meinen Vater, der in vielen Garnisonen der Monarchie herumgezogen war, ein Hang zur Weltläufigkeit weiterlebte. Jeder Offizier musste mindestens, außer Deutsch, eine Landessprache des Vielvölkerstaates beherrschen. Bei meinem Vater war es Ungarisch, dazu sprach er noch fließend Slowenisch, seine eigentliche Muttersprache, das heißt die seiner slowenischen Mutter. Das bedeutet, dass ich, nach dem heutigen engstirnigen Strickmuster, zu einem Viertel ein Ausländerkind bin. Wendet man den Begriff im engsten und eigentlichen Sinn an, dann bin ich es zu drei Vierteln, denn meine Mutter war schließlich eine Deutsche – allerdings mit verdächtig »ausländischen« Wurzeln, denn der Mädchenname meiner Großmutter lautete Jentzsch, was gewiss nicht auf germanische Vorfahren schließen lässt, sondern vielmehr auf slawische Wenden oder Sorben, die ursprünglichen Bewohner Sachsens.

Ich mochte den schnauzbärtigen Zigeuner, der alle vier Wochen an der Straßenecke Aufstellung nahm, um die Messer und Scheren zu schleifen, die ihm die Hausfrauen der Umgebung angeschleppt brachten.

Mein spezieller Freund war der italienische Eisverkäufer. Mit einem »Klingeling«-Glöckchen lockte er die Kinder der Gasse zu seinem mit kühlen Köstlichkeiten gefüllten Wägelchen und manchmal durfte ich mir ein »Stanitzel« (Tüte) für fünf Groschen (0,004 Euro) kaufen – aber um Himmels willen niemals Vanilleeis, Kind! Vanilleeis kann giftige Stoffe enthalten, die zu Magenkrämpfen, wenn nicht gar zum Tod führen. Welcher Art diese Gifte waren, ist niemals erläutert worden und eigentlich habe ich auch kein einziges Mal von einer Vergiftung durch Vanilleeis gehört.

Ich bestaunte immer wieder die vertraute und zugleich befremdliche Gestalt des kleinen Juden, der, mit langem schwarzen Kaftan angetan, das Gesicht von Schläfenlocken umringelt, mit einem Handwagen durch die Gasse zog und sein lang gezogenes, singendes »Handleh, Handleh, der Handleh ist da!« rief. Er war bereit, alles, buchstäblich alles, abzunehmen, seien es ein paar rostige Nägel, abgetragene Kleider, gesprungene Töpfe und dergleichen mehr. Manchmal zahlte er nichts, manchmal gab es ein paar Groschen, alle waren zufrieden und glücklich. Müllberge, Müllprobleme, Mülltrennung waren unbekannte Begriffe.

Dafür sorgte auch der »Mistbauer«, ich glaube, es war ein gebürtiger Ungar, der einmal pro Woche mit dem pferdebespannten Mistwagen vor dem Haus vorfuhr, in den Flur trat, mit einer Glocke bimmelte und schrie: »Mistbau-är ist da, da ist Mistbau-är!« Meine Mutter wartete schon auf ihn, die voll gefüllte Mistkiste stand bereit. Sie bestand aus weiß lackiertem Holz, wurde im Inneren mit Zeitungspapier ausgelegt und war nicht viel größer als zwei Schuhkartons. Sie enthielt den gesamten Abfall einer ganzen Woche! Es gab so gut wie kein Verpackungsmaterial zum Wegwerfen, man kaufte eine Zahnbürste, ein Stück Seife einzeln, Milch wurde in Kannen geholt, das offene Bier vom Wirt, Nägel und Nähnadeln Stück für Stück. Jeder kleinste Rest wurde verwertet (man denke an die Bleistiftstummel-Sammlung meines Vaters), Papier verheizt. Ein bisschen Asche, Kartoffel- und Gemüseschalen, ein paar Knochen, das war alles, was der Mistbauer abholte.

Ich bin ein bisschen weit abgeschweift, ich wollte ja zunächst vom täglichen Einkauf erzählen, der uns zur Milchfrau und auf den nahe gelegenen Kutschkermarkt führte, unmittelbar neben der alten Dorfkirche von Währing, St. Gertrud, ein in seiner Schlichtheit bezaubernder Biedermeierbau. Nach 1934, als die ultra-klerikale Dollfuß-Regierung an die Macht kam, wurde er aufs fürchterlichste entstellt, das alte Hauptschiff zum Seitenschiff degradiert und ein klotziger Kolossalbau von monströser Hässlichkeit angefügt. Der Volksmund fand die richtige Bezeichnung dafür: »die Vater-Unser-Garage«.

Wenn wir uns dem Markt näherten, vernahmen wir schon von fern das durchdringende Geschrei in endloser Wiederholung der immer gleichen drei Worte »Reibsand, Waschsand, Vogelsand«. Der Mann verkaufte, außer dem Bodenbelag für Vogelkäfige, die beiden wichtigsten Reinigungsutensilien: den Reibsand, der zweimal pro Jahr zur Zerstörung der Parkettböden beitrug, und den für das Ausscheuern der Töpfe unentbehrlichen Waschsand. Dieser und das dem Abwaschwasser beigefügte Soda waren die einzigen Hilfsmittel zur Säuberung des Geschirrs und schon allein vom täglichen Spülen hatte meine Muter stets rote, rissige Hände, da konnte sie abends Kaloderma-Gelee einmassieren, soviel sie wollte. Die Benützung von Gummihandschuhen im Haushalt war noch unüblich.

Der liebste Marktstand war mir der des Herrn Pick. Er verkaufte Butter aus allen Bundesländern, zu länglichen Ein-Kilo-Wecken geformt, von denen jeder mit wunderbaren, fantasievollen Reliefs geschmückt war: Überdimensionale Edelweiß, springende Hirsche, balzende Auerhähne und was dergleichen ländlich-sittliche Attribute mehr waren. Ob er außer Butter noch etwas feilbot, daran erinnere ich mich nicht mehr, zu sehr verdeckt der ritualisierte Butterkauf alle anderen Eindrücke. Des Langen und Breiten diskutierten meine Mutter und Herr Pick die Beschaffenheit dieser und jener Marke aus diesem oder jenem Bundesland, welche süßer, welche ein wenig sauer schmeckte, von welcher man lieber Abstand nehmen sollte, weil sie noch zu viel Molke enthielt.

Nachdem diese mit großer Intensität geführte Erörterung abgeschlossen war, ging es ans Verkosten der als erstklassig angepriesenen Sorten. Herr Pick platzierte ein winziges Flöckchen auf die Spitze eines langen Messers, meine Mutter führte es mit zierlicher Geste an den Mund, auf die Zunge und mit leisem, mehrmaligen »tz-tz-tz« wurde die kritische Auswahl getroffen. Von dem Butterwecken, der meiner Mutter am besten gemundet hatte, schnitt Herr Pick mittels eines an den Enden eines kleinen Bogens gespannten Metalldrahtes die gewünschten 15 oder 20 Dekagramm ab, wobei er das Gewicht erstaunlicherweise meist aufs Gramm genau traf.

Herr Pick hatte mir noch eine weitere Attraktion zu bieten. Er trug stets eine Kippah auf seiner spiegelnden Glatze, das ist die Kopfbedeckung, die fromme Juden in Schwarz und katholische Kirchenfürsten in Rot tragen. Die des Heiligen Vaters in Rom ist schneeweiß. Ich konnte mir nicht vorstellen, wie das steife kleine Käppchen auf dem haarlosen Haupt Herrn Picks halten konnte, und lauerte im Geheimen immer darauf, dass es ihm eines Tages über die Nase in die Butterberge rutschte. Ich wartete vergebens. Übrigens weiß ich noch immer nicht, wie die schwarzen, roten und weißen Kippahs wohl befestigt werden. Meine als Kind angestellte Vermutung, dass sie mittels Gummiarabikum, dem damals üblichen gelben, dickflüssigen Klebemittel, auf ihrem Platz gehalten würden, dürfte vielleicht doch nicht stimmen.

Hinter dem Stand des Herrn Pick lag das kleine Geschäft des Herrn Duckes in einem Haus der Kutschkergasse. Dort erstanden wir alles, was so an Wirkwaren gebraucht wurde, die langen Unterhosen, die mein Vater im Winter benützte, Strümpfe, Damen- und Kinderunterwäsche. Auch Herr Duckes trug eine Kippah.

Wir kauften überhaupt vorwiegend bei jüdischen Händlern, nicht, weil wir etwa Philosemiten gewesen wären. Niemand in

St. Gertrud und Kutschkermarkt

unserer Familie wäre jemals pro oder kontra irgendeine Religion, Rasse oder Klasse gewesen, denn die von meinem Vater immer wieder betonte Devise lautete: »Es gibt nur zwei Klassen und Rassen von Menschen. Die Anständigen und die Unanständigen.« Zu welcher von beiden wir zu halten hatten, das brauchte nicht weiter erläutert werden.

»Die Juden«, sagte meine Mutter, »stehen früher auf und gehen später schlafen. Sie arbeiten härter und versuchen mehr, dafür aber billiger zu verkaufen.« Was ihnen begreiflicherweise den Zorn und Hass ihrer Konkurrenten eintrug. »Außerdem«, fügte meine Mutter hinzu, »lassen sie mit sich reden.« Was sie damit meinte, führte Herr Pick mehrmals des Monats bildlich vor: Er unterrichtete meine Mutter genau über die Qualität seiner Ware und ließ sie selbst probieren – was unserer Milchfrau nie im Leben eingefallen wäre. Darum kauften wir die Butter auch nicht bei ihr, sondern bei Herrn Pick.

Rührend war auch einmal Herr Stern – er trug keine Kippah –, der sein Geschäft im so genannten Textilviertel, dem nördlichsten Teil der Inneren Stadt, betrieb. Ich durfte mir Stoff für ein Sommerkleid aussuchen, das aber pro Meter um 20 oder 30 Groschen mehr kostete, als meine Mutter veranschlagt hatte. Sie erbat ein paar Minuten Bedenkzeit und wir gingen vor dem Laden heftig diskutierend auf und ab – ich wollte den Stoff unbedingt haben –, bis meine Mutter zielstrebig ins Geschäft zurückging. Es täte ihr Leid, sagte sie, wir könnten uns diesen Stoff nicht leisten, Herr Stern möge uns noch einmal andere Ware vorlegen. Ich fühlte Tränen in mir aufsteigen, verzog krampfhaft das Gesicht um sie zurückzuhalten, drehte mich zur Wand, begann dann doch zu schluchzen. »Aber gnädige Frau«, sagte Herr Stern, »wir dürfen das kleine Fräulein doch nicht so enttäuschen. Ich lasse ihnen die paar Groschen natürlich nach.« »Das kleine Fräulein« hatte er gesagt! Das wunderschöne Kleid würde ich bekommen! Kann ein Erwachsener überhaupt die Seligkeit eines Kindes nachempfinden, dem im letzten Augenblick ein bereits zerronnen scheinender Wunschtraum doch noch erfüllt wird?

Wir haben Herrn Stern die Treue gehalten, bis zu jenem

schrecklichen Tag im Mai 1938, als wir ihn aufsuchen wollten, um Stoff für mein Kleid zum Abschlusskränzchen der Tanzschule Elmayer zu erstehen. Als wir hinkamen, fanden wir die Scheiben des Geschäftes zerschlagen und ein vor Freude grölender Mob schleppte Stoffballen um Stoffballen aus dem Laden. Herr Stern war verschwunden. Wohin nur? Wohin!

Wenn wir vom Einkaufen nach Hause kamen, wurden, zumindest in der warmen Jahreszeit, Butter und Milch in den Keller getragen, denn wir besaßen keinen Eiskasten. Verderbliches wanderte darum in den kühleren Keller und wurde bei Bedarf heraufgeholt. Als ich größer war, wurde ich geschickt – eine Expedition des Grauens, denn in den dunklen unterirdischen Gewölben wimmelte es von fetten Ratten, die dem Kind ungeniert über den Weg liefen. Niemand war darum froher als ich, nachdem endlich ein Eiskasten angeschafft worden war, ein fast mannshohes Ungetüm, das einmal wöchentlich mit zerhacktem Eis gefüttert wurde. Katastrophenstimmung kam auf, wenn der Mann, der die schweren Eisblöcke lieferte, sich verspätete oder überhaupt nicht erschien, weil die »Erste Wiener Eisfabrik« mit der Produktion nicht nachgekommen war. Meine Mutter stürzte dann zu der unter uns wohnenden Frau Popper, deren Telefon wir mitbenutzen durften, um die Erste Wiener Eisfabrik anzurufen und, je nach Stimmungslage, zu flehen oder zu schimpfen.

Das erste Telefon bekamen wir erst, als ich schon ein Teen war, natürlich nur ein Viertelapparat, das heißt, dass drei weitere Teilnehmer an der Nummer A 12-3-77 hingen und immer dann sprachen, wenn wir selbst dringend zu telefonieren wünschten. Das Telefon, ein klobiger schwarzer Kasten, hing am Türstock im Vorzimmer und flößte, zumindest am Anfang, höchsten Respekt ein. Man telefonierte nur in wirklich dringenden Fällen, hielt sich möglichst kurz, und als unter fürchterlichem Krachen und Knacken das erste Auslandsgespräch ankam, hat es meiner Mutter vor Aufregung fast die Sprache verschlagen. Sie zitterte am ganzen Leib und musste nachher mit einer Tasse Kaffee gelabt werden.

Das Kochen war eine langwierige Angelegenheit, denn die

meist einfachen Gerichte, die bei uns auf den Tisch kamen, waren gerade darum oft kompliziert, es gab so gut wie nichts Fertiges. Das Zubereiten von Strudeln und Nudeln kostete immense Zeit, sowie auch der Kochvorgang selbst, denn die Gerichte wurden nicht auf dem Herd fertig gegart, sondern, aus Ersparnisgründen, in der Kochkiste. Dies war ein Gehäuse mit festem Deckel, in dem, von Stroh umhüllt, zwei Töpfe Platz hatten. Sobald eine Speise, etwa Kartoffeln oder Reis, zu wallen begann, stellte man sie in die Kochkiste, wo sie doppelt so lang wie üblich brauchte, um gar zu werden.

Fleisch gab es immer am Sonntag, unter der Woche selten, Geflügel nur drei Mal im Jahr. Wegen der immer wieder grassierenden Hühnerpest waren Hühner extrem teuer, nur mein Vater wurde an seinem Geburtstag mit einem gebratenen Kapaun (kastrierter Hahn) verwöhnt und ich durfte mir zum Geburtstag ein Backhuhn wünschen. Zu Weihnachten war die Gans obligatorisch. Ach ja, fast hätte ich es verdrängt: das verhasste Wild! Mein Vater war Mitglied der Pferde-Einkaufskommission, die in großen Gestüten des Landes, aber auch in Ungarn und in der Tschechoslowakei, die Zug- und Reittiere für das Bundesheer erwarb, denn die Armee war so gut wie nicht motorisiert. Zu den Gestüten gehörten meist große Jagden, und oft kam mein Vater mit einer stattlichen Beute von seinen Einkaufstouren zurück, Hasen, Fasane und Rebhühner vor allem, von denen wir uns wochenlang, ich wiederhole: *wochenlang*! ernährten. Mit Grausen erinnere ich mich der Tierleichen, die ewige Zeiten vor dem Küchenfenster hingen und deren Hautgoût mir noch heute in der Nase und auf der Zunge liegt.

Mein Vater kam mittags nach Hause, pünktlich um halb eins, man musste »essen, was auf den Tisch kommt«, und nicht der kleinste Rest durfte stehen gelassen werden, eine Qual für ein Kind, das am liebsten überhaupt nichts verzehrt hätte. Zum Trinken gab es Wasser, zu hohen Fest- und Feiertagen gönnten sich die Eltern ein Glas Wein oder Bier, das Kind bekam dann eine Zitronenlimonade oder Himbeersaft. Fruchtsäfte und Mineralwasser waren unbekannt. Wer zwischendurch Durst hatte,

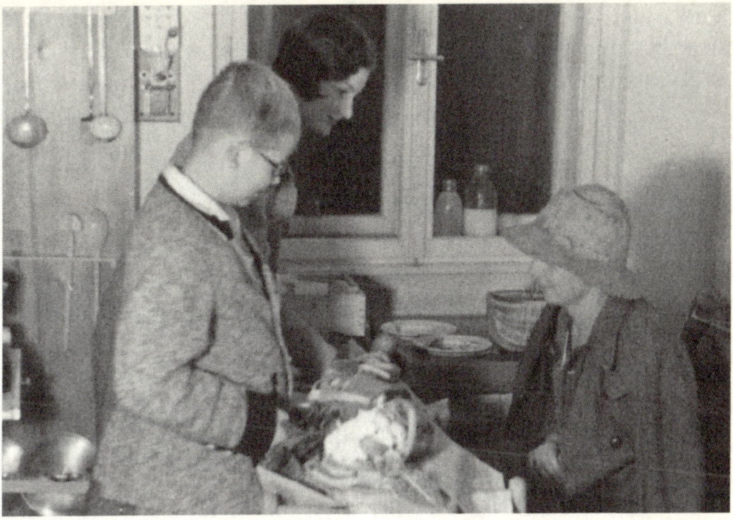

Friedel und Thea spielen Kaufmann

trank Wasser. Nach der Mahlzeit war ich angehalten aufzustehen, mich neben den Sessel zu stellen, einen Knicks zu machen und »Dankeschön« zu sagen.

Am Nachmittag gab es Kaffee und Buttersemmel (ganz frisch und knusprig, die Bäcker buken mindestens zwei Mal pro Tag), Samstag und Sonntag Nachmittag Kuchen. Die berühmten sächsischen Breiten Kuchen, die meine Mutter ebenso perfekt machte wie die süßen Wiener Spezialitäten des Küchenchefs Franz Ruhm. Im November bereits buk sie drei gigantische Dresdner Stollen, die, in Tücher gehüllt, bis Weihnachten »ruhen« mussten um »ganz durch« zu sein. Der Ehrgeiz einer sächsischen Hausfrau gebot es, dass die Stollen bis Ostern zu reichen hatten.

Die Nachmittage verbrachte ich mit meinem Freund Friedel spielend, er beschäftigte sich vorwiegend mit der Puppenküche, wurde aber interessanterweise kein Hobbykoch, ich kleidete meine Ilse an und aus. Mit Begeisterung agierten wir auch als

Kaufleute, spielten »Mensch-ärgere-dich-nicht«, ein ungehörter Aufruf, denn Friedel konnte über ein verlorenes Spiel dermaßen in Wut geraten, dass er sich auf den Boden schmiss und, hochrot im Gesicht, dem Erstickungstod nahe, mit Armen und Beinen um sich schlug. »Flohhüpfen« war sehr beliebt, man musste kleine bunte Zelluloidplättchen durch Druck mittels eines größeren in eine offene Holzschachtel hüpfen lassen.

Meine Mutter ging derweilen ihren mannigfachen hausfraulichen Tätigkeiten nach. Sie schneiderte, vor allem besserte sie unermüdlich aus: Aus den Herrenhemden wurden am unteren Rand große Stücke herausgeschnitten und zu neuen Kragen verarbeitet, Betttücher, die durchgelegen waren, wurden »gestürzt«, das heißt in der Mitte zerschnitten und an den Außenkanten wieder zusammengenäht. Die harte Naht, die dadurch entstand, hat dem empfindlichen Kinderkörper manche Pein zugefügt.

Wenn der Vater vom Dienst nach Hause kam, wurde er zunächst einmal tüchtig gefilzt, das heißt, er musste sich vollkommen ausziehen und die Mutter inspizierte ihn auf Wanzen, von denen es in den Kasernen nur so wimmelte: Fand sie eine, dann erhob sich großes Geschrei, die Bestie wurde auf eine Stecknadel gespießt, über einer Zündholzflamme geröstet und dann ins Klosett befördert. Sobald der Vater die Kleider gewechselt hatte, machte er sich an die häusliche Arbeit. Er sägte und hämmerte und bohrte und strich aufs professionellste, selbst elektrische Leitungen hat er verlegt. Auch die Schuhe hat er selbst besohlt und mit neuen Absätzen versehen, nachdem er beim Regimentsschuster die nötigen Handgriffe erlernt hatte. Und das verrichtete ein Mann, der in den prägenden Jahren seiner Jugend gewöhnt war, von seinem »Putz« (Offiziersbursche) zu jeder Stunde des Tages und der Nacht umsorgt zu werden.

Der Abend versammelte die Familie um den großen Esszimmertisch. Solange ich noch klein war, musste ich dann gleich ins Bett gehen. Als ich größer wurde, durfte ich ein bisschen aufbleiben. Meine Mutter hatte, wie stets, an einer Handarbeit zu tun, sie strickte alle Pullover und Westen für uns drei, trennte auch manchmal schon getragene wieder auf und arbeitete sie »modern« um. Auch Pulswärmer (!), Socken, Bettschuhe und Bettjäckchen (in den Schlafzimmern war es winters grausam kalt) wuchsen geschwind unter den ständig klappernden Nadeln oder sie besserte Strümpfe aus, eine niemals endende Sisyphusarbeit, denn die Strümpfe und Socken wurden erst dann weggegeben oder vielmehr zu Putzfetzen degradiert, bis sie wirklich nur noch aus im filigransten Fadenmuster zusammengehaltenen Löchern bestanden. Der Vater las vor, ganze Bücher, aber als ich – sehr rasch, denn ich war begierig darauf – selbst lesen konnte, durfte ich die abendliche Lektüre bestreiten – natürlich nur von kinder- und jugendgerechten Autoren.

Eines Abends, ich war noch ziemlich klein und hätte eigentlich schon längst ins Bett gehört, nahm mich mein Vater auf einen Spaziergang mit, um mir die Gaslaternen zu zeigen, die es noch im Cottage-Viertel gab und denen, einem Gerücht zufolge, bald der Garaus gemacht werden sollte. Staunend beobachtete ich einen Mann, der, auf einer Leiter stehend, mit einem langen Stab die Flamme in der Laterne entzündete. Mein Vater hätte sich nicht so beeilen müssen, Gasbeleuchtung gab es in den Randbezirken bis lange nach dem Zweiten Weltkrieg.

Solange ich klein war, machte mein Vater den abendlichen »Renner«, wie er ihn nannte, ohne meine Mutter. Nachdem ich das Alter erreicht hatte, da ich meine Furcht vor dem Alleinsein geschickt kaschieren konnte, liefen beide Eltern vor dem Schlafengehen – kein Jogging, aber immerhin.

Ihnen wohnte ein stürmischer Bewegungsdrang inne und so war es nur logisch, dass die Sonntage, Sommer wie Winter, auf Schusters Rappen verbracht wurden. Ausflug! Hinaus in die freie Natur! An die frische Luft, das ist gesund!

Um halb sieben war Weckruf, und als ich dann schon in die Schule ging und gerne ein wenig länger geschlafen hätte, durchfuhren mich manchmal finstere Gedanken an Muttermord, sobald meine Mama mit ihrer sehr laut schallenden Stimme singend mein Zimmer betrat: »Erwacht, ihr Schläferinnen, der Kuckuck hat geschrien,/ hoch auf des Berges Zinnen seht ihr die Sonn' erglühn./ Erwachet, erwachet, der Kuckuck hat geschrien.«

War meine erste Wut verraucht, genoss ich dann doch die langen, ausgedehnten Wanderungen durch die einzigartige Hügellandschaft des Wienerwaldes in Gesellschaft lieber Freunde: Friedel und dessen Eltern natürlich, dann das Ehepaar Weinreb mit Tochter Trude, die eine Busenfreundin von mir war, und Sohn Kurt. Wir waren alle vier ungefähr im gleichen Alter und verstanden uns prächtig.

Die drei Männer, Rucksäcke auf den Rücken, voll gepackt mit belegten Broten, Kuchen, Obst, Tee, marschierten voraus, die Frauen trotteten hinterdrein. Immer gingen die Männer getrennt von den Frauen, um die große Politik, die Philosophie, die Wirtschaft und andere wichtige Dinge des Lebens zu erörtern. Die Frauen besprachen die marginalen, wie Kindererziehung, Haushaltsangelegenheiten und, vor allem, wie man mit dem rasch schmelzenden Budget bis zum nächsten Monatsersten über die Runden kommen könnte. Wir Kinder umkreisten die Erwachsenen laufend, springend, jauchzend.

Manchmal gesellte sich mein Vater zu uns. Er war es, der die Wanderkarte umgehängt hatte, und er erklärte uns, wie man Karten liest und Wege findet. Er lehrte uns, die Bäume, die Blumen, die Vogelstimmen zu erkennen, auf zwischen die Daumen gespannten Gräsern schaurig-schrille Töne zu erzeugen, essbare von giftigen Pilzen zu unterscheiden und den wunderbar nach Haselnuss schmeckenden Boden der flach wachsenden Disteln zwischen den Stacheln herauszuschälen.

Unsere Ausflüge begannen wir meist zu Fuß. Das hing damit zusammen, dass die Straßenbahn relativ teuer war und alle drei Familien äußerst sparsam leben mussten. Nur heimwärts wurde dann gefahren.

Bei mir kam ein besonderes Handicap hinzu: Der stark verbilligte Kinderfahrschein war an die Maße des Kindes gebunden, 130 Zentimeter. Wer größer war, musste einen Erwachsenenfahrschein lösen. An den Türen der Waggons hingen kleine Messingtäfelchen, ein eingekerbter Querstrich markierte das ominöse Limit, das ich, heftig wachsend wie ein Spargel, sehr bald erreicht und überschritten hatte. Meine Mutter brachte mir zwar einen Trick bei, wie man sich, durch innerliches Krümmen, möglichst klein machen könnte, falls uns der Kontrolleur einmal erwischen sollte. Das hat aber bald auch nichts mehr genützt.

Immer war ich größer als die anderen Kinder (und dann, als die Tanzstundenzeit kam, überragte ich vier Fünftel aller potenziellen Partner), immer habe ich versucht, mich kleiner zu machen, und ich trug selbstverständlich zeitlebens flache Absätze. Als ich dann, im fortgeschrittenen Alter, zum ersten Mal ernstlich Rückenprobleme bekam, sagte ein mit uns befreundeter Unfallchirurg, nachdem er sich meine Röntgenbilder angesehen hatte: »Typische Wirbelsäule einer Frau, die immer versucht hat, sich einzuschrumpfen.«

Auch im Sommer, wenn wir dem Strandbad Klosterneuburg an der Donau zustrebten, wo wir im angeschlossenen Militärschwimmbad eine billige Kabine innehatten, marschierten wir von Zuhause weg die mehr als acht Kilometer lange Strecke auf unseren eigenen Beinen, und erst am Abend benützten wir die Straßenbahn – vom Stadtrand an, auch von Klosterneuburg bis dahin ging es fünf Kilometer lang per pedes.

Wandern, Schwimmen, winters Schifahren, Eislaufen, Museumsbesuche: Das Jahr verlief bei uns in vorhersehbaren Bahnen und im Rhythmus von sich ständig wiederholenden Ereignissen.

Jede Woche Freitag, zum Beispiel: Badetag. Im Badezimmer wurde der Ofen mit dem mächtigen Kupferkessel angeheizt (angenehm im Winter, überaus schweißtreibend im Sommer), ein Familienmitglied nach dem anderen stürzte sich ins warme Nass – wobei ausdrücklich bemerkt werden muss, dass jeder eine frisch gefüllte Wanne bekam. Zu Kinderzeiten meiner Dresdner Großmutter (Jahrgang 1874) herrschten noch ganz andere Bräuche.

Es gab kein Badezimmer. Freitags wurde ein riesiger Holzzuber vom Dachboden in die Küche geholt, die Magd bereitete ab Mittag auf dem Herd Unmengen heißen Wassers. Mein Urgroßvater hatte das unverrückbare Recht auf das frische Bad. Dann tauchte meine Urgroßmutter ein, dann, eines nach dem anderen, die vier Kinder. Schließlich und in dieser Reihenfolge: das Kindermädchen, die Köchin, die Magd. Das Wasser wurde niemals gewechselt, immer nur bei Bedarf ergänzt. Missbilligendes Kopfschütteln ist nicht angebracht: Es war die Zeit, da, der Legende nach, Kaiser Franz Joseph einmal wöchentlich eine Zinnwanne aus dem Hotel Sacher in die Hofburg kommen ließ, weil es dortselbst keine Bademöglichkeit gab.

Fast 80 Prozent aller Wiener Wohnungen besaßen, als ich ein Kind war, kein eigenes Badezimmer, die überwiegende Zahl davon verfügte nicht einmal über Wasserleitungen innerhalb der eigenen vier Wände. Das Wasser wurde eimerweise aus dem Flur von der so genannten »Bassena« hereingebracht. Das war die große Blütezeit der öffentlichen »Tröpferlbäder«, wo jedermann für wenig Geld in einer abgetrennten Kabine duschen konnte. Das letzte Tröpferlbad Wiens hat erst im Oktober 2001 geschlossen.

Waren wir weniger reinlich als die heute täglich Badenden und Duschenden? Ich glaube nicht. Jeden Abend kam meine Mutter mit einem Riesentopf heißen Wassers ins Badezimmer, das ins Waschbecken geschüttet, mit kaltem Wasser vermischt und »handwarm« gemacht, der gründlichen Reinigung von Kopf bis Fuß diente. Bei ihrem Gang von der Küche ins Bad stieß sie mehrmals den Kampfruf »Achtung, ich komme mit siedendem Wasser« aus – aus gutem Grund. Mein Vater war als Kind einer Magd zwischen die Beine gelaufen, die kochheißes Wasser schleppte. Eine breite, hässliche Brandnarbe über seinen ganzen Oberkörper legte Zeugnis dafür ab.

Das tägliche Wechseln der Wäsche war nicht üblich. Man zog nur zweimal wöchentlich frische Unterkleidung an, denn die war aus schwerem, bockigen Material, das nur bei der großen Wäsche in der Waschküche effektiv gereinigt werden konnte. Lediglich die Strümpfe aus dicker Baumwolle und kaum weniger schwerer Kunstseide wurden »zwischendurch« gewaschen und baumelten dann tagelang von einer riesigen hölzernen Spinne über dem Küchenherd, so schwer waren sie trocken zu kriegen. Jeder von uns besaß darum Berge von Unterwäsche, die, wenn man denn einmal für längere Zeit verreiste, bleischwer die halben Koffer füllte. Diese waren ohnehin und von Haus aus schon Ungetüme aus Schweins- oder Rindsleder, nicht umzubringen, aber auch ungefüllt kaum zu schleppen. Dafür gab es an jeder Ecke eilfertige Dienstmänner und Kofferträger, für eine Bagatelle bereit, selbst Steine zu stemmen.

Der »große Waschtag«, einmal im Monat, brachte das ganze Haus in Aufruhr. Am Vorabend schleppten Vater und Mutter drei oder vier der riesigen aus Weidenholz geflochtenen rechteckigen Körbe, vollgeladen mit Schmutzwäsche, drei Stockwerke tief in die Waschküche. In Holzbottichen, Särgen ohne Deckeln gleich, wurde die Wäsche über Nacht eingeweicht. Am folgenden Morgen erschien die Waschfrau und begann ihr hartes Tagwerk: von Hand wurde die Wäsche ausgewrungen, in einem Kessel, unter dem ein gewaltiges Feuer loderte, mindestens eine halbe Stunde ausgekocht, dann mit Hilfe eines flachen Holzscheites in den Bottich befördert, um Stück für Stück mit beiden Händen kräftig über einem Waschbrett saubergerumpelt zu werden: Schwerstarbeit! (Wissen eigentlich die Leute, die jetzt von Männerbäuchen à la Waschbrett schwärmen, woher dieser Begriff überhaupt kommt? Von einem blechbeschlagenen Holzbrett, das der niedrigsten aller Hausarbeiten diente!)

Endlos lang wurde die Wäsche dann gespült, mit eiskaltem Wasser, das tiefe rote Risse auf den Händen der Wäscherinnen hinterließ, dann durch eine primitive Rolle zum Auswringen getrieben, um schließlich fünf Stockwerke hoch auf den Dachboden zum Aufhängen über kreuz und quer gespannte Seile geschleppt zu werden. Das Trocknen dauerte im Sommer unter der Gluthitze des Daches nur wenige Stunden, im Winter hingegen oft Tage, denn die Wäsche fror zunächst stocksteif.

»Wenn du nicht ordentlich in der Schule lernst, wirst du als Waschfrau enden«, pflegte meine Mutter düster zu drohen, sobald ich, Gott behüte, eine schlechtere Note als eins oder zwei nach Hause brachte. Ich habe mich wirklich von Herzen gefürchtet. Dass die Waschfrau so ziemlich die beste und reichlichste Verpflegung des Monats bekam, das war dem ständig unter Appetitlosigkeit leidenden Kind kein Trost.

Die getrocknete Bettwäsche wurde von Mutter und Vater – er natürlich in Zivil und es geschah womöglich in der Anonymität der hereinbrechenden Dämmerung – in Körben zur Rollstube befördert: Unter dem schweren Gewicht mit der Hand gekurbelter Rollen wurde die Wäsche geglättet. Herrenhemden, Tisch- und Leibwäsche hat die Mutter mit einem Eisen, dessen herausnehmbarer Kern über der Gasflamme zum Glühen gebracht worden war, gebügelt. Stunde für Stunde, Tag für Tag, bis sie ihre armen Füße kaum mehr tragen konnten. Sie hat dabei immer gelächelt. Nie, niemals, hat sie sich etwas anmerken lassen bei all der häuslichen Schinderei. Nur abends, wenn sie noch immer unermüdlich über ihren Handarbeiten saß, sind ihr manchmal plötzlich die Augen zugefallen und sie gab einen leisen Pfeifton von sich.

Dienstagabend war für Onkel Reinhold reserviert und ich assoziiere ihn unweigerlich schaudernd mit »Schweinskopf« – nicht des Onkels wegen, der ein stiller Gelehrter von Spitzweg'schem Typus war, sondern wegen seiner am häufigsten servierten Lieblingsspeise, die auch noch den Vorteil genoss, äußerst preiswert zu sein. Denn Onkel Reinhold verzehrte Unmengen. Meine Eltern hegten den stillen Verdacht, dass das Essen in unserem Haus die einzige ordentliche Mahlzeit war, die er während der ganzen Woche zu sich nahm.

Die Geschichte des Dr. Reinhold Backmann, einzigartig und in einer Zeit, da ein von Idealen durchdrungener Mensch nur zu leicht zur Spottfigur gerät, sollte nicht vergessen werden. Er war ein Lehrerssohn aus Leipzig, unerrichtete Deutsch und Geschichte an einem Gymnasium in Plauen im Vogtland und war mit Grete, geborene Kunze, einer Cousine meiner Mutter, verheiratet. Kinderlos. Er ritt ein für einen sächsischen Gymnasiallehrer exotisch anmutendes Steckenpferd, nachdem ihm unter allen Dichterfürsten deutscher Zunge just der Österreicher Franz Grillparzer zum angebeteten Abgott geworden war. Als Mitte der Zwanzigerjahre die Publizierung der kritisch-historischen Gesamtausgabe der Werke Franz Grillparzers durch den Tod des Germanisten August Sauer ins Stocken geraten war, brach Onkel

Reinhold, das Klagen meiner Tante Grete ignorierend, alle Brücken in Plauen hinter sich ab, übersiedelte nach Wien, um das große Werk an *seinem* Grillparzer fortzusetzen, obwohl dafür so gut wie kein Geld mehr von der Gemeinde Wien beigestellt wurde.

Onkel Reinhold saß irgendwo in einem billigen Untermietzimmer, arbeitete Tag und Nacht, umgeben von einem Wust mit geheimnisvollen Zeichen bekritzelter winziger Zettelchen. Wenn er bei uns zu Abend aß, Schweinskopf mit mindestens fünf Kartoffelknödeln und Sturzbächen von Meerrettichsauce in sich hineinschaufelte, redete er ohne Punkt und Komma über Grillparzer, was mich als Kind überhaupt nicht interessierte.

1938, nach dem Anschluss Österreichs an Deutschland, entschwand Onkel Reinhold aus unserem unmittelbaren Gesichtskreis und vergrub sich in einer prachtvollen, vermutlich arisierten Fünf-Zimmer-Wohnung in der Alliiertenstraße im zweiten Wiener Gemeindebezirk in seine Arbeit, nachdem die nun nationalsozialistisch dominierte Gemeinde Wien sich bereit erklärt hatte, für die Grillparzer-Werksausgabe das nötige Kleingeld springen zu lassen. Tante Grete zog aus Plauen nach Wien, führte den Haushalt und kam gelegentlich zu Kaffee und Kuchen bei uns vorbei.

Inwieweit Tante Gretes intensive Führer-Anbetung mit der glücklichen Wende in Onkel Reinholds Schicksal im Zusammenhang stand, darüber lässt sich lediglich spekulieren. Der weltfremde, nur von seinem Idol Grillparzer besessene Onkel Reinhold war mit Sicherheit ein ganz und gar apolitischer Mensch, und selbst wenn er der braunen Bewegung angehangen wäre, er hätte niemals das Talent besessen, Vorteile daraus zu ziehen.

Er verfasste ungezählte Essays über den Dichter, den er für bedeutender als Goethe und Schiller hielt, es war ihm vergönnt, die 42-bändige Werksausgabe fast bis ans Ende zu bringen, und er starb eines kümmerlichen Todes: 1945 hat man dem alten versponnenen Gelehrten noch einen Schießprügel in die Hand gedrückt und zum Volkssturm getrieben. Als er, todkrank, an Leib und Seele gebrochen, aus der Gefangenschaft heimkehrte, hatte er nicht einmal mehr eine Hose zum Anziehen. Während der Wirren der letzten Kriegs- und ersten Nachkriegswochen hatte Tante Grete bei meinen Eltern Zuflucht gefunden. In der Zwischenzeit war ihre Wohnung in der Alliiertenstraße aufgebrochen und gründlich geplündert worden – übrigens nicht von den Russen. Onkel Reinholds Hosen waren verschwunden, die dazugehörigen Jacketts hatten die Diebe und Räuber aus nicht nachvollziehbaren Gründen hängen lassen. Für Onkel Reinhold spielte es keine Rolle mehr. Mühsam nur hin und wieder ein bisschen arbeitend dämmerte er seinem Tod im Frühjahr 1947 entgegen.

So einfach Onkel Reinholds Nahrungsbedürfnisse zu stillen waren, so schwierig gestaltete sich die Verpflegung der Frau Julie Schmidt, die sich zweimal des Jahres, immer im Herbst und im Frühling, für mehrere Tage bei uns häuslich einrichtete und ihre segensreiche Tätigkeit aufnahm. Frau Julie Schmidt war Schneiderin, ich glaube nicht einmal voll ausgelernt, sondern ein hoch begabtes Naturtalent, durch die Not gezwungen, ihrem gutbürgerlichen Leben zu entsagen, um für fremde Leute Kleider zu nähen. Der Mann war arbeitslos, wohl »ausgesteuert« gar, das Kind musste versorgt und sollte auf eine höhere Schule geschickt werden.

Frau Julie war eine elfenhafte Blondine, von einem Hauch Mater dolorosa umweht, denn sie hatte, zwar stets ein tapferes Lächeln auf den Lippen, schwer an ihrem Schicksal zu tragen, überzeugt, dass die Zukunft noch viel, viel schlimmer werden würde. Sie hatte es daher mit dem Magen. Ihrem Kommen gingen lange Beratungen und Überlegungen voraus, wie man »die arme, arme Haut« (so meine Muter) ihrem Leiden gerecht ernähren könnte, ohne die eigene Geldbörse allzu sehr zu belasten. Natürlich gelang es jedes Mal, sei es aus ein paar Kalbsknochen, sei es mit ein wenig Reis, ein paar Nudelchen, zartem Gemüse und hie und da einem Ei, die erwünschte Schonkost zu zaubern, um Frau Julie vor dem Zusammenbruch und einem allzu frühen Ende zu bewahren. Sie wurde übrigens gesegnete 98 Jahre alt, die Frau Julie.

Sie war eine hervorragende Handwerkerin, niemand machte Nähte so gerade, stürzte Knopflöcher so genau wie sie, doch ihre Kreativität hielt sich in Grenzen. Es kann aber auch sein, dass sie gar nicht wagte eigene Ideen einzubringen, denn meine Mutter hatte eindeutig die besseren. Das heißt, um ganz korrekt zu sein, die Inspirationen für die allerneueste, die allerschickste Mode stammte nicht von meiner Mutter direkt, sondern aus dem Haute-Couture-Salon »Englische Flotte« (später von dem Modezaren F. W. Adlmüller übernommen) und von Bittmann, dem elegantesten Geschäft für feinste Kinder- und Jugendmode.

Mit Skizzenblock und Bleistift bewaffnet begab sich meine Mutter, jeweils einige Wochen vor dem Auftritt der Frau Julie, in die Kärntner Straße, hielt sich vor den Auslagen der betreffenden Geschäfte so lange auf, bis sie sich auch noch die winzigsten Einzelheiten eines Modells eingeprägt hatte, schlich in den nächsten Hausflur und hielt das Gesehene auf dem Block fest. Sie war keine geniale Zeichnerin, aber Frau Julie umso genialer in der Umsetzung der laienhaften Vorlagen. Die Ergebnisse waren immer überwältigend. Ich glaube, in der Garnison Wien gab es, was die »Ausgeh-Garderobe« betraf, keine elegantere Offiziersfrau, keine exquisiter gekleidete Offizierstochter, als wir beide es waren.

Eines Tages musste es darum kommen, wie es kam. Wir beide waren Zuschauerinnen eines Reit- und Springtourniers auf der Grafen-Wiese im Prater (mein Vater saß auf der Schiedsrichter-Bank), als eine junge Dame in unterwürfiger Haltung auf uns zustrebte, nach unseren Namen und dem Salon fragte, wo wir unsere be-zau-bern-den Roben hätten anfertigen lassen. Meine Mutter, sonst nicht besonders schlagfertig, sog hörbar die Luft ein und sagte dann mit ihrem liebenswürdigsten Lächeln: »Ach, Fräulein, der Name wird Ihnen doch nichts sagen. Wir haben die Sachen aus meiner Heimat Dresden mitgebracht.« Die junge Dame dankte höflich und am nächsten Tag stand in der Gesellschaftsrubrik des »Neuen Wiener Journal«: »Frau Major Knapp und Tochter Thea sahen wir in diesen Kreationen ...« Es folgte eine genaue Beschreibung unserer Kleider. An das meiner Mutter kann ich mich nicht mehr erinnern, es war irgendetwas in Beige und Terrakotta, das meine ist für ewige Zeiten in meinem Gedächtnis eingegraben: Ein schmaler, dunkelblauer Rock, wadenlang, darüber eine knapp geschnittene Taft-Tunika, dunkelblau-weiß kariert, halb lange Ärmel, um den Hals eine anmutig gefältelte Krause aus dem Stoff des Rockes. Dazu natürlich ein kühn geschwungener Hut aus dunkelblauem Stroh. Ich war damals fünfzehn Jahre alt.

Hüte. Selbstverständlich trugen wir Hüte, wenn wir »ausgingen« (und genau so selbstverständlich Handschuhe, auch im Hochsommer), alle Damen hatten den Kopf bedeckt, die Hutmode wechselte mit jeder Jahreszeit, große, kleine, mit Federn, Blumen und Schleiern gezierte Hüte, immer etwas anderes, immer ein neuer Rahmen, der selbst dem ausdruckslosesten Antlitz Profil geben konnte. Zweimal im Jahr nisteten wir uns bei unserer Hutmacherin, was heißt »Hutmacherin« – »Hutkünstlerin« müsste man sagen, ein, Frau Relly Wegenstein in der Währinger Straße, der Hauptverkehrsader unseres Bezirks. Heute ist dort ein Billigst-Konfektionsladen, der seine Ware wie im Basar auf der Straße ausbreitet. Frau Wegenstein beriet und gustierte mit uns, gewappnet mit engelhafter Geduld, und es störte sie auch gar nicht, dass wir unsere Stroh- und Filzhüte so lange aufs Neue umarbeiten ließen, bis das Material an Altersschwäche zu Grunde ging.

Mir tut es Leid, dass es keine Hüte mehr gibt, von Hutmode ganz zu schweigen. Hüte gaben der Garderobe den gewissen Pfiff, nichts war interessanter und prickelnder, als unter halb herabgelassenem Netzschleier oder hinter einer frech gezogenen Krempe hervorzuflirten. Hüte, die diesen Ehrennamen gar nicht verdienen, sieht man jetzt nur zur Winterszeit, als Schutz gegen Kälte, im Übrigen aber von beispielloser Einfallslosigkeit, wenn nicht gar purer Hässlichkeit: Ich denke dabei an die haubenartigen Gebilde, die wie brutal flach gedrückte Klöße aussehen – ein exzessiver Frauenhasser muss sie sich ausgedacht haben.

Frau Julie stellte nicht nur neue Modelle her, sie änderte auch ältere, das heißt, diese wurden im eigentlichen Sinn des Wortes um-gearbeitet, nämlich das Innerste nach außen gekehrt. Dies war möglich, weil Stoffe, insbesondere die aus Wolle, scheinbar für die Ewigkeit gewebt, einfach nicht umzubringen waren. War die eine Seite eines Mantels oder Kostüms durch langes Tragen schon ein wenig unansehnlich, dann wurde das Kleidungsstück mittels einer Rasierklinge sorgfältig aufgetrennt, der Stoff gewendet und aufs Neue verarbeitet. Auch mein Vater bekam von seinem (natürlich böhmischen) Schneider Pribil, in einem Hinterhof des Messepalastes, Mäntel und Anzüge solcherart renoviert.

Einfachere Reparaturen machte meine Mutter selbst. Auch Blusen und Dirndl nähte sie, und sie war es, die den Röcken jene von mir von ganzer Seele verhassten Wachstumsstreifen verpasste. Jeder konnte an den vom ursprünglichen Stoff farblich abstechenden Hinzufügungen nachrechnen, um wie viel ich innerhalb eines Jahres gewachsen war, und jeder konnte sich an den Fingern abzählen, dass bei uns wieder einmal das Geld nicht gereicht hatte, ein neues Dirndl anzuschaffen. Das hat mich kaum gestört, als ich noch in die Volksschule ging. Im Gymnasium, mitten im Cottage-Nobelviertel gelegen und von den reichsten und elegantesten Mädchen der Stadt besucht, habe ich mich gewaltig dafür geniert.

Einmal im Jahr fand eine »Kinderjause« statt, ein gemütlicher Nachmittag mit den liebsten Schulkollegen, bei Kakao, Kuchen und vergnügten Spielen, meist zur Faschingszeit. Auch dafür zauberte meine Mutter mit eigener Hand reizende Kostüme, bis auf jenes Unglücksjahr, da jemand in der Familie auf die ausgefallene Idee kam, das Fest unter dem Motto »Im Papierreich« zu veranstalten. In rührendem Eifer dekorierten meine Eltern die ganze Wohnung mit Papierschlangen und Papierkulissen, mein Vater bastelte eine eindrucksvolle, übermannshohe Papierburg, ich bekam ein Kostüm aus Krepppapier, der Tisch wurde mit einem Papiertuch bedeckt, die Kinder aßen von Papiertellern und tranken aus Papierbechern – was fatale Folgen hatte. Die Becher – es waren, wie immer, die billigsten gekauft worden – lösten sich in dem Augenblick auf, da sie mit dem heißen Kakao in Berührung kamen, der Tisch, die Kinder, der Teppich – alles voll Kakao.

Nachdem Vater und Mutter mit heißem Wasser und Putztüchern die ärgsten Schäden beseitig hatten, begann ein von beiden raffiniert ausgeklügeltes Spiel, dessen Einzelheiten mir entfallen sind. Irgendwie ging es um den Papierprinzen, der von der Papierprinzessin, meine süße, blonde Kinofreundin Hannerl Wiegner, zu erwählen wäre. Das Ende vom Lied war jedenfalls, dass mein Freund Friedel und ein Knabe aus dem Nachbarhaus namens Kurt Sechmel im Kampf um die Gunst der Prinzessin sich im wildesten Clinch auf dem Boden wälzten, angefeuert von der übrigen Kinderschar, und dass sie so lange nicht zu trennen waren, bis sie in ihrem Furor die Papierburg zum Einsturz brachten und mein Vater sie erst durch eine eiskalte Dusche aus dem Wasserkübel zur Räson bringen konnte. Nach der Kakaoflut die Wasserüberschwemmung. Meine Muter hat tagelang geputzt.

Auch als ich schon längst in die höhere Schule ging, wurde die allgemein übliche Sitte der Kinderjausen beibehalten. Das begehrteste Fest dieser Art veranstaltete meine Mitschülerin Gerti Honig. Sie wohnte in einer der prächtigsten Cottage-Villen, sie trug nur Bittmann-Modelle, sie wurde täglich in der väterlichen Limousine von einem uniformierten Chauffeur zur Schule gebracht. Sie hatte mich noch niemals eingeladen.

Ich habe es mit Bestechung versucht, und zwar unter Hintanstellung meiner eigenen Interessen bei der Mathematikschularbeit. Wir saßen nebeneinander, sie gehörte der Gruppe A an, ich hatte die Aufgaben der Gruppe B zu lösen. Hilflos, den Tränen nahe, stierte sie in ihr Heft. Ahnungslos. Wie ich es, am wachsamen Auge des Lehrers vorbei, angestellt habe, das weiß ich nicht mehr. Ich weiß nur, dass ich erst ihre Beispiele gelöst habe, dann erst die meinigen. Sie bekam ein Gut, ich war nicht fertig geworden und musste mich mit einem Genügend zufrieden geben.

In der darauf folgenden Woche war Gertis Kinderjause. Ohne mich. Dankbarkeit, das hat unser berühmter Bundeskanzler Dr. Bruno Kreisky einmal postuliert, sei keine politische Kategorie. Wohl auch keine allgemein-gesellschaftliche. Im Alter von etwa dreizehn Jahren habe ich meine erste bittere Lektion fürs ganze Leben erhalten.

3

Die Asche meines Großvaters

Höhepunkt des Jahres war der Sommer. Hinaus aus der Enge der Gentzgasse in die große weite Welt und schon der erste Schritt dahin ein prickelndes Abenteuer: eine Fahrt mit dem Taxi. Nur wenn man mit großem Gepäck verreiste, also höchstens einmal im Jahr, wurde ein Taxi in Anspruch genommen. Die Idee, dass man je im Leben ein eigenes Auto besitzen könnte, war so absurd, dass sie keinem Menschen je in den Sinn gekommen wäre.

Die Taxis waren riesige Ungetüme, hochrädrig und Kutschen viel ähnlicher als moderneren Autos, im Fond vier bequeme Sitze. Die ersten, an die ich mich erinnern kann, wurden noch, unter heftigem Fluchen und Schreien der Lenker, mit einer am Motorblock von außen zu bedienenden Kurbel fahrbereit gemacht. Es war jedes Mal eine Zitterpartie: Springt er jetzt an, springt er nicht an, erreichen wir den Zug oder nicht.

Auch das Zugfahren hatte seine, besonders von uns Kindern hoch geschätzten Reize. Imponierend am Bahnhof die dinosauriergroßen Lokomotiven, Feuer spuckend und gewaltige Wolken weißen Dampfes ausstoßend. Scheuer Blick auf die zweite Klasse, noch scheuerer auf die erste: Was waren das nur für Menschen, die sich diese sofagepolsterten Extravaganzen leisten konnten? Wir benützten natürlich stets die hartholzige Dritte. Wenn es, so wie streckenweise in Deutschland, auch in Österreich eine vierte gegeben hätte, wir hätten diese benützt.

Gravitätisch tritt der rotbekappte Stationsvorstand auf den Bahnsteig, hebt ein Signal, ein scharfer Trillerpfiff, schon geht es los. Erst schnaubend, gemächlich, dann immer schneller und holpernd über die Gleislücken, bis ein gleichmäßiges, zum Einschlafen einladendes ratterndes Tak-tak-tak ertönt. An den Fenstern fliegen die vielfach gespannten Drähte der Telefonleitungen vorbei. Wir fahren, wir fahren, wir fühlen uns, als könnten wir fliegen.

Nachdem die erste Euphorie verraucht ist, melden sich unweigerlich Hunger und Durst, die Atzung aus Aluminiumschachtel und Aluminiumflasche ist längst vorbereitet. Man ist gesättigt, es wird langweilig. Bitte Fenster aufmachen. Nein, kein Fenster aufmachen, es zieht, es ist gefährlich. Dann darf man es doch öffnen – und prompt passiert, was Mutter befürchtet hat: ein Rußkorn gerät ins Auge, großes Wehgeschrei. Dennoch: es gibt nichts Schöneres auf der Welt als Eisenbahnfahren.

Meine ersten Kindheitssommer verbrachte ich bei den sächsischen Großeltern, was aus mehrerlei Gründen äußerst praktisch war. Ich konnte einige Monate »an der frischen Luft« verbringen, die Eltern ersparten das Kostgeld für mich und sie frönten während des Urlaubs meines Vaters ihrer Leidenschaft, dem Bergsteigen, ganz zünftig mit Seil und Pickel. Meine Mutter hegte, wie die meisten Flachländler, die Sachsen insbesondere, eine romantische Hinneigung zur Bergwelt, in der sich für sie die göttliche Erhabenheit der Natur in ihrer reinsten Form darstellte. Mein Vater hingegen war eher auf die sportliche Herausforderung fixiert und so erstürmten die beiden in schönster Eintracht die höchsten Gipfel unseres Vaterlandes.

1928, nach Beendigung des ersten Schuljahres, durfte ich zum ersten Mal gemeinsam mit den Eltern in die Ferien fahren, von da an jeden Sommer und stets nach dem gleichen Muster: ein möglichst billiges Quartier (»Zimmer mit Frühstück«) in einem Bauernhaus und immer im Gebirge, damit »das Kind sich möglichst frühzeitig ans Bergsteigen gewöhnt«. Ich habe schon als Acht- und Neunjährige stundenlang kletternd und wandernd Bergspitzen erklommen, die heute zumeist völlig verwaist, weil nicht mit Seilbahn, Sessellift oder Auto erreichbar sind.

Niemals fuhren wir, was mein sehnlichster Wunsch gewesen wäre, ans Meer. Meine Mutter, die als Kind und junges Mädchen jeden Sommer an der Ostsee verbracht hatte, mochte die See nicht besonders, aus welchen Gründen immer, außerdem war der Urlaub im Binnenland Österreich leichter erschwinglich. Im reifen Alter von 33 Jahren habe ich das Meer zum ersten Mal gesehen, rotgold funkelnd im Morgensonnenschein, als ich mit dem Zug nach Rijeka hinuntergefahren kam, und ich war so überwältigt, dass ich, eine erwachsene, durchaus vernünftig aussehende Frau, zur Verblüffung der übrigen Fahrgäste in lautes Schluchzen ausbrach.

1928 also, gemeinsam mit Friedel und seinen Eltern, nach Seeboden am Millstätter See in Kärnten. Einem zu erhoffenden vollkommenen Badevergnügen stand ein wesentliches Hindernis im Wege. Weder meine Mutter (33 Jahre alt) noch ich (sieben Jahre alt) konnten schwimmen. Sie ließ es sich im nahe gelegenen Michaeler Bad, ein winziges Becken mit ein paar Kabinen drum herum auf einem Dach im Häusermeer, beibringen und schleppte dann auch mich dorthin. Ein Drama! Ein hünenhafter Mensch mit grimmigen Gesichtszügen schnallte mir einen Gurt um den mageren Leib, hängte diesen mittels einer Schnur an eine Stange und schubste mich ins Wasser. Vor Angst kreischend, wild um mich schlagend hing ich an der Angel, die scharfen Kommandos des Lehrers steigerten meine Panik und ich geriet dann auch noch an den Rand des Erstickungstodes, als mir Wasser in die Lunge drang.

Kein gutes Zureden meiner Mutter, keine ernsthaften Vorhaltungen meines Vaters konnten mich dazu bringen, einen zweiten Versuch zu wagen. Ich habe dann in Seeboden sehr rasch schwimmen gelernt. Mit unendlicher Geduld brachte es mir mein Vater bei, indem er mir im seichten Wasser, mich am Kinn und unter dem Leib zart stützend, die nötigen Bewegungen erklärte und beibrachte.

Dass ich zeitlebens eine enthusiastische Schwimmerin geblieben bin, grenzt dennoch an ein Wunder, denn just in diesem Sommer musste ich mit ansehen, wie meine Mutter um ein Haar ertrunken wäre. Zwei ihr zutiefst innewohnende Eigenschaften, Ängstlichkeit und Ehrgeiz, erwiesen sich als eine verhängnisvolle Mischung, als sie es allen anderen gleichtun wollte und vom Dreimeterbrett ins Wasser sprang. Sie versank wie ein Stein und tauchte nicht mehr auf. Mein und Friedels Vater stürzten ihr kopfüber nach, bekamen sie zu fassen und nach von meinem Vater sehr fachmännisch durchgeführten Wiederbelebungsversuchen spie sie einen Schwall Wasser aus, begann keuchend zu atmen und verlor die blaue Gesichtsfarbe.

Seither ist sie nicht mehr gesprungen, sondern nur in ungefährlichem Gewässer mit hoch erhobenem Kopf, die Beine in der Nähe des sicheren Grundes, vorsichtig mehr gepaddelt als geschwommen – so wie die meisten anderen Damen auch, die alle in ihrer Jugend nicht schwimmen gelernt hatten. Die meisten von ihnen trugen ein »Badekostüm«, wie das hieß, aus schwarzem Cloth mit weit gefältelten knielangen Röcken, die sich, zu Ballons aufgebläht, mit ihrer Trägerin langsam auf der Wasseroberfläche fortbewegten. Meine Mutter und ich sowie auch Friedels Mutter trugen bereits ganz moderne Badeanzüge, leider waren sie durchwegs aus reiner Wolle gewirkt, daher kaum je trocknend und wie Brustwickel um den Leib geklatscht ...

Vor etlichen Jahren habe ich etwas getan, was jeder Mensch, der seine fünf Sinne beisammen hat, tunlichst unterlässt. Ich wollte meinem Mann, der mir davon abriet, die glücklichen Stätten meiner Kindheit zeigen, aber statt in seligen Erinnerungen zu schwelgen, bedurfte ich ständig seines Trostes angesichts der umwälzenden Veränderungen, die im Laufe weniger Jahrzehnte stattgefunden hatten. Aus der idyllischen Sommerfrische Seeboden war ein verwechselbarer Allerwelts-Badeort geworden, doch der größte Schock stand mir noch bevor.

Mehrfach hatten wir in meiner Kindheit das Bergdörflein Bad Kleinkirchheim besucht: ein Kirchlein, ein paar verstreute Bauernhäuser in lieblicher Berglandschaft, ein Wirtshaus, »Ronacher« hieß es, wo man gut und preiswert speisen konnte. Was uns Kinder am meisten beeindruckte, das waren einige Holztröge, über die Wiese verstreut, von grasenden und muhenden Kühen umringt. In den Bottichen saßen Männlein und Weiblein, genüsslich im Wasser planschend, dem Heilwirkung nachgesagt wurde. Unsere Eltern machten sich weidlich lustig über die Narren, die gewiss mit Blasenkatarrh und Rheuma, zumindest aber mit einem gewaltigen Schnupfen ihre Verrücktheit büßen würden.

Mir war überhaupt nicht nach Lachen zu Mute, als ich Bad Kleinkirchheim wieder sah, das nun eher den Namen Bad Großkirchheim verdient. Häuser über Häuser türmen sich die Hänge hinauf und hinunter, ein Vier- und Fünfsternehotel neben dem anderen, allen voran das »Ronacher«. Keine Alm, keine Kuh, keine Bottiche, sondern eleganter weltstädtischer Kur- und Badebetrieb im Sommer, Tausende quirlende Skifahrer im Winter. »Lieber Gott, wäre ich nur nie mehr hierher gekommen«, stöhnte ich. Mein Mann, ein äußerst taktvoller Mensch, unterließ es, auszusprechen, was vermutlich jeder andere, weniger feinfühlige, auf der Stelle getan hätte, nämlich: »Siehst du, ich habe es dir gleich gesagt.«

Nicht viel glücklicher war ich, als wir das nahe gelegene Feld am See besichtigten, wo ich in meiner Jugend ebenfalls einige Sommer verbracht hatte. Kein Dorf mehr, sondern eine kleine Stadt mit der passenden Infrastruktur aus Supermarkt und Vergnügungsstätten, mehrere Hotels an Stelle der einzigen Pension, wo man, wie damals üblich, fünf Mahlzeiten pro Tag serviert bekommen hatte. Das kleine Siedlungshaus eines Bergarbeiters, in dem wir logiert hatten, gab es nicht mehr. Die Stelle, an der es, mitten auf der Wiese, weit vom Dorfrand entfernt, gestanden war, befand sich nun fast mitten im Ort.

Feld am See in den Nockbergen war von meinen Eltern dazu ausersehen worden, mich, damals zwischen elf und dreizehn, an zünftiges Hochgebirgswandern heranzuführen. Ich bekam zunächst die Grundausrüstung, vor allem Bergschuhe, Goiserer genannt, aus festem Leder, an den Sohlen dicke, kantige Nägel. Sehr praktisch auf steinigem Boden, wenn man aber über glatte Felsplatten ging, kam man leicht ins Rutschen. Handgestrickte Wollsocken gehörten ebenso zur Ausrüstung wie eine Kniehose aus geripptem Samt, eine Wetterjacke und ein Rucksack. Der meinige diente eher zur Zier, die schweren Sachen wurden von den Eltern getragen.

Zuerst bestiegen wir die unmittelbar bei Feld am See gelegenen Berge, den Mirnock und den Wöllaner Nock. Wir verließen das Haus bei Tagesanbruch, was ganz logisch war. Nur in der Kühle des frühen Morgens ließ es sich leicht bergan steigen. Mein Vater achtete streng darauf, dass ich ruhig dahinschritt und nicht, wie ich es sonst zu tun pflegte, gedankenlos herumhüpfte. Es galt jeden Stein, der im Wege lag, zu beachten, zu leicht könnte man ausrutschen und von den schmalen, kaum gesicherten Pfaden abstürzen. Jeweils nach zwanzig Minuten gleichmäßigen Steigens wurde eine Pause von fünf Minuten eingelegt und ein Schluck Tee getrunken – nur ein Schluck, nicht mehr. Wenn man sich an Tempo und Regeln meines Vaters hielt, bewältigte man in zwanzig Minuten ungefähr hundert Höhenmeter, sodass er genau vorausberechnen konnte, wann wir den Gipfel erreichen würden, wo es eine lange Rast- und Essenspause gab, ehe wieder talwärts marschiert wurde.

Immer hat alles präzise gestimmt, nicht anders zu erwarten bei einem gelernten Soldaten. Immer – bis auf ein einziges Mal, wobei wir in teils heikle, teils wirklich gefährliche Situationen gerieten.

»Es war totaler Schwachsinn von deinem Vater, die Tour so zu planen«, sagte mein Freund Friedel, als ich wieder einmal mit ihm über dieses Bergabenteuer sprach. Den »Schwachsinn« wollte ich natürlich nicht auf meinem Vater sitzen lassen, musste Friedel jedoch Recht geben, dass die Idee, eine zweitägige Wanderung mit einer Halbwüchsigen und einer alten herzkranken Frau zu unternehmen, nicht zu seinen brillantesten Einfällen gehört hat. Mildernd muss ins Treffen geführt werden, dass er vermutlich vom Leiden der alten Dame nichts gewusst hatte.

Wir hatten die Damen Pettirsch, Mutter und Tochter, im Strandbad von Feld am See kennen gelernt. Sie erinnern sich aus dem vorangegangenen Kapitel: Juliane Pettirsch, eine Volksschullehrerin, war unter anderen von meiner Mutter als ihre

Nachfolgerin in Erwägung gezogen worden. Juliane Pettirsch war ein reizendes Wesen, das wunderbar mit Kindern umgehen konnte, sie erfand die lustigsten Spiele für uns und wir mochten sie sehr.

Da wir häufig mit den Damen zusammen waren und schon manche gemeinsame Wanderung unternommen hatten, ergab es sich zwangsläufig wie von selbst, dass sie uns auch auf unsere Besteigung des höchsten Berges im Nockgebirge, den zweieinhalbtausend Meter hohen Rosennock, begleiten sollten.

Der Plan, den mein Vater ausgearbeitet hatte, sah folgendermaßen aus: An einem Nachmittag würden wir zu einer Berghütte aufsteigen, dort übernachten, des nächsten Morgens in der Dämmerung zum Gipfel des Rosennocks aufbrechen, wo mir, dem Kind, zum ersten Mal das unvergleichliche Erlebnis eines Sonnenaufgangs im Gebirge geboten werden sollte. Anschließend wollten wir vom Rosennock zur Turracher Höhe wandern; von dort aus würde uns am Nachmittag ein Autobus ins Tal bringen. »Das allein ist der Irrsinn«, meinte Friedel. »Vom Rosennock musstet ihr noch über zwei Bergsättel zur Turrach. Das war viel zu weit.« Wem sagt er das!

Zunächst ging alles reibungslos. Wir erreichten die Hütte zur vorausbestimmten Zeit, ich fand es sehr lustig, dass Männer, Frauen und Kinder, in bunter Reihe wie die Sardinen geschlichtet, gemeinsam auf einem Matratzenlager nächtigten. Auch den Gipfel des Rosennock erreichten wir am nächsten Morgen planmäßig – aber ich muss gestehen, dass mir der gerühmte Sonnenaufgang keinen wie immer gearteten Eindruck hinterlassen hat. Zu sehr wird die Erinnerung daran von den nachfolgenden Ereignissen überlagert.

Wir wanderten und wanderten und wanderten, bergauf, talab, dazwischen wurde gerastet und gegessen, und als meine Mutter am Nachmittag leicht nervös zu werden begann, als Mutter Pettirsch immer häufiger hinter uns zurück blieb, machte mein Vater uns allen wieder Mut. Keine Sorge, es seien nur noch einige wenige Kilometer bis zur Turracher Höhe, verkündete er, nachdem er seine Wanderkarte zu Rate gezogen hatte.

Und dann passierte der schwer wiegende Irrtum, an dem allerdings nicht mein Vater, sondern der Fremdenverkehrsverband die Schuld trug. Er war für die Wegmarkierung verantwortlich, der wir strikt folgten. Das weiß-blau-weiße Zeichen befand sich auf einem Tor des Viehgatters, dem entlang wir gegangen waren, und das bedeutete, dass wir es zu durchschreiten hätten. Frohgemut taten wir es – um uns plötzlich in der Wildnis, auf nur schmalen kaum wahrnehmbaren Steigen wieder zu finden. Keine Markierungen, kein sonstiger Hinweis. Mein Vater wollte umkehren, meine Mutter war dagegen, Frau Pettirsch begann um Luft zu ringen – die Situation wurde Besorgnis erweckend.

Während die Erwachsenen noch die Köpfe zusammensteckten und erregt berieten, bemerkte ich hinter einer Baumgruppe Rauch aufsteigen, dem wir uns, von Herzen erleichtert, flugs näherten: Er entquoll einer kleinen Almhütte aus altersgeschwärztem Holz, deren Inhaberin, ein uraltes zahnloses Weiblein, uns einen freundlichen Gruß entbot. Meine Eltern schilderten ihr unsere Lage, sie sah sich kopfwackelnd die erschöpfte alte Dame an und erklärte, zur Turrach sei es doch noch eine Stunde weit zu gehen, bald würde es dämmrig werden, wir könnten bei ihr übernachten, überdies hätte sie schon einen weiteren müden Wanderer aufgenommen. Am nächsten Morgen könnte ihr Hüterbub, ein Junge von vielleicht acht oder neun Jahren, der sich uns später zugesellte, alle zusammen auf die Turrach führen.

Das Angebot wurde dankend angenommen, auch die köstliche Verpflegung. In einer Riesenpfanne bereitete die Sennerin über offenem Feuer herzhaften Schmarrn, dazu gab es frische Heidelbeeren und kuhwarme Milch. Unser neuer Gefährte, der ebenfalls gestrandete Wanderer, ein bleicher Jüngling mit verschreckten Augen, saß dabei und sprach kein einziges Wort.

Der kleine Hüterbub führte uns zu unserer Schlafstelle, dem Heuboden über dem Stall, der nur über eine gefährlich steile, gefährlich wackelige Leiter zu erreichen war, ein schier unüberwindlich scheinendes Hindernis für die alte Frau Pettirsch. Von meinem Vater mehr gehoben als geschoben landete sie schließlich doch mit einem Plumps im Heu. Wir gruppierten uns um sie herum, der fremde junge Mann zog sich in die entfernteste Ecke zurück. Verzweifelt versuchten wir im entsetzlich stacheligen trockenen Gras eine halbwegs bequeme Schlafstellung zu finden. Als das endlich gelungen war, begann das Grauen dieser Nacht.

Erst ein leises, nicht identifizierbares, zirpendes Stöhnen aus dem Stall, dann ein heftiges Muhen vor dessen Tor. Im Laufe der Zeit entwickelte sich das eine zu schrillem Kreischen, das andere zu ohrenbetäubendem Gebrüll, beides dauerte die ganze Nacht über an. Im Stall befand sich, wie wir am nächsten Morgen erfuhren, ein kleines, soeben abgespäntes Kalb, davor die Mutterkuh, und beide machten sie lautstark klagend ihre Sehnsucht und ihre Verzweiflung kund.

Kein Gedanke, auch nur ein Auge zu schließen, was auch aus anderen Gründen nicht möglich war: Frau Pettirsch erlitt einen Anfall von Angina Pectoris, hatte keinerlei Medikamente bei sich und meine Mutter, die gelernte Krankenschwester, konnte nichts anderes tun, als die Kranke im Arm zu wiegen, ihr gut zuzureden und die schweißnasse Stirn abzutupfen. Juliane Pettirsch brach in Tränen aus, mein Vater versuchte ihr tröstend beizustehen. Um mich kümmerte sich kein Mensch. Vor Angst zitternd lag ich zusammengekrümmt im Heu und starrte mit weit aufgerissenen Augen in die dunkle Leere.

Nachdem es Frau Pettirsch besser ging, Kuh und Kalb brüllten unvermindert weiter, versuchten wir uns lang gestreckt wenigstens ein bisschen Erholung zu gönnen, doch da machte uns der Fremde in der Ecke einen Strich durch die Rechnung. Er begann heftig im knisternden Heu zu graben und zu grapschen, wobei wir uns eigentlich nichts Besonderes dachten – bis auf meine Mutter, die, ich sagte es schon, immer die schlimmste aller Möglichkeiten annahm. Aufgeregt flüsternd teilte sie meinem Vater ihren bösen Verdacht mit: Der Junge suchte bestimmt nach seinem Messer, um über uns herzufallen und auszurauben. Mein Vater zischte zurück, dass er ihre Meinung nicht teilte, doch schließlich brachte sie ihn dazu, sich dem potenziellen Räuber kriechend zu nähern um auszukundschaften, was er denn da triebe. Die Antwort kam prompt und sehr verzweifelt:

Der Jüngling suchte seine – Nagelfeile, die ihm aus dem Rucksack gefallen war. Wozu er um drei Uhr früh auf dem Heuboden über dem lärmenden Rindvieh eine Nagelfeile brauchte, das war nicht aus ihm herauszubringen. Sehr wohl erfuhren wir dann beim Frühstück (kuhwarme Milch, Butterbrot) die Identität des Fremden. Endlich stellte er sich namentlich vor und ließ uns auch wissen, dass er ein Student der evangelischen Theologie war.

Wer nun vermutet, dass des Schreckens endlich ein Ende war, der irrt. Geführt vom Hüterbuben machten wir uns auf den Weg zur Turracher Höhe, Frau Pettirsch war wieder wohlauf, doch meine Mutter machte einen zerfahrenen, zutiefst erschöpften Eindruck. Immer weiter blieb sie hinter uns zurück, um sich plötzlich ins Gras zu werfen und zu behaupten, sie könne nicht mehr weiter. Nicht einen einzigen Schritt sei sie bereit zu tun. Je länger mein Vater auf sie einredete, je heftiger der Hüterbub beteuerte, dass wir fast am Ziel wären, desto störrischer lehnte sie es ab, sich wenigstens von der liegenden in die sitzende Lage zu bequemen. Der Hüterbub lief einen kleinen Hügel hinan und schrie: »Da, da dahinter liegt das Hotel.« Mein Vater folgte ihm und verkündete: »Es sind keine zehn Minuten, komm, steh auf.« Meine Mutter begann zu weinen. Sie könne, sagte sie, meinem Vater kein Wort mehr glauben, nachdem er uns am Vortag so enttäuscht und in die Irre geführt hätte.

Ratlos standen wir herum, weder auf die Damen Pettirsch noch auf mich, die ich nun auch zu weinen begann, wollte meine Mutter hören. Die rettende Idee kam schließlich meinem Vater: Er schickte den Jungen mit ein bisschen Geld zum Hotel, und als er mit einer Tasse Kaffee zurückkam – Kaffee war seit eh und je Mutters Lebenselixier – da glaubte sie auch, dass es tatsächlich nur mehr ein paar Schritte bis zum rettenden Hotel »Turracher Höhe« waren, wo sich auch die Haltestelle des Autobusses befand. Es erübrigt sich, zu betonen, dass wir in diesem Sommer keine größere Bergwanderung mehr unternahmen, nur um Heidelbeeren, Himbeeren und Pilze zu suchen, streiften wir durch die nahe gelegenen Wälder.

Reibungslos, ohne den geringsten Zwischenfall hingegen verlief die Besteigung der Hoch-Iss (2300 m), höchste Erhebung des Tiroler Rofan-Gebirges, und ich würde nicht näher auf unsere zweimaligen Aufenthalte am Achensee eingehen, wären nicht die Einzelheiten des bäuerlichen Daseins, das wir hautnah miterlebten und auch mit erlitten, so berichtenswert.

Es waren die Jahre 1936 und 1937, in denen wir die fast zehnstündige Reise ins ferne so genannte »Heilige Land« antraten. Niemals zuvor hatten wir uns, schon deshalb weil die Bahnfahrt teuer war, derart weit von Wien entfernt, um in die Ferien zu fahren. Adolf Hitler hat es, so merkwürdig das klingen mag, möglich gemacht. Nachdem er die »1000-Mark-Sperre« über Österreich verhängt hatte, brach der Fremdenverkehr in Tirol fast ganz zusammen. Für die Nachgeborenen, die es nicht mehr so genau wissen: Hitler ließ von jedem Reisenden nach Österreich 1000 Mark eintreiben, um das kleine Land auszuhungern und seinen politischen Wünschen gefügig zu machen. Kein einziger Deutscher war natürlich bereit, einige Monatsgehälter hinzublättern, nur um Tiroler Bergluft schnuppern zu können.

Tirols verzweifelte Fremdenverkehrswirtschaft griff, im Verein mit der Bundesbahn, zu einem probaten Mittel, um wenigstens ein paar Wiener und Ostösterreicher nach Tirol zu locken. Die Fahrpreise für Ferienreisen dorthin wurden halbiert, gleichzeitig erschienen in den Tageszeitungen verbilligte Inserate, in denen Unterkünfte verschiedenster Art angeboten wurden: Vom Bauernhaus zum Nobelhotel, sofern überhaupt noch Nobelhotels existierten. Das prächtige Hotel Scholastika am Ufer des Achensees hatte längst schon die Fensterläden für immer geschlossen, als wir dort vorbeifuhren.

So fanden wir zur Familie Jaud mit der Adresse Achensee Nummer eins, Post Achenkirch. Vater Bartholomäus, genannt Bartlmä, Mutter Theresia, vulgo Tresl, drei Söhne: Franz, Hans, Sepp, einer fescher als der andere, besonders der etwa siebzehnjährige Sepp hinterließ bei meiner Freundin Trude Weinreb, die mit uns gekommen war, tiefen Eindruck. Mir imponierte keiner der drei übermäßig, ich war zu diesem Zeitpunkt tief in die Anbetung des Majors Alois Podhajsky, Nummer eins unter den österreichischen Reitern der Hohen Schule, versunken, den mir mein Vater kurz zuvor anlässlich eines Reit- und Springturniers vorgestellt hatte. Er sollte nach dem Krieg Chef der weltberühmten Spanischen Hofreitschule werden. Trude und ich teilten ein Zimmer, und wenn wir abends im Bett lagen, seufzten wir im Duett und vorsichtshalber in Codeworten. Ich »Alpo« (Alois Podhajsky), sie »Happy« (Seppi). Als Podhajsky 1936 bei den Olympischen Spielen in Berlin nur die bronzene statt der von mir erhofften und bestimmt erwarteten Goldmedaille erritt, war ich tagelang vor Kummer und Wut nicht ansprechbar. Ich war damals fünfzehn, Trude vierzehn Jahre alt.

Das jahrhundertealte Bauernhaus der Jaud lag, gute zwanzig Gehminuten von Achenkirch entfernt, am Beginn eines Hochtales einsam zwischen Wiesen und Wald, und »Almrausch« (Alpenrosen) wuchs bis knapp vor die Haustür. Die von ihnen betriebene kleine Land- und Viehwirtschaft reichte bei weitem nicht aus, die Familie zu ernähren. Drum gingen die vier Männer wochentags »ins Holz«, das heißt, sie werkten als Waldarbeiter, Tresl versorgte das Vieh, ein paar Kühe, ein oder zwei Schweine, einige Hühner. Die Feldarbeit wurde von allen zusammen am Sonntag nach der Kirche geleistet. Trude und ich durften, zu unserer hellen Freude, beim Jäten und beim Heumachen mithelfen.

Die Familie war so knapp bei Kasse, dass sie den Vater der Tresl, einen blinden bärtigen Greis, wie ein rares Kleinod hüteten. Meist lag der Alte, der kaum mehr gehen konnte, im Bett, an schönen Tagen schleppte die Tresl ihn hinaus in die Sonne, wie Ameisen ihre Puppen, wo er reglos auf der Hausbank harrte, bis er ins Bett zurückbefördert wurde. Er bezog von irgendwo her eine Rente von 37 Schilling und ein paar Groschen, Geld, das dringend gebraucht wurde.

Die Zimmer, die wir bewohnten, vermieteten sie um 50 Groschen pro Bett, es waren ihre eigenen Schlafzimmer. Die Familie hauste während der Sommermonate irgendwo in einem Verschlag hinter dem Stall. Man kann sich vorstellen, dass die Möb-

Theresia Jaud, die Bäuerin vom Achensee

lierung mehr als einfach war: Zwei Betten, ein Kasten, eine Kommode mit Waschschüssel und Krug darauf, ein Tisch, zwei Sessel – aus. Als ich einmal auf den Dachboden ging, um irgendetwas zu holen, wollte ich meinen Augen nicht trauen: Dort standen die schönsten nur denkbaren bemalten Bauernmöbel vom Ende des 18. und Anfang des 19. Jahrhunderts, halb in sich zusammengebrochen, von Würmern zerfressen. Ich sprach Tresl auf die Schätze in ihrem Haus an, sie zuckte die Achseln und meinte wegwerfend: »A geh, Dirndl, das alte Graffelwerk, wer braucht des schon ...«

Dementsprechend bescheiden und gesichtslos war die große Stube eingerichtet, in der sich das häusliche Leben von Bauern und Sommergästen abspielte: ein riesiger quadratischer Ecktisch im Herrgottswinkel, darum klobige Bänke und Stühle, ein gewaltiger grüner Kachelofen mit einer Sitzbank drum herum, sehr begehrt bei den vielen kalten und nassen Tagen in 900 Meter Seehöhe. In einer Ecke eine Nähmaschine – an sonstige Einrichtungsgegenstände kann ich mich nicht erinnern.

Umso weniger kann ich die Toilette vergessen, die am hintersten Ende des Heubodens lag und natürlich keine Toilette, sondern ein ordinäres Plumpsklo war, wo der entblößte Körperteil von einem von unten ständig blasenden eisigen Wind getroffen wurde. Zum Trost konnte man sich in die Hunderten von Ansichtskarten vertiefen, mit denen das Klo tapeziert war, meist schmachtende Liebesmotive ...

Niemals zuvor und niemals nachher in meinem Leben (Kriegszeiten ausgeschlossen) habe ich so einfach, so wenig abwechslungsreich gegessen wie damals am Achensee. Meist teilten wir mit der Hausfrau, den Hausleuten den Mittagstisch und Tresl war froh, dafür ein bisschen Bargeld von uns zu bekommen. Niemals Fleisch unter der Woche, nur am Sonntag Tiroler Knödel in einer wässrigen Maggi-Suppe, das heißt fast kanonenkugelgroße Bälle, in die ein wenig harten Selchfleischs fein hineingeschabt worden war. Frisches Fleisch wurde, so erfuhren wir, nur einmal im Jahr, und zwar zu Weihnachten, unmittelbar nach der Schlachtung der fetten Sau, verzehrt, das Übrige geselcht, musste das ganze Jahr reichen.

Wir ernährten uns von den auf dem hauseigenen Feld angebauten Saubohnen in allen Variationen von süß bis salzig, von Mehlspeisen aller Art, von Kartoffeln und von Gemüse. Das Einzige, womit nicht gespart wurde, das war Butter, welche die Tresl selbst erzeugte, indem sie zunächst die Milch in flache Schüsseln goss, den Rahm, der sich mit der Zeit gebildet hatte, abschöpfte und den sie in einem hohen schmalen Fass mit Hilfe eines Holzstampfers so lang stampfte, bis sich die Butter flöckchenweise von der übrig bleibenden Buttermilch trennte. Eine Hundsarbeit.

Zwei Sommer haben wir am Achensee verbracht, aber nur ein einziges Mal sah uns ein Wirtshaus in Achenkirch von innen und da gab es erhebliche Debatten, ob wir das Menü um 1,10 Schilling oder jenes um 1,25 nehmen sollten. Worin der Unterschied bestand, das ist mir entfallen, ich weiß nur, dass das Schnitzel die von jedem Österreicher erwartete Dimension aufwies: groß wie ein Klosettdeckel, jedenfalls weit über den Tellerrand hinausragend.

Waren die Jaud trotz ihrer eintönigen Ernährung weniger gesund als andere Leute? Ich glaube nicht. Alle fünf strotzten vor blühendem Leben, und was ich an den drei Burschen am meisten bewunderte, das waren ihre strahlenden Zähne. Wie sie diese gepflegt haben? Nun, ich habe es mit eigenen Augen gesehen. Sie besaßen alle zusammen eine einzige Zahnbürste und die wurde lediglich am Sonntag vor dem Kirchgang benutzt, keine Zahnpasta, nur das eiskalte Wasser aus dem ständig in einen Steintrog sprudelnden Brünnlein in der Küche.

Auch uns hat die schmale Kost nicht geschadet, die einzig Leidende war ich, aber nur für kurze Zeit, denn die Krankheit, die ich aus Wien mitgebracht und an der sich die verschiedensten Ärzte vergeblich abgemüht hatten, wurde dank des Dorfdoktors binnen weniger Tage geheilt. Ich litt, pubertätsbedingt, unter schwärenden Abszessen auf meinem Hinterteil, konnte kaum sitzen und liegen, hatte die unterschiedlichsten Diäten und Medikamente erfolglos ausprobiert. In ihrer Not brachte mich meine Mutter zum ortsansässigen Arzt, der aussah wie Hagen von Tronje, allerdings mit zwei Augen. Er besah sich die Bescherung und sagte dann: »Bringscht des Madl auf die Alm, lascht die Sonn' fest auf den Arsch scheinen und schmierscht diese Salben drauf.«

Tief beeindruckt folgten wir dem seltsamen Rat, marschierten auf die Alm, ich wurde mit entblößtem Hinterteil zwischen die Latschen gelegt und dann, als dieses bereits gefährlich gerötet war, mit einer stinkenden und brennenden Salbe eingeschmiert. Binnen weniger Tage, zum Glück regnete es zu dieser Zeit ausnahmsweise nicht, war ich gerettet.

Noch eine Begebenheit vom Achensee scheint mir erwähnens- und berichtenswert, nämlich dass mein gesetzestreuer Vater dort Beihilfe zu einer Straftat, nämlich Samenraub, geleistet hat. Ich bin sicher, es war die einzige in seinem ganzen Leben. Die Vorgeschichte ist mir nicht mehr in Erinnerung, es handelte sich darum, dass Bartlmä die Jaud'sche Kuh dem Gemeindestier ergebnislos angeboten hatte, wodurch kostbare zehn Schilling verloren waren. Um weitere zehn Schilling zu sparen, führten Bartlmä und mein Vater die liebesbereite Kuh in einer schimmernden Mondnacht heimlich auf die Alm, wo der Stier in einem eigenen Gehege weidete. Wir Mädchen ließen uns das Abenteuer natürlich nicht entgehen und begleiteten die Männer, die das riskante Unternehmen schließlich zu einem glücklichen Ende brachten. Mich, die ich noch vollkommen unaufgeklärt war über die Entstehung von Leben bei Säugetier und Mensch, hat das, was ich auf der Alm mit angesehen habe, ziemlich ratlos gemacht und noch lange Zeit beschäftigt. Selbst mit Trude habe ich nicht darüber gesprochen, ich weiß darum nicht, wie ihr zu Mute war, ob sie schon mehr wusste oder genau so verstört war wie ich. Diese Dinge waren, wie ich in einem späteren Kapitel zu berichten haben werde, absolut tabu.

Von allen Ferien, die ich je in meinem langen Leben verbracht habe, im Inland, im Ausland, herumreisend und Kultur genießend oder nur faulenzend, mit Familie, mit Freunden oder allein, in heiterer Zufriedenheit oder in trüber Laune – keine haben sich dermaßen, einer scharfen Säure gleich, in meiner Erinnerung festgefressen wie diese einen von 1930, als das Kind der von keinem Erwachsenen schlüssig erklärbaren Tatsache gegenüberstand, dass ein sehr geliebter Mensch buchstäblich über Nacht verschwinden konnte. Tot. Gestorben. Das sagten die Großen. Blankes Unverständnis. Wiedersehen im Himmel. Und wann? Keine Antwort. Oder vielleicht doch? Ich weiß es nicht. Ich fühle nur einen Widerhauch des Entsetzens, dann die Schuld der irregeleiteten Traurigkeit, dann die Scham. Ich schäme mich noch immer, auch wenn ich mir vorsage: Ich war doch noch ein Kind, ein verwirrtes Kind von neun Jahren. Dennoch: Ich schäme mich.

Auf keinen Sommer hatte ich mich so gefreut wie auf diesen. Zum ersten Mal sollten die Großeltern mit uns zusammen sein, die ansonsten allein zur Kur nach Bad Hofgastein fuhren, um mich dann nach Hartha mitzunehmen.

Wir hatten in Nussdorf am Attersee, ein gutes Stück außerhalb des Ortes, eine Wohnung im Haus eines Tischlers gemietet, am Rand eines leise glucksenden Baches, von Haselnusssträuchern gesäumt. Rund umher sanft gewellte Wiesen, gleich dahinter der Wald. Die Wohnung bestand aus einer großen, gemütlichen Wohnküche mit bullerndem Herd, dahinter die drei Schlafzimmer. Das größte in der Mitte bewohnten meine Großeltern, rechts und links davon kleine Kammern mit schrägen Wänden. In der einen schliefen meine Eltern, in der anderen ich.

Ein paar Schritte talwärts hatte sich die Familie einer Schulfreundin einquartiert – jene, die behauptete, vom Herzog von Reichstadt abzustammen – zwei Kinder. Unten im Dorf residierte eine weitere Freundin der Familie, die Baronin Rabl-Werner mit ihrem Sohn Heinz, der drei oder vier Jahre älter war als ich. Der Verdacht liegt nahe, dass die Baronin und meine Mutter mit Wohlgefallen und romantischen Zukunftshoffnungen auf diesen Jungen und dieses Mädchen blickten. Sie sahen es sehr, sehr gerne, wenn wir zwei vergnügt miteinander spielten und uns gut verstanden. Die Idylle wurde in diesem Sommer allerdings getrübt durch einen Knaben namens Guido, den die Baronin als Kostkind mitgenommen hatte, um so ihre Haushaltskasse ein bisschen aufzubessern. Der Knabe war leider das, was man heute als wohlstandsverwahrlost bezeichnen würde, ungezogen, frech, faul, asozial.

Aus irgendeinem Grund konnte er mich überhaupt nicht leiden und hänselte mich, wo er konnte. An einem Sonntag spielte er mir einen ganz bösen Streich. Wir waren, fein angetan, wie es sich für einen Feiertag ziemte, in den Nachbarort Attersee spaziert, um dort in einem Kaffeehaus direkt am See einzukehren. Nachdem wir Kinder unser Eis schnabuliert hatten, baten wir artig um die Erlaubnis, ein wenig spielen zu dürfen, und wurden huldvoll entlassen.

Guido schlug Fangen vor, ganz genau wissend, dass ich mich damit schwer tat, denn ich bekam beim Rennen augenblicklich Seitenstechen, doch ich wurde von den anderen überstimmt. Also rasten wir lachend und kreischend über Stock und Stein um das Kaffeehaus herum und es war bald ganz klar, dass Guido es wieder einmal auf mich abgesehen hatte. Er drängte mich von den anderen ab und jagte mich zielstrebig auf ein winziges Bächlein zu, das ich überspringen musste, um mich vor ihm zu retten. Prompt setzte ich den Sprung zu kurz an und landete mit beiden Beinen in dem Bächlein, das keines war, sondern der Abfluss einer Jauchegrube. Lachend stoben Guido und die anderen Kinder davon, mit gesenktem Kopf, wie ein geschlagener Krieger, schlich ich, eine breite Jauchespur hinter mir herziehend, auf die Kaffeehausterrasse und weinte nach meiner Mutter. Die schlug entsetzt und hilflos die Hände über dem Kopf zusammen, mein Großvater indes schritt gelassen zur Tat. Er hob mich auf und trug mich vorsichtig zu einem hinter dem Kaffeehaus stehenden Brunnen, stellte mich in den Trog und wusch mir sorgfältig die bis zu den Knien mit Jauche bedeckten Beine ab.

Wenige Tage später fand Guido wiederum Gelegenheit, mich zu quälen. Wir marschierten, sieben Erwachsene und fünf Kinder, nach Unterach am Südende des Sees, etwa zwei Stunden lang und, natürlich, auf der Landstraße, auf der es so gut wie keinen Verkehr gab. Kein Auto weit und breit, nur hie und da ein gemächlich zuckelndes Bauernfuhrwerk. Und manchmal Radfahrer. Sobald sich einer näherte, in eine Staubwolke gehüllt, alle Straßen bestanden damals aus Staub bei trockenem Wetter, aus Kot, wenn es regnete, da schrie dann die Mutter des »Herzogs von Reichstadt«, die sich vor allem fürchtete, was sich schneller bewegte als ein Fußgänger: »Kinder«, kreischte sie, »rennt ins Feld, es kommt ein Radfahrer.« Ich war immer die Erste, die losstürzte, denn ich hatte panische Angst vor Radfahrern. Das kam wahrscheinlich daher, das ich mir einmal ein Rad gewünscht, davon aber abgelassen hatte, nachdem mir meine Mutter in plastischen und drastischen Worten geschildert hatte, welche Gefahren damit verbunden wären. Darum: Lieber als Erste in die Wiese als mausetot auf der Straße. Guido wollte sich ausschütten vor Lachen über meine Feigheit, und je mehr er lästerte, desto größer wurde meine Furcht.

In Unterach nahmen wir eine ausgiebige Mahlzeit, den Heim-

Mit meinem Großvater, wenige Tage vor seinem Tod

weg wollten wir getrennt antreten. Die Großen hatten den Plan, wieder zu Fuß nach Nussdorf zu gehen, wir Kinder sollten unter Aufsicht und Führung von Heinz Rabl-Werner mit dem Dampfer zurückfahren. Heinz war sehr beleidigt, als mein Großvater verkündete, er werde sich uns anschließen, er fühlte sich ein wenig müde. War dies die Vorwarnung auf das kommende Drama? Wenn ja, dann hat sie niemand begriffen, auch nicht meine Mutter, die diplomierte Krankenschwester. Wie hätte sie auch sollen? War der Großvater nicht in voller Frische und ohne die leisesten Anzeichen von Überanstrengung zu zeigen, kurz vorher mit uns auf das Höllengebirge und den Schafberg (1780 m) gestiegen?

Ein Glück, dass er bei uns war, denn als wir uns mit dem mindestens fünfzig Jahre alten Dampfkahn mitten auf dem See befanden, begann einer der in dieser Gegend so urplötzlich hereinbrechenden Orkane zu toben, der den Attersee in ein brodelndes Wellenmeer verwandelte und die Bäume am Ufer wie Streichhölzer knickte. Das Schiff war von Touristen überfüllt, es brach Panik aus, nachdem es ein kieloben liegendes Segelboot fast gerammt hätte. Die Menschen strömten alle auf eine Seite, um besser sehen zu können. Es gab nichts zu sehen, die drei toten Segler wurden erst Tage später aus dem Wasser gefischt. Der Dampfer neigte sich gefährlich auf die Seite, mein Großvater brüllte zusammen mit dem Kapitän und den Matrosen so lange, bis die Leute endlich begriffen, wie sehr sie sich in Gefahr gebracht hatten und sich wieder gleichmäßig auf Deck verteilten. In dem ganzen Tumult hielt Großvater beruhigend seinen Arm um mich gelegt. In seinem Schutz hatte ich keine Angst.

Der Orkan leitete eine der ortsüblichen Schlechtwetterperioden ein mit dem Tag und Nacht strömenden »Schnürlregen«, für mich eine Katastrophe, denn am darauf folgenden Sonntag sollte das lang angekündigte Strandfest stattfinden, auf dem ich zum ersten Mal in meinem Leben einen öffentlichen Auftritt als Schauspielerin haben würde. (Ich wollte so lange Schauspielerin werden, bis mein Längenwachstum diesen Traum zunichte machte. Was soll ein Romeo mit einer Julia, die ihn um Haupteslänge überragt?)

In jener Zeit war der Wunsch noch ungebremst und ich fieberte meinem Auftritt als Rosenkavalier entgegen. Meine Freundin Greti, die Schwester des »Herzogs von Reichstadt«, sollte, ganz in Rosa, einen falschen Rosenkranz auf dem Kopf, das Röslein, Röslein, Röslein rot, Röslein auf der Heiden spielen (stumme Rolle), ich, das Goethe-Gedicht deklamieren und zugleich den das Röslein brechenden Knaben darstellen. Stundenlang hatte meine Großmutter mit mir geprobt, wobei sie sehr viel Wert auf »Betonung« legte, und ich konnte es kaum erwarten, vor einem begeisterten Publikum mein Debüt zu geben. Aber es regnete am Sonntag. Das Fest wurde auf den darauf folgenden Sonntag verschoben. Es regnete die ganze Woche, Samstag bis spät in die Nacht hinein. Hoffnungslos.

Als ich am nächsten Morgen blinzelnd erwachte, durchfuhr mich ein freudiger Schreck, dass mir fast die Luft wegblieb: heller Sonnenschein durchflutete das Zimmer. So hastig bin ich noch nie aufgestanden. Da ich aus der Küche schon Stimmen hörte, stürzte ich zur Türe, riss sie auf und wollte ... Mir blieb der Schrei im Hals stecken. Das Erste, was ich sah, war mein Vater, komplett angezogen, er taumelte wie ein Betrunkener und stieß krächzende Schluchzer aus. Er weinte. Ich hatte meinen Vater noch nie weinen gesehen. Die beiden Frauen saßen, in sich zusammengesunken, auf der Bank, auch sie weinten. Der Großvater war gestorben, mitten in der Nacht, niemand hatte etwas bemerkt. Als die Großmutter erwachte, war der Tote schon erkaltet.

Was dann kam, das habe ich wie in Trance erlebt. Ich wurde angezogen und zur Baronin Rabl-Werner gebracht. Danach gibt es in meiner Erinnerung eine große Lücke. Das Nächste, was ich weiß: Ich sitze im Garten des Rabl-Werner'schen Quartiers, fassungslos, tränenlos. Wieso bin ich ganz allein? Wieso sind die Freunde fortgegangen, was hat man mir aufgetragen? Ich weiß es nicht. Ich weiß nur mit deutlicher Schärfe, was dann passierte: Vom Festplatz her ertönte Musik. Ich saß da, unter blauem, mit wenigen weißen Sommerwolken getupften Himmel, umhüllt von forscher Blasmusik und ich begann auf einmal hemmungslos zu schluchzen. Aber ich weinte nicht um den toten Großvater, ich weinte, weil ich nicht beim Fest sein konnte, ich zerfloss in Selbstmitleid.

Erst in den nächsten hektischen Tagen, da im Haus ein ständiges Kommen und Gehen herrschte, niemand sich wirklich um mich kümmerte, dämmerte mir, welch eine Sünde ich begangen hatte, wie abscheulich es gewesen war, des Sommerfestes wegen zu weinen. Das schlechte Gewissen hat mich fast umgebracht und wieder einmal wünschte ich nichts so sehr, als katholisch sein und mein Herzweh vor einem gütigen Beichtvater ausbreiten zu dürfen. Ich wagte es nicht, einfach in die katholische Kirche zu gehen, ich stibitzte aus der Tischlerei zwei Holzstäbchen, die ich mit ein wenig Stroh zu einem Kreuz zusammenbastelte, umkränzte es mit Feldblumen, stellte ein Schälchen voll Brunnenwasser davor, das ich zu Weihwasser umfunktioniert hatte, schlug ein Kreuz, kniete nieder und betete ausdrücklich zum katholischen Gott, der vielleicht nicht so streng wäre wie mein evangelischer, den man vor allem zu fürchten hatte. Das wusste ich genau, denn der Vater meines Großvaters trug den Namen »Fürchtegott«. Ich weiß nicht, ob mir das Gebet zum katholischen Gott wirklich geholfen hat, ich bin nur noch einmal in stiller Sehnsucht auf ihn zurückgekommen. Das war, als meine katholischen Schulkolleginnen gefirmt, danach in den Prater ausgeführt wurden, womöglich in einem blumengeschmückten Fiaker, als Draufgabe eine Armbanduhr erhielten, und das schon mit zwölf, dreizehn Jahren. Die Evangelischen wurden erst mit vierzehn konfirmiert, das nachfolgende Fest war bescheiden und erst dann erhielt auch ich die lang ersehnte Armbanduhr. Kein Kind bekam jemals eine eigene Uhr vor der Firmung oder Konfirmation.

Es gab sogar viele Erwachsene, die keine Uhr besaßen. Darum hingen an zahlreichen öffentlichen Orten die großen Normaluhren und es konnte einem auf der Straße immer wieder passieren, dass man angesprochen wurde: »Verzeihung, können Sie mir bitte sagen, wie spät es ist?« Meine Mutter hatte eine kleine goldene Armbanduhr geerbt. Die trug sie aber nur für »gut«, das heißt, wenn sie ausging.

Von dem Satyrspiel, das sich nach der Tragödie jenes Sommers ereignete, erfuhr ich erst 28 Jahre später, nach dem Tod meines Vaters. Ich ordnete die Unmassen von jahrzehntelang gehorteten Zetteln und Unterlagen und fand darunter ein Schreiben der Feuerbestattung in Linz, wo mein Großvater verbrannt worden war. Meinem Vater wurde mitgeteilt, dass ein Mitarbeiter des Institutes »die sehr verehrte Frau Schwiegermutter« zu einem bestimmten Zeitpunkt auf einem präzise angegebenen Bahnsteig des Linzer Hauptbahnhofes, direkt unter der großen Normaluhr stehend, erwarten und ihr dann die Urne mit den sterblichen Überresten des Herrn Dir. Franz Hugo Kunze übergeben werde.

Ich griff mir an den Kopf, als ich das las. Es war nicht zu fassen: Um die Transportkosten zu sparen, hat meine Großmutter, die übrigens die begabteste Schmugglerin aller Zeiten war, doch tatsächlich die Asche meines Großvaters als Konterbande über mehrere Grenzen hinweg gebracht. So etwas konnte wirklich nur ihr einfallen, das sollte ihr erst einmal jemand nachmachen!

4

Hartha, mon amour

Immer ist nur von den sächsischen Großeltern die Rede, den Eltern meiner Mutter. Was war mit den südsteirischen, den Eltern meines Vaters? So merkwürdig es klingen mag, ich habe kaum jemals von ihnen gehört. Ich kannte zwar die beiden jüngeren Geschwister meines Vaters, die Tante Resi in Köszeg und den Onkel Joseph, einen Eisenbahnbeamten, der mit Frau und Kind in Wien lebte, über Herkunft und Vergangenheit der drei Geschwister wurde jedoch nie gesprochen.

Als ich einmal zu fragen begann, schüttelte meine Mutter den Kopf, ich sollte das lieber sein lassen. Sie murmelte etwas von Zerwürfnis und Verrat. Erst nach dem Tod meines Vaters habe ich zufällig erfahren, dass ich in Deutschland etliche Cousins und Cousinen habe, Nachkommen von weiteren Geschwistern meines Vaters – eines der dunklen Geheimnisse, wie sie, ich erwähnte es schon im ersten Kapitel, im Schoße vieler Familien schlummern.

Umso besser war ich von klein auf über meine sächsischen Wurzeln informiert. Meine Großmutter war eine glänzende Erzählerin, alle Protagonisten ihrer farbigen Geschichten standen plastisch vor meinen Augen, wenn ich auch nicht meine Hand dafür ins Feuer legen möchte, dass jede Pointe à priori so saß, wie sie meine Großmutter formulierte. Ihre rege Fantasie zeigte sich nicht nur in den wunderbar von ihr selbst erfundenen Märchen, die sie mir abends vor dem Einschlafen erzählte.

Von einer ihrer Lieblingsfiguren, meiner Ur-Urgroßmutter Katharina Guhrmüller, geborene Semelhak, besitze ich allerdings authentische Nachricht. Es gibt ein Bild von ihr, der Kleidung nach zu schließen so um 1850 aufgenommen, eine überschlanke Person mit ernstem, um nicht zu sagen harten Gesichtsausdruck, endlich am Ziel ihrer hoch gesteckten Mädchenträume.

Des Weiteren liegt mir ein halbzerfallener und auch wegen der stark verblassten Schrift kaum lesbarer Brief des Friedrich Guhrmüller vom 7. Mai 1842 vor, worin er an die »Unvergessliche Geliebte meines Herzens!« schreibt: »Von heißer Sehnsucht getrieben, und von der Unruhe geblagt, mein Versprechen so lange zu verschieben, fühle ich mich gezwungen, Dir zu schreiben ...« Der Brief muss ihm nicht leicht gefallen sein, denn die unvergessliche Geliebte saß mit seinem Kind unter dem Herzen im Hamburg und wartete darauf, in seine Heimatstadt Dresden geholt zu werden, wogegen sich Hindernisse sonder Zahl auftürmten, vor allem die Vorbehalte von Friedrichs Vater, eines wohlhabenden Gastwirtes gegen ein Mädchen aus den niedrigsten Schichten, das weder Lesen noch Schreiben konnte und die deutsche Sprache nur mangelhaft beherrschte.

Sie war die Tochter eines kinderreichen Kleinbauern aus Schleswig-Holstein, der dänischen Minderheit angehörend, und verdiente sich ihren kargen Lohn als Küchenmagd in einer Hamburger Gastwirtschaft. Dort hatte Friedrich, als Wanderbursche auf der Walz, sie kennen gelernt, und noch ehe er wusste, dass sie ein Kind von ihm erwartete, war er wieder weitergezogen.

Der Brief an sie vom 7. Mai 1842 ist voll von wolkigen Versprechungen, denen die, wie sich später erweisen sollte, äußerst resolute Person, die sich den Brief vorlesen lassen musste, keinen allzu großen Glauben geschenkt haben dürfte. Sie nahm jedenfalls ihr Geschick selbst in die Hand, verließ ihren Posten, heuerte auf einem von Hamburg nach Dresden zuckelnden Elb-Schlepper als Köchin an und stand eines Tages vor der Türe des zukünftigen Schwiegervaters. Von so viel Energie und Zielstrebigkeit beeindruckt gab der Alte dann doch seine Einwilligung zur Hochzeit und er wird es keinen Tag bereut haben.

Ur-Urgroßmutter Katharina Guhrmüller –
eine Analphabetin wird Millionärin

Katharina, die noch immer statt ihres Namens nur drei Kreuze unter jedes Dokument setzte und jede noch so komplizierte Rechnung blitzartig im Kopf vollzog, erwies sich als ein Energiebündel voller trickreicher Geschäftstüchtigkeit. Das junge Paar bewirtschaftete zunächst ein Gasthaus am Rande des Neustädter Friedhofes und arbeitete sich über ein größeres Lokal auf der Vogelwiese mit Tanzsaal (der dort aufgehängte Spiegel verschönt heute mein Schlafzimmer ...), und am Ende ihres Lebens besaßen Katharina und Friedrich ein großes Hotel, das reichlich Ertrag abwarf, sowie mehrere Häuser. Katharina rechnete noch immer alles im Kopf aus, der offensichtlich der führende in dieser Familie war. Meine Großmutter erzählte oft, wie es sie als Kind gewundert hätte, dass ihr Großvater auf der Stelle eilfertig angetrabt kam, sobald Katharina ein lang gezogenes »Friiiiiedrich« durchs Haus erschallen ließ.

Unter Umgehung meiner Urgroßmutter erbte meine Großmutter einen Teil des stattlichen Guhrmüller'schen Vermögens und war eine reiche Frau, bis sie, wie berichtet, im Ersten Weltkrieg alles verlor. Katharina hatte auch andere mit großzügigen Legaten bedacht. Der Köchin, zum Beispiel, hinterließ sie ihre falschen Zähne, zu damaliger Zeit eine rare Kostbarkeit, die sich nur sehr wohlhabende Leute leisten konnten. Die Köchin trug die perlweiße Pracht, steif lächelnd, nur dann zur Schau, wenn sie sonntags zur Kirche ging. Sprechen oder gar im Chor der Gläubigen mitsingen konnte sie natürlich nicht.

Warum meine Großmutter und nicht deren Mutter Anna das Vermögen der Guhrmüllers geerbt hat, erklärt sich aus der Abneigung der Alten gegen Annas Ehemann, Moritz Jentzsch, den sie gegen den Willen der Eltern geheiratet hatte. Er stammte zwar aus akzeptabler Familie – sein Vater Christoph war königlicher Landrat und Gutsbesitzer – doch Moritz scheint nach Meinung seiner Schwiegereltern ein wenig odios gewesen zu sein. Erstens war er Freimaurer und zweitens war er, in den Augen der Alten, die sich aus dem Nichts schwer hochgearbeitet hatten, zu rasch und zu leicht reich geworden und er scheute sich auch nicht, das aller Welt vor Augen zu führen.

Er war Importkaufmann, Spezialität Tee und Kaffee, und meine Großmutter konnte mir stundenlang mit leuchtenden Augen von dem großen Haus mit vielen Dienstboten, Kutscher samt Kutsche inbegriffen, erzählen, das ihre Eltern im Herzen der Dresdner Altstadt geführt hatten. Bis dann der Absturz kam. Meine Großmutter war gerade zwölf Jahre alt und besuchte die zweite Klasse einer exklusiven französischen Schule, da war plötzlich alles anders. Die Kutsche wurde verkauft, der Kutscher samt allen anderen Dienstboten entlassen. Nur das Kindermädchen blieb – aus Anhänglichkeit oder wahrscheinlich vielmehr, weil es für eine alte Jungfer keine andere Überlebenschance gab, als bei ihren Dienstgebern das Gnadenbrot zu verzehren. Man zog von der teuren Altstadt an den billigen Rand der Neustadt und Moritz Jentzsch fristete sein Dasein für sich und seine zahlreiche Familie recht und schlecht als Vertreter.

Was wirklich passiert war, scheint mir im Dunkel zu liegen, denn ich mag meiner Großmutter nicht recht trauen, die immer beteuerte, ihr Vater wäre ohne eigene Schuld ins Unglück gestürzt. Er hätte mit seinem gesamten Vermögen für einen Freund gebürgt und der sei mit dem Geld durchgegangen. Liest man Romane aus der Zeit vor dem Ersten Weltkrieg, hört man sich im Bekanntenkreis um – immer ist angeblich eine Bürgschaft für den Ruin der Vorfahren verantwortlich, niemals deren eigenes Versagen. Das mag mit den damaligen sehr eng gesteckten Vorstellungen von Ehre und eigener Verantwortung zusammenhängen. Fahrlässige Krida ist heute nicht viel mehr als ein Kavaliersdelikt, damals jedoch häufig Anlass, sich selbst zu entleiben.

Gegen die These, dass Moritz Jentzsch ohne eigenes Zutun ins Verderben geraten wäre, spricht auch die Reaktion seiner Schwiegereltern: Sie boten ihrer Tochter Anna an, sie sofort, samt ihren vier Kindern, bei sich aufzunehmen, die Kinder weiter auf höchstem Niveau ausbilden zu lassen. Einzige Bedingung: Sie müsste sich für immer von Moritz trennen. Meine Urgroßmutter hat das Angebot nicht angenommen, ist, in äußerst bescheidenen Verhältnissen, samt den Kindern bei ihrem Mann geblieben. Darum wurde sie von ihren Eltern bei der Erbschaft übergangen, Nutznießerin war meine Großmutter. Doch da war es für sie schon zu spät. Sie saß mit Mann und Kind in einer gottverlassenen Kleinstadt fest, ihr vieles Geld hat ihr nicht mehr viel genützt.

Ich glaube, sie hat den gesellschaftlichen Abstieg nie ganz verwunden. Immer wieder drehten sich ihre Erzählungen um die glanzvollen Jahre der frühen Jugend, und viel Bitterkeit drang durch, wenn sie von der großen Chance berichtete, die sie verpasst hatte: In ihrem billigen Mietshaus in Dresden-Neustadt lebte, ganz oben unter dem Dach, eine arme Witwe, die ihren einzigen Sohn, einen Drogeriegehilfen, mit Mühe durchbrachte. Der Junge, wenige Jahre älter als meine Großmutter, scheint sie heftig verehrt zu haben, doch da er schüchtern war, nach nichts aussah und kein Geld hatte, wurde er von ihr nicht beachtet, was ihr später sehr Leid getan hat. Der Junge ging in den Westen Deutschlands, machte eine Erfindung, gründete einen eigenen Betrieb und wurde steinreich. Ich kann mich nicht mehr genau erinnern, was er erfunden hat, ich glaube Zahnpasta, Chlorodont oder Odol – oder so etwas Ähnliches.

Mit ihrem scharfen Intellekt, ihrem überwältigenden Charme und ihrer, manchmal mit tödlicher Sicherheit mitten ins Herz des Gegners treffenden Ironie dominierte sie die gesamte Kleinstadtgesellschaft von Hartha und, wie ich fürchte, auch meinen guten Großvater. Ich glaube, sie, deren Ahnin noch eine analphabetische Magd gewesen war, hat ihm seine Herkunft aus einfachen ländlichen Verhältnissen nie wirklich nachgesehen und nannte ihn hin und wieder, durchaus herablassend, »mein Schulmeisterchen«. Dabei war er ein allgemein respektierter Mann, praktisch die ganze Stadt war bei ihm auf der Schulbank gesessen, zuerst in der Grundschule, dann wurde er Bürgerschullehrer und schuf schließlich, gegen vehementen Widerstand von Neidern und Behörden, eine Handelsschule, die so viel Ansehen genoss, dass Schüler von weit her nach Hartha strömten. Ich war sehr stolz auf ihn, wenn ich an seiner Hand durch die Stadt spazierte und jedermann ihn mit größter Hochachtung grüßte, den Herrn Handelsschuldirektor.

Bezeichnend ist eine Episode aus den ersten Jahren des 20. Jahrhunderts, da meine Großmutter es durchgesetzt hatte, dass eine Kellnerin des Hotels »Zum Schwan« auf die Straße gesetzt wurde. Im »Schwan« pflegten sich die Honoratioren der Stadt am Donnerstag zum Kegeln zu treffen, während die Damen reihum zum »Kränzchen« luden. Eines Tages war im »Schwan« eine neue Servierkraft aufgetaucht, die, welch eine obszöne Vorstellung, einen Hosenrock trug, ein selbstverständlich, wie es die Mode gebot, knöchellanges Kleidungsstück, dem man nur dann, wenn die Frau sich sehr rasch bewegte, ansah, dass es in zwei voneinander getrennten Teilen gearbeitet war. Schmunzelnd berichteten die Herren ihren Frauen von der Neuigkeit aus dem »Schwan«, die aber, angeführt von meiner Großmutter, sofort geschlossen rebellierten. Nie und nimmer könnten sie dulden, dass ihre Männer in einer derart schamlosen Atmosphäre verkehrten. Sie müssten dem Hotelinhaber mit Boykott drohen, solange »diese Person« dort Dienst versähe. Keine Rede davon, Milde walten zu lassen, falls die Frau sich wieder »anständig« kleidete – nein, sie musste weg, und zwar auf der Stelle. Was auch prompt geschah.

Noch heute befallen mich hilflose Wut und brennende Scham, wenn ich daran denke, wie sie mich einmal vor meinen Freunden spitzzüngig fertig gemacht und der Lüge geziehen hat. Ich hatte von den alten Weiblein berichtet, die in meiner frühen Kindheit an schönen Tagen ihre Hühner an einer Leine im Cottage-Viertel spazieren führten, um sie hinter den Bäumen scharren zu lassen. Dies sei die blanke Unwahrheit, fuhr meine Großmutter dazwischen, das hätte ich mir ausgedacht, um mich vor meinen Gefährten wichtig zu machen und weil mir, dumm wie ich sei, nichts Besseres eingefallen wäre. Schluchzend beteuerte ich, dass ich derlei wirklich öfter gesehen hätte, doch sie wurde noch zorniger, schrie, dass ich alles noch schlimmer machte, wenn ich weiter löge, und sprach drei volle Tage kein Wort mit mir. Als mein angebeteter Großvater zu all dem schwieg, wurde mir, so klein ich war, klar, dass sie unumschränkte Macht über ihn besaß.

Dabei hat sie mich geliebt, wie nur eine Großmutter ihr einziges Enkelkind lieben kann, und sie hat mich manchmal mehr verwöhnt, als es mir vielleicht gut tat. Sie las mir buchstäblich jeden Wunsch von den Augen ab, wobei sie mit einem Achselzucken über die Einwände meiner Mutter hinwegging. Sogar ein Fahrrad hat sie mir gekauft, obwohl sie sehr wohl wusste, dass meine Eltern strikt dagegen waren. Zwar konnte ich das Rad nur in Hartha benützen, was mir jedoch die Sommer im großelterlichen Haus in noch verklärterem Licht erscheinen ließ.

Solange ich sehr klein war, holten mich die Großeltern in Österreich ab oder meine Mutter brachte mich nach Sachsen, ab etwa dem zwölften Lebensjahr wurde ich in Wien in den Zug gesetzt und in Dresden von der Großmutter erwartet. Von Anfang an hatte sie die Bestrebung, mir alles zu bieten, das zu bieten war, doch das Kind hat lediglich aufgenommen, was seiner Neugier und seinem Bedürfnis nach Außergewöhnlichem entsprach. Von der berühmt-prächtigen Pragerstraße ist mir nur der herrliche Bienenstich in der Konditorei Hülferth in Erinnerung, vom Altmarkt das Café Kreuzkamm mit seiner himmlischen Schokolade und dann – Sprung über zehn Jahre – mein erster bewusster Zusammenstoß mit dem Nationalsozialismus.

Es war 1937, ein Jahr vor der Okkupation Österreichs durch Hitler-Deutschland, ich wartete in besagtem Café Kreuzkamm auf eine Freundin und zündete mir, nicht um des Genusses willen, sondern weil ich es als Sechzehnjährige todschick fand, eine Zigarette an. Sofort kam ein Ober herangelaufen, deutete auf ein Schild hinter mir und herrschte mich an: »Könnense nich lesen, Frollein?« Auf der Tafel stand in großen gotischen Buchstaben geschrieben: »Eine deutsche Frau raucht nicht.« Einen Moment war ich verblüfft, dann stotterte ich: »Aber ich bin doch Österreicherin.« Das war kein Akt patriotischen Widerstands, das war die naive Formulierung der Wahrheit zur Richtigstellung meiner nationalen Identität.

Die Großmutter führte mich in die Gemäldegalerie – mich haben nur die Putten am unteren Rande der Sixtinischen Madonna von Raffael beeindruckt, die ich von zahllosen Kitschbildern wieder erkannte. Auf der Brühl'schen Terrasse interessierte mich lediglich der Daumenabdruck, den König August der Starke im Schmiedeeisen-Geländer hinterlassen haben soll. Die berühmte Hygiene-Ausstellung im Großen Garten ging spurlos an mir vorüber, abgesehen von einer Truppe schwarzer Frauen, deren Unterlippen mit riesigen Tellern, von denen ununterbrochen der Speichel troff, verunstaltet worden waren. Die ersten Abende in der Semper-Oper sind gänzlich aus meiner Erinnerung geschwunden, bis auf das köstliche Pausenerlebnis: Fleischsalat und Orangensaft.

Auch weiß ich noch genau, dass es einen Wunsch gegeben hat, den mir sogar meine großzügige Großmutter abschlug. Ich wollte einmal, ein einziges Mal, auf der Terrasse des barocken

Hotelpalastes Bellevue Eis essen. Nein, sagte die Großmutter, das sei denn doch ein allzu extravagantes Anliegen. Ein Menschenleben später habe ich über sie triumphiert, als ich nach der Wende zum ersten Mal in mein geliebtes, geschundenes Dresden heimkehrte: Ich bin selbstverständlich im Hotel Bellevue abgestiegen, um mit einiger Enttäuschung festzustellen, dass es zwar sehr angenehm, aber auch nicht viel anders war als Fünfsternehotels auf der ganzen Welt.

In Dresden wohnten wir stets bei Verwandten, den Nachkommen von Großmutters jüngster Schwester Suse, der Patentante meiner Mutter. Keines der Gesichter von Onkeln und Cousins Heidler ist mir gegenwärtig, nur die interessante Tatsache, dass Suse im Jahr meiner Geburt bei einem Autounfall ums Leben gekommen ist. Das war in jenen Tagen ebenso Aufsehen erregend und Anlass für ständigen Gesprächsstoff, als würde jetzt ein naher Verwandter in einer Weltraumkapsel verglühen ...

In Dresden bestiegen wir den Schnellzug nach Leipzig. Auf halber Strecke dorthin mussten wir in Döbeln aus- und umsteigen – meine ganze Wonne, denn nun ging es mit der »Bimmelbahn«, die im wahrsten Sinn des Wortes eine solche war, die paar Kilometer nach Hartha. Schon das Einsteigen war ein interessantes Erlebnis, wenn sich je ein Schaffner am Anfang und am Ende des Zügleins postierten, und sobald alle Türen geschlossen waren, schrie der eine »vorne fertch(fertig)«, der andere echote »hinten fertch«, dann blies einer in ein Trompetchen »tütü« und ab ging die Bahn, ein ständig bimmelndes Glöcklein auf der gemächlich dahin schleichenden Lokomotive, denn keiner der Bahnübergänge war gesichert, ich glaube, nicht einmal markiert.

Beim Verlassen des verschlafenen Bahnhofs von Hartha empfing die Reisenden betörender Duft aus der unmittelbar gegenüber gelegenen Rosenzucht Teichmann, die der ganzen Stadt Rätsel aufgab: Wie konnte ein Rosenzüchter in einem Ort überleben, dessen Bewohner bestenfalls zu Hochzeiten, Begräbnissen und Geburtstagen Blumen kauften. Ich kann mich nicht entsinnen, dass irgendwann irgendjemandem außertourlich Blumen geschenkt worden wären.

Wenn mir das Glück hold war, traf ich schon bald nach der Ankunft das Fräulein Peltschke, die in der Nähe des Bahnhofs wohnte und sich gern in dieser Gegend herumtrieb, um mit einem ewigen breiten Lächeln ihre prachtvolle Doppelreihe glänzender Zähne aus purem Gold zur Schau zu stellen. Das im Geist ein wenig ver-rückte Fräulein genoss es sichtlich, wenn wir Kinder sie mit offenen Mündern bestaunten, wie eine Figur aus dem Raritäten-Kabinett.

Hartha hatte einige solcher Originale zu bieten, je nach Jahreszeit. Anfang Juli fuhr die »alte Ronneberger« mit einem längst aus der Mode gekommenen, brüchigen hochrädrigen Kinderwagen durch die Straßen und krähte »neie Gartuffln, neie Gartuffln« (Kartoffeln), und ein paar Wochen später zog ein Greis, dessen Name mir entfallen ist, einen überdimensionalen Topf auf einem vierrädrigen Brett hinter sich her mit dem Schlachtruf: »Heedlbeern, Blaubeern, ei rulla rulla rull, mei Topp is full.«

Vom Bahnhof hatten wir nicht weit zur Wohnung der Großeltern in der Pestalozzistraße, die während der bewussten »tausend Jahre« dann Hindenburgstraße hieß. Wie man sie in der DDR-Zeit genannt hat, ist mir unbekannt, denn mein einziger Versuch, als Gesellschaftsreisende getarnt ins Paradies meiner Kindheit zu gelangen, scheiterte in den Siebzigerjahren am Einspruch der wachsamen Stasi, die natürlich sofort herausgefunden hatte, dass ich Journalistin und nicht eine »Hausfrau« war, als die mich mein Pass auswies.

Hartha war, mit den Augen des unbeteiligten Fremden betrachtet, eine gesichtslose Kleinstadt. Zwei Hauptstraßen, ein ausgedehnter Marktplatz, an dessen Ende eine Kirche in schlichtem romanisch inspirierten Stil, am Rande des Ortes einige übrig gebliebene Fachwerkhäuser und, als einziges Prunkstück, inmitten einer großzügigen Grünanlage das mächtige, an den Renaissancestil angelehnte Schulgebäude, Grund-, Bürger- und Handelsschule unter einem Dach, mit dem sich mein Großvater ein Denkmal gesetzt hat. Er hat den Bau mit lautloser Zähigkeit durchgesetzt.

An der Peripherie einige mittelgroße Industriebetriebe: Zigarren, Leinen- und Barchent-Weberei, die bereits erwähnten Pan-

Hartha von seiner schönsten Seite

toffeln (»Berlatschen«), Drahtlitzen, Perlmutterknöpfe, ein Ziegelwerk, des Weiteren, ein paar Kilometer entfernt, eine Fabrikation landwirtschaftlicher Maschinen – und alle hingen, durch ein unterirdisches Netzwerk verbunden, miteinander zusammen, auch mit meinen Großeltern. Die drei Pantoffelfabrikanten hatten drei Schwestern aus der landwirtschaftlichen Maschinenfabrik geheiratet, die Ehefrau dieses Fabrikanten war mit den Drahtlitzen verschwägert, meine Großmutter war die Cousine sowohl des Perlmutterfabrikanten wie des Ziegeleibesitzers und mein Großvater der beste Freund des Stofffabrikanten, der auch das einzige Mode- und Kaufhaus des Ortes von fast großstädtischen Ausmaßen innehatte.

Es war eine homogene Gesellschaft, die nach streng protestantisch-patriarchalischen Prinzipien lebte: Arbeite, spare und tue Gutes. Es liegt mir fern, dieses gesellschaftliche Modell zu idealisieren, doch scheint es in instabilen Zeiten einige Vorteile gehabt zu haben. Die Fabrikherren fühlten sich durchwegs für ihre Belegschaft verantwortlich, wie für ihre eigenen Kinder. Alle taten es meinem Onkel August Möbius, dem Perlmutterzeuger gleich, der morgens als Erster vor dem Fabriktor stand, seine Arbeiter mit Handschlag begrüßte und nach Weib und Kindern fragte. In Zeiten mangelnder sozialer Absicherung sahen sie sich veranlasst, über das Wohl und Wehe ihrer Mitarbeiter zu wachen. Es gab von den Fabrikherren errichtete Arbeiterwohnhäuser und im Krankheitsfall extra Zuwendungen. Auch für die Ehefrauen der Chefs war es selbstverständlich, die Familien der Mitarbeiter zu kennen und im Notfall zu betreuen.

Geld war in erster Linie nicht da, um ausgegeben zu werden, sondern um es zu investieren und für die Nachkommenschaft zu mehren. Natürlich besaßen die Fabrikherren hübsche Einfamilienhäuser, doch Protzerei war ihnen fremd, und auch wenn sie Personal beschäftigten, war es üblich, dass die Hausfrau fleißig mitarbeitete, genauso, wie es sich einfach gehörte, dass Herrschaft und Dienerschaft stets an einem Tisch speisten, und zwar niemals üppig. Man konnte Gift darauf nehmen, dass im Hartha meiner Kindheit am Samstag, weil es eben so seit Generationen Sitte war, die ganze Stadt, ob reich, ob arm, ob groß oder klein, »Gartuffln mit Quark« verzehrte.

Ich will versuchen, diesen spartanischen arbeitsorientierten Lebensstil an ein paar Beispielen zu erläutern, sonst kann das ja niemand begreifen.

Meine Großmutter pflegte bei den täglichen Verrichtungen in der Küche, etwa Gemüse putzen oder Kartoffeln schälen, immer zu stehen. Als ich sie einmal fragte, warum sie denn nicht säße, antwortete sie kurz angebunden: »Arbeit muss wehtun.« Diese spezielle sächsische Generation hat den göttlichen Auftrag, wonach der Mensch das Brot im Schweiße seines Angesichts zu essen habe, noch wörtlich genommen.

Während des letzten Kriegsjahres hielt ich mich mit meiner kleinen Tochter in Kieselbach bei Hartha auf, wo meine Tante Liesbeth Matthes, die Witwe nach dem Maschinenfabrikanten, den Betrieb zusammen mit ihrer Tochter, meiner Freundin Gretel, führte. Ich war vor den Bomben in Wien geflohen und bin

Großvaters Schule – Harthas Paradebau

dann, 1945, zum Ausgleich den Russen in die Hände gefallen – doch das gehört eigentlich nicht hierher.

Wir sitzen also in der großen Kieselbacher Villa im letzten noch mühsam beheizbaren Raum, Tante Liesbeth, Gretel, das Hausmädchen und die Sekretärin um den Tisch unter der einzigen schwach glühenden Lampe friedlich beisammen. Alle sind plaudernd mit einer Handarbeit beschäftigt – außer mir, die ich in ein Buch versunken bin. Plötzlich sagt die Tante: »Stört es dich nicht, wenn wir uns unterhalten?« – »O nein«, erwidere ich eilig, »ihr stört mich überhaupt nicht, mein Buch ist so spannend.« Darauf die Tante, spitz: »Aber du störst, wenn du unter lauter arbeitenden Menschen liest.« Ende der abendlichen Lesestunde. Arbeit muss wehtun – auch jenen, die dabei nur zufällig anwesend sind.

Dann der Russeneinfall. Wir jungen Frauen haben uns in dem alten, verwinkelten Haus in einer Kammer hinter einer schwer zu entdeckenden Türe versteckt. Die Tante, wie immer ein Fels in der Brandung, muss mit steinerner Miene mit ansehen, wie die Russen davonschleppen, was sie gebrauchen können. Natürlich haben sie das verborgene Lebensmittellager gefunden und die Butter, die Würste, die Speckseiten mitgenommen. Dann sind sie zufrieden abgezogen – aber nicht weit. Es waren offensichtlich aufrechte Kommunisten, die es den Kapitalistenschweinen ordentlich zeigen wollten, und sie trugen den Großteil ihrer Beute in die der Villa gegenüber gelegene Arbeitersiedlung. Als die Russen weitergezogen waren, wagten sich die Arbeiterinnen hervor und sie brachten die Butter, die Würste und die Speckseiten wieder zurück zur Chefin.

Die bürgerliche Ordnung der kleinen Stadt, der gesellschaftliche Konsens eines Mindestmaßes an Solidarität, begann dann aber auch dort in den letzten Kriegsmonaten und -wochen zu bröckeln. Der Ur-Instinkt zur Erhaltung des eigenen sowie des Lebens der nächsten Clan-Angehörigen durchbrach die strengen Tugendmaximen christlicher Nächstenliebe, wobei ich gar nicht versuchen möchte, mich als strahlende Ausnahmefigur darzustellen.

Was mich betrifft, so hat mich der scheinbar endlose Durchfall meines Babys mehr beschäftigt als die widersprüchlichen Meldungen des Wehrmachtsberichtes. Mein Entsetzen beim Anblick einer Kolonne durch den Ort wankender Elendsfiguren in grau-weiß gestreifter KZ-Kluft hielt sich in Grenzen angesichts der Sorge um meine Angehörigen im zerbombten Wien, von denen ich ohne Nachricht war.

Noch einmal regte sich kollektives Mit-Leiden, nachdem Dresden durch Dauerbombardierung in Schutt und Asche gefallen war und Zehntausende all ihr Hab und Gut verloren hatten. Viele wurden in Hartha aufgenommen, verpflegt und mit dem Nötigsten versorgt – weil es Verwandte, weil es Sachsen waren. Als jedoch bald darauf die Trecks mit Flüchtlingen aus den von den Russen eroberten Ostgebieten eintrafen, blieben die meisten Türen so lange verschlossen, bis man sich den amtlichen Einquartierungsbefehlen nicht mehr widersetzen konnte, ohne schwere Strafen zu gewärtigen.

Mich schaudert noch immer, wenn ich daran denke, wie mir einige Leute kurz nach Kriegsende nahe gelegt haben, mich mit meinem anderthalbjährigen Kind auf die Heimreise zu machen, weil es doch nicht anginge, dass ich, nun von allen finanziellen Ressourcen abgeschnitten, meiner Tante Liesbeth auf der Tasche läge. Auf meine verstörte Frage, wie ich das denn anstellen sollte in all dem Wirrwarr und ohne einzige Bahnverbindung nach Wien zu gelangen, bekam ich die ungerührte Antwort: »Die Frauen in den Trecks schaffen es ja auch mit ihren Kinderwagen.« Damals habe ich mit schmerzlicher Intensität begriffen, dass auch in Hartha, dem idealisierten Paradies meiner Kindheit, nur ganz gewöhnliche Menschen lebten. Solche und solche. Besonders »solcher« gedenke ich in fröstelnder Abscheu, die sich in den letzten Kriegstagen plündernd über ein Textillager der Wehrmacht hergemacht und wo, wie man mir berichtet hat, hoch angesehene Mitbürger sich gnadenlos um Flanellunterhosen und Uniformjacken geprügelt haben sollen.

Zurück aus den düsteren Tagen der Weltuntergangsstimmung in die sonnigen der unbeschwerten Kindheit: Immer herrschte schönes Wetter in Hartha.

Diese Behauptung ist ohne Frage blanker Unsinn, ein Täuschungsmanöver des Langzeitgedächtnisses, das fast zwanghaft trübe Erfahrungen, und sei es nur Schlechtwetter, verdrängt, um die goldenen Tage der Jugend zu glorifizieren. Schon in jedem Stammbuch aus der Schülerzeit stand mehr als einmal der simple Vers: »Mach es wie die Sonnenuhr, zähl die heitren Stunden nur.«

Es gab allerdings Begebenheiten, die sich so tatsächlich nur bei Schönwetter ereignen konnten. Wenn ich, das ist eine meiner frühesten Erinnerungen an Hartha, zu Füßen meiner Urgroßmutter Anna Jentzsch im Garten an dem kleinen, von Rosen umkränzten Teich saß, da musste es einfach sehr warm gewesen sein, denn sie litt an schwerer Arthritis; Feuchtigkeit und kühle Luft verschärften ihr Leiden. Sie konnte kaum mehr gehen und sie wird leicht wie ein Vögelchen gewesen sein, denn mein Großvater trug sie auf seinen Armen in den Garten, wo sie reglos in einem Korbsessel verharrte, bis sie wieder ins Haus transportiert wurde.

So winzig, so unbeweglich sie war, ich habe mich immer ein bisschen vor ihr gefürchtet, denn sie trug, und das schon seit dem fast zwanzig Jahre zurückliegenden Tod ihres Mannes, nur Schwarz, und sie hat niemals gelächelt, auch kaum mit mir gesprochen, höchstens kurze Anweisungen gegeben: »Mach nicht solchen Lärm«, »Hol mir ein Plaid, ich friere«, »Geh aus der Sonne. Sonne macht hässlich.« Sie hat es nie begriffen, dass jemand sich freiwillig der Sonnenbestrahlung aussetzen konnte, zu »ihrer Zeit« bevorzugten die Damen blasse Haut. Meine Großmutter musste sich als Kind und junges Mädchen, nachdem sie aus den Ferien nach Dresden heimgekehrt war, langwierigen Prozeduren mit bleichenden Mitteln auf feuchten Kompressen aussetzen.

Wenn ich genau nachrechne, dann war meine Urgroßmutter zu dieser Zeit knapp über siebzig Jahre alt. Ihre Fotos weisen sie – nach heutigen Begriffen – als eine mindestens hundertjährige Greisin aus, und auch meine Großmutter, damals so um die Mitte fünfzig, wirkt auf den Bildern nicht wie eine so genannte »junge Alte«, sondern bereits schon wie eine ziemlich »alte Alte«. Auf den Knien muss meine Frauengeneration der Kosmetik, dem Sport und einem stark gewandelten Modebewusstsein danken, dass wir nicht, ähnlich unseren Vorfahrinnen, aussehen wie die Mumien unserer selbst.

Ich war sehr glücklich, wenn ich den strengen Augen meiner Urgroßmutter entwischen und mich nützlich machen konnte, indem ich dem Großvater kleine Zureichungen bei der Gartenarbeit leistete, für die Großmutter Petersilie zupfte oder, Gipfel der glückseligen Wichtigtuerei, Hulda Hammer zur Hand gehen durfte, die alle vier Wochen ins Haus kam, um zu waschen. Sie war eine große schwere Frau, und wenn ich ihr Konterfei in meinem Erinnerungsalbum genau betrachte, dann ähnelt es stark dem Tatarenantlitz des Konrad Adenauer, ein bisschen Angst machend. Doch sie war eine freundliche Seele, und ich habe sie sehr geliebt, wenn sie mich, ihre »gutste Kleene« wortreich lobte, nachdem ich die auf dem Rasen zur Bleiche ausgelegten Wäschestücke diensteifrig aus meiner kleinen grünen Kindergießkanne mit Wasser besprengt hatte. Die Servietten trugen übrigens neben den eingestickten Monogrammen Ziffern und wurden in exakt ansteigender Zahlenreihe gehängt, Ordnung

Mit Großeltern und Urgroßmutter

musste sein. Niemals im Leben vergesse ich den Geruch von rasengebleichter, in Wind und Sonne getrockneter Wäsche. Dieser einzigartige Duft kann durch keinen raffiniertest ausgeklügelten chemischen Waschmittelzusatz vorgetäuscht werden, mag er noch so eindringlich als Quintessenz von »Sauberkeit und Frische« angepriesen sein.

Auch die beliebten »Schützenfeste« fanden nur bei stabiler Wetterlage statt, wobei ich, vom angebeteten Onkel Max Müller (»Berlatschen«) ausgestattet mit dem veritablen Vermögen von einer ganzen Reichsmark, zwei Attraktionen auf dem Rummelplatz bevorzugte. Das eine war ein Riesenrad, wo man in bequemen Gondeln einige Male hoch und nieder schwebte und auf dem Höhepunkt kaum jemals, manchmal aber doch, der Versuchung nachgab, auf die weit unten drängelnde bunte Menschenmenge hinab zu spucken. Eigentlich streng verboten war das »Teufelsrad«, eine sich rasant drehende spiegelglatte Holzscheibe, welche, durch die Fliehkraft verursacht, die darauf stehenden, liegenden, sitzenden und mörderisch quietschenden Menschen unweigerlich an die wohlgepolsterten Banden schleuderte. In der Mitte war ein kleiner Kreis ausgespart, an dessen rauer Oberfläche man sich, wie im Auge eines Orkans, bis zum Ende der Tour aufrecht halten konnte. Wem dies gelang, der erhielt einen kleinen Preis. Keine Frage, dass mir ein solcher niemals zugefallen ist, notabene ich ohnehin ob des verbotenen Tuns von Gewissensbissen verunsichert, schon bei den ersten Drehungen aus dem Spiel war.

Einmal, ein einziges Mal in meinem Leben hat mir während eines solchen Festes das vollkommene Glück des Spielers gelacht. Das war in Diedenhain, einem Dorf in der Nähe von Hartha, wo wir gelegentlich Verwandte meines Großvaters besuchten, stets jedoch zum dortigen sommerlichen Schützenfest. Es war weniger aufwändig gestaltet als das in Hartha, kein Riesen-, kein Teufelsrad. Ein kleines wackeliges Ringelspiel, ein mageres, dem Zusammenbruch stets nahes Pony, auf dem zu reiten die Kinder Schlage standen, eine Schaukel, ein Stand mit Limonade und Süßigkeiten. Und die Glücksbude: ein Bretterverschlag, voll gestopft mit Spielzeug aller Art, mit Puppen und mit einem kindsgroßen, bereits leicht angestaubten Teddybären, auf dem alljährlich mein begehrliches Auge haftete, obwohl nicht die geringste Chance bestand, dass er je in mein Eigentum übergehen könnte. Man musste um ihn würfeln und er war nur dann zu haben, wenn man dreimal hintereinander drei Sechsen aus dem Würfelbecher schüttelte. Die Wahrscheinlichkeit, dass dies jemals geschehen könnte, stand vermutlich eins zu einer Milliarde oder so ähnlich und der Spielbudenbesitzer konnte mit seinem Teddybär getrost und ruhigen Herzens von Schützenfest zu Schützenfest ziehen. Bis zu dem Tag, da die vierjährige Thea Knapp, genannt Puppi, seine trügerischen Hoffnungen zerstörte. Ich würfelte: drei Sechsen. Ich würfelte ein zweites Mal: drei Sechsen. Und auch beim dritten Mal: drei Sechsen. Dem armen

Mann verschlug es die Rede. Erst als ihn mein Großvater energisch dazu aufforderte, trennte er sich von dem Teddy.

Inzwischen hatte sich eine Menschentraube um die Bude gebildet, die Kunde von meinem sensationellen Glück hatte rasch die Runde gemacht. Ein dicker, rotgesichtiger Mann drückte mir den Becher in die Hand und forderte mich auf, für ihn, das heißt für seine Tochter, zu würfeln, in der Annahme, dass meine Glückssträhne sich fortsetzen würde. Was er sich als Preis erhofft hat, das weiß ich nicht mehr, der Teddy war ja weg. Und das ganz und gar Unwahrscheinliche geschah: noch zweimal würfelte ich hintereinander je drei Sechsen, beim dritten Wurf hat mich das Spielerglück verlassen. Das heißt, es hat mich für immer und ewig verlassen, nie mehr in meinem ganzen Leben konnte ich je mehr als einen Trostpreis ergattern.

Während des Krieges spazierten die so genannten »braunen Glücksmänner« durch die Lokale, die in einer Art von Bauchladen Lose zum Preis von fünfzig Pfennig feilboten. Als Gewinn winkten bis zu 1000 Mark. Mein damaliger Schwager, ein impulsiver und manchmal mehr als großzügiger Mensch, hat für mich einmal dem Glücksmann die ganze Partie abgekauft und mehr als 300 Mark – nicht viel weniger, als er in einem ganzen Monat verdiente – dafür bezahlt: herausgekommen sind magere zehn oder fünfzehn. Jahre später spendete ich unter anderem für eine Tombola eine handgestrickte Teehaube von sagenhafter Hässlichkeit. Ich kaufte fünf Lose und ergatterte einen einzigen Gewinn: die sagenhaft hässliche Teehaube. Noch einmal spielen? Nein danke. Alle mir vom Schicksal zugeteilten Chancen habe ich im Alter von vier Jahren in Diedenhain vertan ...

Soll ich in Gedankenschnelle typische Begriffe zu Hartha assoziieren, dann fallen mir auf der Stelle »Freiheit« und die »Trockenheit leer geweinter Augen« ein. Zu viele Tränen habe ich um die Gefährten meiner Kinder- und Jugendtage vergossen, jetzt geht es nicht mehr, nicht einmal nun, da sie sich beim Schreiben wieder vor meinem geistigen Auge materialisieren, als hätten sie soeben, lachend, winkend, von blühendem Leben strotzend, den Raum verlassen.

Wir waren eine Clique von acht bis zwölf Kindern und Halbwüchsigen, mit einem festen Kern und fluktuierenden Rändern. Zum inneren Kreis gehörten neben mir Gretel Matthes (landwirtschaftliche Maschinen), meine Cousinen Elisabeth (Perlmutterknöpfe) und Ruth (Ziegelei) sowie drei Jungen: Hans, Bruder von Gretel, Ernst und Christian Bürger, Söhne des Arztes von Hartha und Enkel des amtierenden Pastors. Alle drei sind im Krieg geblieben, keiner älter als Anfang, Mitte zwanzig. Im brennenden Panzer elend erstickt, von Granaten zerfetzt, für immer in den Weiten Russlands verschollen. Zu vergessen auch nicht Heinz Rabl-Werner, der Wiener Freund, einer der ersten Gefallenen im Kriegszug gegen Frankreich.

Sind sie alle mit stolzgeschwellter Brust, das Horst-Wessel-Lied auf den Lippen, freudig in den Krieg für »Führer, Volk und Vaterland« gezogen und haben sie dafür die »gerechte« Strafe kassiert? Mich erfüllt immer wütende Trauer und hilfloser Zorn, wenn die Glücklichen der späten Geburt selbstgerecht über alle jungen Männer meiner Generation herziehen, weil sie sich in den Dienst eines Verbrechers gestellt und sich damit selbst zu Verbrechern gemacht hätten – als ob ihnen eine andere Wahl geblieben wäre unter der Knute eines totalitären Staates.

Keiner meiner Freunde ist aus Leichtsinn, Übermut und dem »Führer« zuliebe ins Feld gegangen. Nicht Hans, der lustige Bruder Leichtfuß, der es wusste, sein Leben zu genießen, und vor allem sein Ingenieurstudium hinter sich bringen wollte, um in die Fabrik seines früh verstorbenen Vaters einzutreten. Nicht Christian und Ernst, zutiefst christlich-human erzogene Menschen mit hohem ethischen Verantwortungsbewusstsein, und schon gar nicht Heinz, dessen Eltern, so wie er, stramme Legitimisten waren, das heißt Anhänger der in ihren Augen allein legitimen Regierung des habsburgischen Kaiserhauses.

Die Mutter von Ernst und Christian hatte sich, knapp nach der Machtübernahme Hitlers, ein besonderes, ein lebensgefährliches Husarenstück geleistet, als sie zufällig dazu kam, wie zwei SA-Leute einen stadtbekannten Kommunisten zusammenschlugen. Die kleine, zierliche Frau schrie die beiden Rabauken so

Fünf aus der verschworenen Harthaer Clique: Gretel und Hans Matthes, Elisabeth Möbius, Christian Bürger, Thea Knapp (von links)

lange an, bis diese ganz kleinlaut wurden und auf Anweisung der »Frau Doktor« den schwer Verletzten brav in die Ordination ihres Mannes schleppten. Dieser Beweis christlicher Nächstenliebe hätte sie ins KZ bringen können.

Zwei sehr symptomatische Geschichten aus der eigenen Familie mögen meinen Standpunkt vielleicht noch verständlicher machen. Es war mein Schwiegervater, Feldmarschallleutnant Karl Leitner, der als einer der wenigen ranghöchsten Offiziere des Landes, in den ersten Märztagen des Jahres 1938, da sich die heraufdräuende Katastrophe bereits abzuzeichnen begann, mit Nachdruck dafür eintrat, dass Österreich sich, selbst mit seinen schwachen Kräften, dem bevorstehenden Einmarsch der deutschen Truppen entgegenstellen müsste. Nur so, und auch wenn Verluste drohten, könnte Österreich vor der ganzen Welt seinen Willen zum Widerstand und zur Selbstständigkeit beweisen, für die Zukunft ein Bonus in der Waagschale der Weltgeschichte.

Er wurde überstimmt, es kam so, wie es kam, deutsche Truppen überschritten in der Nacht zum 12. März die Grenzen, während in Wien ein paar Burschen von achtzehn, neunzehn, zwanzig Jahren, Mitglieder einer katholischen Studentenverbindung, sich in einer leer stehenden Fabrikhalle versammelten und an einem Karabiner hastig versuchten, schießen zu lernen, mit der fantastischen Vorstellung, dass sie die Kerntruppe einer österreichischen Résistance bilden könnten. Sie haben nicht lange experimentiert, da stürmten schon Wiener Polizisten, jeder einzelne bereits mit einer Hakenkreuzbinde auf dem Ärmel, in den Raum, nahmen die vaterlandstreuen Jünglinge fest, um sie, nach Aufnahme der Personalien, mit höhnischem Grinsen auf den Lippen nach Hause zu schicken.

Einer der Jungen war mein späterer Mann, Sebastian Leitner, und der lief zu seinem Vater, dem Feldmarschallleutnant, der noch wenige Tage zuvor am liebsten den Schießbefehl gegen Hitlers Invasionsarmee gegeben hätte. Dutzende Male hat er mir den denkwürdigen Dialog zwischen ihm und seinem Vater geschildert.

»Papa«, sagte er, »gib mir bitte meinen Pass und ein bissl Geld, ich geh in die Schweiz, ich bleib nicht hier.«

Der Vater schüttelte den Kopf und erwiderte beruhigend: »Aber geh, Bub, bleib da. Es wird schon nicht so arg werden ...«

»Es wird schon nicht so arg werden ...«: Dieser trügerischen Hoffnung hat sich damals nicht nur der an sich klar vorausblickende Offizier hingegeben – um wie viel mehr dann die Masse derer, die die kommenden Ereignisse in ihren schlimmsten Albträumen nicht vorausahnen konnten – sehr viele Juden eingeschlossen.

Sebastian Leitner blieb dennoch nicht in Wien, wo er schon polizeibekannt war, er ging, wohl überlegt und ganz bewusst, nach Frankfurt am Main, »in die Höhle des Löwen, wo mich niemand gesucht hat«, wie er sagte, und setzte sein Jura-Studium fort. Dort hat ihn sein Schicksal dann doch ereilt. 1942 wurde er eingezogen und er hatte zwei harte russische Kriegsjahre und fünf noch viel härtere Jahre in russischer Kriegsgefangenschaft vor sich.

Noch eine Geschichte zur Illustration? Hier ist sie. Es ist die meines Onkels Joseph, des Bruders meines Vaters. Er *war* ein Held, er *war* im Widerstand, er hat es mit seinem Leben gebüßt. Zwei Jahre nach Kriegsende ist er den fürchterlichen Nierenverletzungen erlegen, die ihm im KZ Mauthausen durch brutale Schläge zugefügt worden waren. Er hat es nicht verhindern können, dass Rudi, sein einziger Sohn, wie sein Vater ein in der Wolle gefärbter Sozialdemokrat, zum Militär musste und schon in den ersten Tagen an der Front gefallen ist.

Lauter Verbrecher?

Wenn wir einem gütigen Geschick Dank schulden, dann dafür, dass uns die Gabe, in die Zukunft zu schauen, verwehrt ist. Wie hätten sich die Tage unserer Kinder- und Jugendzeit in Hartha gestaltet, wäre den Jungen schon das Mal des frühen Todes sichtbar auf die Stirnen gebrannt gewesen? Das mag ich mir gar nicht vorstellen.

Dafür beginne ich immer mehr zu begreifen, wie wichtig diese Zeit war, um aus einem verschreckten, ständig eingeengten Einzelkind ein selbstbewusstes Individuum zu machen, das sich in der Gruppe durchzusetzen vermag.

In Wien waren für mich – wie auch für meinen Freund Friedel – überall Fallstricke gespannt, über die zu stolpern man ständig Gefahr lief, denn die oberste Maxime lautete, dass grundsätzlich alles verboten, was nicht ausdrücklich erlaubt war. Wie aber soll sich ein Kind zurechtfinden, das die allgemeinen Regeln noch gar nicht kennen kann?

Zwangsläufig ergibt sich daraus ein ständiger Regen von Geboten, die es strikt einzuhalten gilt. Geh nicht so krumm. Zieh kein Gesicht, Kinder haben fröhlich zu sein, und zwar immer. Mach dir die Hände nicht schmutzig. Zieh lange Strümpfe an, es ist kalt. Trage die Schultasche auf dem Rücken, nimm sie niemals in die Hand. Fünf Minuten vor der Zeit ist des Soldaten Pünktlichkeit. Sprich nicht, wenn du nicht gefragt wirst. Widerrede ist strafbar. Nimm einen anderen Schulweg, dort ist die bessere Luft. Iss den Teller leer. Nein, diese Schuhe ziehst du heute nicht an, nimm die braunen statt der schwarzen ...

Mir blieb vor Schreck fast das Herz stehen, als ich mich einmal in Hartha heftig ausrufen hörte: »Lass ihn doch die Schuhe anziehen, welche er will.«

Das war passiert: Mein Großvater kam aus dem Badezimmer spaziert, auf dem Kopf mit den dichten weißen Haaren ein schwarzes enges Netz, um die widerspenstige Pracht für den Tag in Form zu bringen, über der Oberlippe eine ebenfalls schwarze, am Hinterkopf zusammengebundene Schnurrbartbinde, um auch den Barthaaren korrekten Sitz zu verleihen. Diesen zugleich komischen wie skurrilen Anblick liebte ich sehr, ich weiß nicht warum – vielleicht weil ich alles an diesem stillen, gütigen Mann liebte. Er geht ins Schlafzimmer, kleidet sich an, plötzlich die scharfe Stimme meiner Großmutter: »Nein, Franz, die schwarzen Schuhe ziehst du heute nicht an, das Wetter ist viel zu schlecht.« Unverständlich, weil nur leise murmelnd, die Stimme meines Großvaters, darauf wieder: »Ich sagte doch die braunen, nicht die schwarzen.« Worauf ich ins Schlafzimmer stürze und schreie: »Lass ihn doch die Schuhe anziehen, welche er will.« Ich glaube, ich habe eine Tachtel bekommen, aber das weiß ich nicht mehr, zu groß war wohl mein Erstaunen über diese erste bewusste Subordination.

Die Erklärung für mein mich selbst überraschendes Verhalten fand ich erst Jahrzehnte später, als ich zum ersten Mal das grundlegende Werk »Geschichte der Kindheit« des großen französischen Historikers Philippe Ariès las, worin schlüssig nachgewiesen wird, dass die Sozialisation der Kinder im langen Lauf der Jahrhunderte vorwiegend – durch Kinder stattgefunden hat. Was zunächst absurd und unglaubwürdig klingt, wird logisch und durch unzählige Beispiele belegt, bewiesen. Die Mütter, am Bauernhof, im Handwerksbetrieb oder später als Fabrikarbeiterinnen, durch einen Zwölf- bis Vierzehnstundentag schon überlastet, hatten gar nicht die Zeit und die Kraft, sich im Einzelnen um jedes ihrer zahlreichen Kinder zu kümmern. So übernahmen zwangsläufig jeweils die Älteren die Erziehungsarbeit und lehrten die Kleineren in der täglichen Praxis, sich je nach der augenblicklichen Lage, einzufügen oder durchzusetzen. Abgesehen von den wenigen Reichen und noch wenigeren Adeligen, die ihre Kinder von anderen Leuten (Gouvernanten, Hofmeister, Klöster, Adelsschulen) großziehen ließen, funktionierte das System der gegenseitigen Kindererziehung bis weit ins 18. Jahrhundert.

Das Idealbild der (klein)bürgerlichen Mutter mit kaum mehr als zwei Kindern, die 24 Stunden am Tag um ihren Nachwuchs herumflattert, hat sich erst im 19. und 20. Jahrhundert voll entwickelt – mit den bekannten Folgen, nämlich, dass Jugendliche immer später flügge und selbstständig werden, 30-jährige Studenten keine Seltenheit sind, wohingegen ein heller Kopf vor zweihundert Jahren schon mit zwanzig Universitätsprofessor werden konnte. »Erwachsen« war man bis ins 18. Jahrhundert auf jeden Fall bereits mit 14 Jahren.

Ich glaube, dass ich bin, was ich bin, nicht weil meine Mutter Tag und Nacht an mir herumgezupft hat, mangels anderer wirklich sinnvoller Betätigungen, sondern weil ich das Glück hatte, in meiner Harthaer »Jugendbande« integriert zu werden.

Ich war die Jüngste, leider, wie ich zu meinem Gram feststellen musste, nicht die Kleinste, immer ein paar Zentimeter größer als die anderen Mädchen, und auch anfangs die Ungeschickteste und die Ängstlichste, niemals bereit oder auch nur im Stande, mich meiner Haut zu wehren. Ich musste es lernen, um nicht ewig den Kürzeren zu ziehen, ich musste bei jedem Unsinn mitmachen, ohne mich vor der Strafe der Erwachsenen zu fürchten, und so konnte es tatsächlich geschehen, dass ich für meinen Großvater Partei ergriff, ohne an die möglichen großmütterlichen Sanktionen zu denken.

Mein Meisterstück lieferte ich, etwa zwölf Jahre alt, an einem regnerischen Tag, an dem ich mich auf dem Dachboden des großelterlichen Hauses vergnügt und ein paar alte Sonnenschirme aufgestöbert hatte. Einer davon, weiß mit großen rosa Rosen, leider schon leicht rissig, gefiel mir besonders gut, und ich hatte nichts Eiligeres zu tun, als ihn auf der Straße im leise nieselnden Regen aufzuspannen, um ihn einer staunenden Öffentlichkeit vorzuführen. Doch die Straße war leer, niemand bereit, mich zu bewundern, bis auf Peter und Paul. Sie waren die Söhne des gegenüber wohnenden Postmeisters, zwei Raufbolde und Sprücheklopfer, an die niemand aus unserer Clique freiwillig auch nur angestreift wäre. Die beiden also kamen auf die Gasse, sahen mich mit meinem Rosengarten über dem Kopf und fingen laut zu höhnen und zu spotten an, über die dumme Gurke, die bei Regen mit dem Sonnenschirm herumging. Und was tat ich? Ich, die in Wien Herzklopfen und Kniezittern bekam, wenn ich allein ausgeschickt wurde, einen Laib Brot zu kaufen? Fuchsteufelswild klappte ich meinen kostbaren Schirm zusammen und ging wie eine Furie auf die beiden Jungen los. Die waren so erschrocken, dass sie widerstandslos das Hasenpanier ergriffen. Am nächsten Tag hat sich die Postmeisterin dann bei meiner Großmutter heftig beschwert, ich hätte einen der Jungen mit der Schirmspitze das Hinterteil angeritzt, doch die Großmutter lachte nur.

So streng und konservativ die Erziehung im Allgemeinen, in Hartha wie in Wien, war, so viel Freiheit wurde den Jugendlichen zugestanden, während der Ferien zu tun und zu lassen, was ihnen Spaß machte. Viel Zeit haben wir auf den de facto verkehrslosen Straßen zugebracht, Ball spielend, einander fangend, der alten Ronneberger nachrennend und ihr »neie Gartuffln, neie Gartuffln« nachäffend. Wir sind über die Zäune der hinter den Häuserreihen gelegenen Gärten geklettert und haben Obst geklaut, wir haben im feinen Lößstaub der Ziegelei herumgewühlt und uns von oben bis unten dreckig gemacht, wir haben im Garten der Perlmutterknopffabrikanten-Villa Croquet gespielt und wir sind wie die Wahnsinnigen mit den Rädern über die staubigen Landstraßen gerast. Meine Freunde haben mir durch das, was man heute in der Verhaltenspsychologie ein Crash-Programm nennen würde, die Angst vor dem Radfahren genommen, sie haben mich sogar dazu gebracht, im Freibad Geringswalde, wo wir an allen schönen Tagen herumlungerten, vom Dreimeterbrett zu springen, obwohl ich das gefürchtet habe wie die Pest, nachdem ich (bereits im vorigen Kapitel erwähnt) hatte zusehen müssen, wie meine Mutter nach einem solchen Sprung um ein Haar ertrunken wäre. »Trau dich, du kannst das, du weißt nur nicht, dass du es kannst«, ermunterten mich die großen Jungen, wobei sie allerdings so viel Verantwortungsbewusstsein aufbrachten, die Kleineren unter uns nie in wirklich gefährliche Situationen zu treiben.

Was wir bei Schlechtwetter gemacht haben – ich weiß es nicht, zu sehr überwiegt die Erinnerung an die schier grenzenlose Freiheit außerhalb der vier Wände – noch dazu die Erfüllung eines kaum jemals angedachten heimlichen Wunsches: Auch bei uns in Wien gab es Kinder, vor allem Buben, die auf den Straßen spielen und sich vergnügen durften, von unseren Eltern verächtlich als »Gassenbuben« abqualifiziert, die man zu meiden hätte wie einen Lungenkranken.

Die einzige ungezügelte Bewegungsfreiheit war mir in Wien beim Rollerfahren erlaubt. Außer Sichtweite der begleitenden »Großen« durfte ich mit meinem »Triton«, wie dieses elegante Gefährt mit gummibereiften Rädern hieß, durch die hügelige Anlage des Türkenschanzparkes streifen, von geradezu euphorischen Gefühlen beflügelt. Diese Glückseligkeit fand ein ziemlich abruptes Ende in jenem Jahr, da ich haltlos heulend aus dem Turnsaal geflohen war, nachdem die Lehrerin uns, wie zu Schulbeginn und -ende üblich, unter die Messlatte gestellt hatte und notierte, um wie viele Zentimeter wir in der Zwischenzeit gewachsen waren. Bei mir waren es ganze zwölf! Kein Ende meines ewigen Leidens als viel gehöhnte Bohnenstange in Sicht!

Dieser Wachstumssprung hatte natürlich auch seine Auswirkungen auf das Rollerfahren. Grotesk und hilflos verkrümmt, ein lächerlicher Anblick, klammerte ich mich an die Lenkstange, bis der Rücken unerträglich schmerzte, und mit den langen Beinen wusste ich ohnehin nicht, wohin. Gramgebeugt sehe ich mich auf einer Parkbank sitzen, den Roller umklammernd wie einen geliebten Freund und düsteren Gedanken nachhängend. Was, so sinnierte ich, hätte mir das Leben denn noch zu bieten, wenn ich diesem herrlichen Vergnügen nicht mehr frönen könnte?

Ähnliche melancholische Überlegungen quälten mich ein, zwei Jahre später, während wir in der »Wustung«, einem kleinen Waldstück in Kieselbach, Räuber und Gendarm (oder waren es »Indianer«?) spielten und ich mich in einer Holzhütte, auf einem

Haufen Stroh hockend, versteckt hielt. Die fröhlichen Stimmen der Freunde kamen näher, entfernten sich wieder, verhallten zwischen den Büschen und Bäumen. Das Ende des heutigen Spieles? Das Ende vielleicht für immer? Und was dann? Trübe Trostlosigkeit des Erwachsenen-Daseins. Würde das Leben dann überhaupt noch nennenswerte Inhalte haben?

Ein paar Tage später waren wir, die verschworene Clique, sowie ein paar Freunde und Freundinnen von Hans aus seiner Schule in Döbeln in dessen Zimmer versammelt, adrett gekleidet, um irgendein Fest zu feiern. Ich, wie immer die Jüngste und wie immer die unglückliche Längste, hockte etwas abseits, während die anderen in Gruppen beieinander standen und sich unterhielten, während aus dem Grammofon Schlagermusik erklang, so etwas wie: »Schön ist jeder Tag, den du mir schenkst, Marie Luise ...«

Die Mädchen trugen durchwegs hübsche Sommerkleider, der letzten Mode folgend bis über die Waden lang, die Jungen lange Hosen, was sie sehr erwachsen und männlich aussehen ließ. An Hans' Schreibtisch lehnte ein Mädchen, das ich zum ersten und zugleich zum letzten Mal sah, dessen Namen ich aber niemals vergessen werde: Lisa Maus aus Döbeln. In der einen Hand hielt sie sehr anmutig ein Glas, in der anderen, bestechend elegant, eine glühende Zigarette: Sie sagte nichts, sie lächelte nur leise und blickte unter halb geschlossenen Lidern auf Hans. Der sah sie mit einem schwimmenden Blick an, wie ich ihn noch nie an ihm beobachtet hatte und den ich ganz und gar nicht zu deuten vermochte.

Mit einem Schlag wurde mir jedoch bewusst, dass ich in diesem Raum voller junger Menschen die Einzige war, die noch das kurze Röckchen der Kinder trug. Beschämt und verzweifelt versuchte ich den Saum über meine mageren Knie zu ziehen. Irgendetwas Entscheidendes war geschehen, das fühlte ich deutlich, ich wusste nur noch nicht, was.

Beim nächsten Mal wollte sich die unbeschwerte Lust am Indianerspiel gar nicht einstellen. Tief drinnen regte sich eine Ahnung, dass es jenseits davon noch irgendetwas geben musste, das dem Leben Sinn geben könnte. Ich war dreizehn Jahre alt.

5

»Darüber spricht man nicht«

Drei Jahre später habe ich die erste Gelegenheit versäumt, von einem jungen Mann geküsst zu werden, nicht, weil ich kein Verlangen, vor allem aber Neugier, gespürt hätte. Ich sagte nein, weil ich zu viel Angst hatte.

Nicht alle, doch sehr viele Frauen meiner Generation wurden als junge Mädchen von schizoiden Angstzuständen geplagt. Die Angst vor der Bestie Mann, die nichts anderes im Sinn trug, als unschuldige Mädchen ihres unwiederbringlichen, kostbarsten Besitzes, der Jungfernschaft, zu berauben, um sie nachher schnöde sitzen zu lassen, und der Angst, keinen Mann, somit finanzielle Sicherheit sowie einen anerkannten Status zu finden.

Wie sehr diese Angst begründet war, musste eine meiner Freundinnen erfahren, nachdem sie sich noch nicht einmal vom ersten schockierenden Erlebnis der Hochzeitsnacht erholt hatte. Kalt und ohne eine Spur von Ironie erklärte ihr soeben angetrauter Ehemann: »Ich hätte dich von der Bettkante geschmissen, wenn ich draufgekommen wäre, dass du schon mit einem anderen geschlafen hättest.« Überflüssig zu sagen, dass er bis dahin in zahllosen Betten »Erfahrungen« gesammelt hatte, ob nur bei Prostituierten, das mag dahingestellt sein. Hätte sich ihm ein »besseres« Mädchen hingegeben, er hätte es verachtet und nie geheiratet. Der Anspruch auf die berüchtigte »jus primae noctis«, das Recht auf die erste Nacht, war vor einigen Jahrzehnten noch weiter verbreitet, als man annehmen möchte, zumindest in der Gesellschaftsschicht, in der ich groß geworden bin.

Man musste also seine Gefühle und seine Hormone fest im Zaum halten, um die Grundbedingung für eine standesgemäße Ehe zu erfüllen. Dass man nicht heiraten würde, das war eigentlich unvorstellbar, und so verwundert es nicht, dass praktisch vom Tage meiner Geburt an darauf hingearbeitet wurde. Sofort legte mein Vater eine Batterie Weinflaschen in den Keller, die zu meiner Hochzeit geleert werden sollten, und meine Mutter trug, wie ein Eichhörnchen im Herbst, unter schwierigsten finanziellen Bedingungen zwei Jahrzehnte lang meine Aussteuer zusammen, alles vom Besten, alles vom Feinsten. Als ich 1942 zum ersten Mal heiratete, hätte man drei durchschnittliche Bräute mit Bett- und Tafelwäsche, mit Hand- und Badetüchern, mit Silber, Kristall und Porzellan ausstatten können.

Warum, so fragt man sich heute, haben die Mädchen nicht etwas Ordentliches gelernt, um notfalls auf eigenen Füßen stehen zu können und nicht auf den Erstbesten angewiesen zu sein, der um ihre Hand anhielt oder, wie es gerne ein wenig vulgär ausgedrückt wurde, rechtzeitig »eingefangen« worden war? Weil – und das bezieht sich natürlich wieder nur auf meine spezifischen Kreise – eine solide Berufsausbildung im Grunde genommen hinausgeworfenes Geld war. Die Männer setzten ihren höchsten Ehrgeiz daran, dass ihre Frauen es »nicht notwendig« haben sollten, eigenes Geld zu verdienen. Es hätte ihren Mannesstolz verletzt, hätte man ihnen unterstellt, nicht allein für ihre Familie sorgen zu können. In jenen Schichten, wo die Gehälter der Männer am Rande oder unter dem Existenzminimum lagen, war es hingegen seit jeher zwingend notwendig, dass die Frauen mitarbeiteten, dort spielte auch vorehelicher Sex, ja oder nein, längst keine Rolle mehr.

Symptomatisch für die Umstände, unter denen ich herangewachsen bin und auf das Leben vorbereitet wurde, ist die Tatsache, dass meine Eltern meinem Berufswunsch, eine berühmte Malerin zu werden, nicht Einhalt geboten. Sie konnten sich einfach nicht vorstellen, dass ich je einen soliden Beruf brauchen könnte, ich würde sowieso heiraten, sollte ich also die Zeit bis dahin mit Malen verbringen. Dass sie mich dennoch angehalten haben, auf der Universität die »Kleine Dolmetschprüfung« in Französisch zu machen, entsprang sicher weniger rationalem, in die Zukunft orientiertem, sondern Prestige-Denken. Französisch war nun einmal die Sprache der Gebildeten, es gehörte zur vollkommenen Mädchen-Erziehung.

Aber es gab bestimmt noch einen weiteren Grund, warum die Männer es ablehnten, dass ihre Frauen auf irgendeinem Gebiet Karriere machten. Sie wollten anschmiegsame Wesen, die zu ihnen aufschauten und, Gott behüte, keine eigenen Gedanken, womöglich auch noch gegensätzliche Meinungen entwickeln. Dieses Gockel-Verhalten ist auch heute noch weit verbreitet, nach dem Zweiten Weltkrieg, als ich zum zweiten Mal heiratete, war es überwiegend. Drei Tage vor der Hochzeit nahm der Trauzeuge meines Verlobten diesen zur Seite und versuchte ihn mit allen Mitteln zu überreden, von dieser unglückseligen Verbindung abzulassen, die ihn, den Bräutigam, in den seelischen Ruin treiben würde. Begründung: »Sie ist eine Intelligenzbestie, sie wird dir widersprechen, lass von ihr. Schau dir meine Frau an, die ist schön und blöd, gut im Bett und in der Küche, und sie macht den Mund nicht auf.« Noch viele Jahre später, nachdem mein Mann mir von dieser Episode berichtet hatte, war ich fuchsteufelswild geworden, weil er den sauberen Trauzeugen nicht zum Teufel gejagt hatte, und es entwickelte sich ein handfester Krach – bis wir uns, glucksend vor Lachen, in die Arme sanken.

Das Dasein einer so genannten höheren Tochter in Wien war, wie man sieht, nicht einfach. Bei mir jedoch kam strafverschärfend hinzu, dass meine Mutter, obwohl schon Jahrgang 1895, ihre Wert- und Moralvorstellungen aus dem 19. Jahrhundert bezog, zum Quadrat erhoben durch die geistige Enge der Kleinstadt, an der die intellektuellen Um- und Aufbrüche der Jahre vor und nach dem Ersten Weltkrieg spurlos vorübergegangen waren. Wo man, wie mir meine Großmutter glaubhaft versicherte, einen Gassenhauer bereits als anstößig empfand, dessen harmlos-platter Text folgendermaßen lautete: »Will mich einmal ein lieber Freund besuchen,/ soll er mir sehr willkommen sein./ Ich lad ihn ein zu Kaffee und zu Kuchen/ und auf ein Glas Champagnerwein./ Dann setzen wir uns hin, wohl auf das Kanapee/ und singen: Dreimal hoch das Kanapee.« Mit einem Freund, womöglich allein auf dem Kanapee – wer weiß, was dort alles passiert ...

Es gab Sprachregelungen, die einzuhalten strikt geboten war, wollte man sich nicht einen Verweis zuziehen. Eine Frau war nicht schwanger, sondern in anderen Umständen, das monatliche Unwohlsein hieß »der Besuch«, Hosen wurden ausschließlich »Beinkleider« genannt. Eine Dame saß immer aufrecht, die Knie eng geschlossen, niemals Beine übereinander schlagen, spreizen, und sei es nur andeutungsweise, war verabscheuungswürdig.

Es versteht sich von selbst, dass die Kleidung der Heranwachsenden möglichst unauffällig zu sein hatte, um bei Männern nicht zu viel Aufmerksamkeit und verbotene Gelüste zu wecken. Kein Hauch von Puder oder gar Lippenstift und Nagellack. Mit Schaudern denke ich noch daran zurück, wie ich mich fühlte, als ich meine erste Tanzstunde beim Elmayer besuchte, hochgeschlossen, von oben bis unten dunkelblau, am Hals eine fadendünne Leiste aus fliederfarbenem Samt – und rundherum ein leuchtender Blumengarten hinreißender Garderoben, lachend und kokett zur Schau gestellt. Ich kam mir vor wie Aschenputtel und weit und breit keine gute Fee, die mich aus meinem dunklen Sack erlöste. Aber was hätte ich mit der ganzen Feenpracht wohl anfangen sollen, insbesondere mit den goldenen Schühchen? Bei Größe 42!

Rätselhaft bleibt mir, wie man sich derart, zum Dasein einer grauen Maus verurteilt, eigentlich einen Mann angeln sollte, wenn es anderen Mädchen gestattet war, ihre Vorzüge offen zur Schau zu stellen und auch noch zu unterstreichen. Mein Selbstbewusstsein schwankte ständig um den Nullpunkt, wozu noch meine für die damalige Zeit außergewöhnliche Größe beitrug, die so manchen Jüngling hohnvoll fragen ließ: »Ach Fräulein, wie ist denn die Luft da oben?«

In der Tanzstunde gab es nur drei Burschen, die größer waren als ich, sowie drei weitere, die mit Mühe meine Maße erreichten. Alle anderen, etwa zwanzig an der Zahl, waren kleiner. Und was passierte? Sehr oft stürzten sich meine potenziellen Tänzer just auf die viel kleineren Mädchen, was mir heute, da ich die Mentalität der Männer besser kenne, leicht begreifbar ist: Sie wollten Partnerinnen, die nicht nur geistig zu ihnen hinauf blickten, sie bevorzugten Frauen, die auf Grund ihrer Zartheit nach Anlehnung und Unterwerfung zu lechzen schienen.

Das Trauma wirkte noch bis weit in mein Erwachsenenleben hinein. Ich war schon mehr als dreißig Jahre alt und zum zweiten Mal verheiratet, als ich mich davon befreien konnte. Ich saß am Fensterplatz einer Straßenbahn, als an einer Haltestelle ein sehr gut aussehender Mann vorbei ging und ruckartig den Kopf herumwarf, um mich näher in Augenschein zu nehmen. Bis dahin – und ich schwöre, das ist die volle Wahrheit – hatte ich immer geglaubt, Männer drehten sich wegen meiner abnormen Länge nach mir um ...

Die bei einem Damentee einmal kurz aufflackernde Hoffnung, dass ich doch nicht so unansehnlich wäre, wie ich es immer glaubte, wurde von meiner Mutter mit einem Satz zunichte gemacht. Eine der Damen sagte, nachdem ich artig vor ihr geknickst hatte, anerkennend: »Sie scheint recht hübsch zu werden, die Kleine.« – »Das ist nur der Schmelz der Jugend«, erwiderte meine Mutter trocken, »und der vergeht sehr bald.« Ich glaube, sie hatte wirklich Angst davor, dass ich attraktiv und damit sündigen Versuchungen ausgesetzt werden könnte.

Aufklärung hat nicht einmal ansatzweise stattgefunden und es muss mich eine solche Aura, gemischt aus Torheit und ängstlicher Abwehr aller für mich unstatthaften Themen umgeben haben, dass mich meine Schulkolleginnen automatisch ausschlossen, sobald eines davon zur Sprache kam. Und sie haben, das weiß ich genau, oft darüber geredet. Aber immer ohne mich. Einmal standen sie, die Köpfe zusammengesteckt, kichernd beisammen, verstummten aber in dem Augenblick, da ich mich näherte und wissen wollte, was es denn zu lachen gebe. »Das verstehst du ohnehin nicht, frag nicht weiter«, war die kurz angebundene Antwort.

Nachher nahm ich meine Freundin Marika Hellsinger zur Seite, die ich bei der Gruppe gesehen hatte, und fragte sie nach dem Grund der allgemeinen Heiterkeit. Man habe, erzählte sie, über den berühmten Burgschauspieler A. gesprochen.

»Und – was ist daran so interessant?«

Marika senkte die Stimme und flüsterte: »Er ist verkehrt veranlagt.«

»Was heißt das?«

Marika zuckte die Achseln: »Das weiß ich leider auch nicht.«

Sie hat mich bestimmt nicht angelogen, sie war von einer überstrengen Gouvernante genauso unwissend gehalten wie ich. Bei Tisch erzähle ich die Geschichte meinen Eltern und bat um eine Erklärung. »Darüber spricht man nicht«, entgegnete meine Mutter scharf. Damit war das Thema für immer erledigt.

Dann kam aber doch der Moment, da sie zumindest einen Zipfel des Geheimnisses lüften musste. Der Zipfel war aber so winzig, dass ich nachher genauso klug war wie zuvor, nein, schlimmer noch, das marginale Wissen, das sie mir vermittelte, hätte Jahre später um ein Haar eine Katastrophe zur Folge gehabt.

Es begann mit einem Skandal, von dem die ganze Schule sprach, über dessen Ausmaße und Details wir aber im Unklaren gelassen wurden. So viel sickerte durch, dass zwei minderjährige Schülerinnen einen damals sehr bekannten Burgschauspieler und Mädchenschwarm in seiner Wohnung besucht hatten. Was dort passiert war, das erfuhren wir nicht, aber es musste etwas mit Bienen und Blüten zu tun gehabt haben.

Jedenfalls tauchte unsere Frau Direktor Cornelia Much, eine Ehrfurcht und Schrecken verbreitende Walküre, die zu unser aller Gaudium stets Gesundheitsschuhe, Donauschleppern nicht unähnlich, trug, in der Naturgeschichtsstunde auf und sagte, dass uns Frau Dr. Abels aus gegebenem Anlass Wichtiges mitzuteilen habe. Unsere ulkige kleine Naturgeschichtslehrerin, die stets einen weißen Ärztekittel trug und von der es hieß, dass ihre ganze Leidenschaft dem Sezieren von Kleintieren gelte, zog eine ernste Miene und dozierte eine volle Stunde lang über Blumen und Bienen, um dann vage hinzuzufügen, dass es sich bei den Menschen ähnlich verhielte.

Ich war zwar ein ignorantes Schaf, dennoch war mir aufgedämmert, dass der ganze Sermon auf geheimnisvolle Weise mit dem offensichtlich verwerflichen Besuch der beiden Schülerinnen beim Burgschauspieler zusammenhing und die Geschichte von den Bienen und den Blüten sich darauf bezog, was zwischen dem Mann und den beiden Mädchen geschehen war. Also fragte ich meine Mutter offen heraus, wie das nun funktioniere zwischen Mann und Frau, als dessen Folgen die Damen »in andere Umstände« kämen und mit einem dicken Bauch herumspazierten, was, auch das wusste ich, entweder ein großes Glück oder eine große Schande war, deretwegen junge Mädchen aus dem Haus gejagt wurden und schließlich ins Wasser gingen.

Auch meine Mutter hat sehr lang, sehr liebevoll mit mir gesprochen, dabei meine Hand gehalten oder die Wangen gestreichelt. Das Fazit der gewundenen Erklärungen ließ sich in einem einzigen dürren Satz zusammenfassen: »Wenn eine Frau und ein Mann einander sehr innig umarmen und sich aneinander drücken, dann entsteht neues Leben.« Zusatzinformation: Selbstverständlich ist das nur Verheirateten gestattet, wenn es Unverheiratete tun, dann ist es eine sehr große Sünde, die vom lieben Gott angemessen bestraft wird.

Da auch ein Vorstoß, mich unter meinen Mitschülerinnen kundig zu machen, wie eigentlich nicht anders zu erwarten, auf eine Mauer des Schweigens stieß, versuchte ich mein Glück in Köszeg, wo es eine umfangreiche Bibliothek gab, die nicht, wie in meinem Elternhaus, hinter den streng verschlossenen Türen eines großen Glasschrankes eingesperrt war.

Einmal im Jahr, entweder zu Anfang oder am Ende der Sommerferien, fuhren wir für einige Tage nach Köszeg, um Tante Resi und Onkel Edi zu besuchen, sehr zu meinem Missvergnügen, denn ich langweilte mich dort fast zu Tode. Sie hatten keine Kinder, nicht einmal einen Hund oder eine Katze, die einzige Abwechslung bestand aus Spaziergängen oder kurzen Gesellschaftsspielen, an denen der Onkel nicht teilnahm, weil er überhaupt kein besonderes Interesse an irgendwem oder irgendetwas zeigte.

Er litt an einer Krankheit, nach der zu fragen oder die überhaupt nur zu erwähnen nicht erlaubt war, und er war an den Rollstuhl gefesselt, anscheinend auch bei größter Hitze immer frierend, denn über seinen Knien lag stets eine dicke Decke und auf seinem lang gezogenen El-Greco-Schädel trug er eine Schirmmütze, auch im Haus, das er niemals verließ. Die bleichen, knochigen Hände lagen reglos auf der Decke, den Mund machte er äußerst selten auf, obwohl er ein wunderschönes, völlig akzentfreies Deutsch sprach. Sein Gesicht war der Maske des weißen Clowns nicht unähnlich, das Erschreckendste waren seine Augen, die zwar tief in den Höhlen lagen, aber auf merkwürdige Weise schwarz funkelnden Jet-Steinen glichen. Manchmal hob er die rechte Hand, machte den Zeigefinger krumm und winkte mich zu sich, um mir dann stumm über die Haare zu streicheln. Tante Resi war dann jedes Mal außer sich vor Entzücken und jauchzte: »Ist er nicht lieb, dein Onkel Edi?« – »Ja«, hörte ich mich mit piepsiger Stimme sagen, »der Onkel Edi ist sehr lieb.«

Eigentlich habe ich mich eher vor ihm gefürchtet und über seinem dunklen Geheimnis gegrübelt, was aus dem einst »flotten Edi« ein solches Wrack gemacht haben könnte. Etelka-Neni, die Köchin, die gut deutsch sprechen gelernt hatte in der Zeit, seit meine Mutter von ihr im Kochen unterrichtet worden war, erzählte mir schaurig-schöne Geschichten vom Onkel Edi, der als junger Mann ganz Köszeg in Aufruhr gebracht haben soll. Berühmt-berüchtigt sei seine Verbrüderung mit einer Zigeuner-Kapelle gewesen, die er am Ende einer durchzechten Nacht, in den allerfrühesten Morgenstunden laut musizierend durch die schlafende Stadt zum Fenster des einen oder anderen schönen Fräuleins getrieben habe, um der Angebeteten ein lärmendes Ständchen zu bringen.

Ungebrochen war noch immer sein Appetit auf exquisites Essen und erstklassige Weine, was man ihm nicht ansah, denn er war so dünn wie Suppenkaspar in seiner letzten Phase. Zu meinem Gram wurde stundenlang getafelt und Etelka-Neni schien sich von einer zur anderen Mahlzeit immer wieder aufs Neue zu steigern. Da ich eine miserable Esserin und an jeglicher Nahrungsaufnahme gänzlich uninteressiert war, ist mir keine der hoch gepriesenen Speisefolgen in Erinnerung geblieben, mit einer Ausnahme – die mir auch erst Jahrzehnte später klar bewusst wurde, nachdem mein Mann und ich von Freunden ins Burgenland zum Spanferkel-Essen eingeladen worden waren. Als das am Spieß gebratene mopsgroße, von Fett triefende Schwein, das man zum Spanferkel deklariert hatte, aufgetischt wurde, erinnerte ich mich der unübertroffenen Delikatesse aus der Küche der guten Etelka-Neni: Das knusprig-braune Spanferkel, das sie servierte, war schmal und nicht viel länger als anderthalb Handspannen, die vier Erwachsenen hatten, nach Suppe und Vorspeise, gerade genug damit, für mich sind nur ein paar wenige Bissen abgefallen. Die haben mir allerdings besser geschmeckt als alles, was ich je zuvor gegessen hatte.

Nach Tisch pflegten die Erwachsenen zu ruhen, und zwar lang und ausgiebig, und ich wurde zu Anna Kovacs geschickt, ein Mädchen, das einige Häuser weiter wohnte, in der irrigen Annahme, dass ich mit Anna »schön spielen« würde. Ich weiß nicht, was Erwachsene so sicher macht, dass Kinder automatisch sich mit anderen verstehen und »schön spielen« können, nur weil das auch Kinder sind. Ich jedenfalls konnte es nicht, was daran lag, dass Anna nur wenig deutsch sprach, eine abscheuliche Puppe hatte, die sie ohnedies nicht aus der Hand ließ, Ballspielen hasste, nicht schwimmen konnte und noch schneller Seitenstechen bekam als ich, wenn sie schnell laufen musste. Irgendwie habe ich es den Erwachsenen dann doch beigebracht, dass mit Anna nichts anzufangen wäre, und ich durfte mich nach Tisch in die lauschige Laube des weitläufigen Gartens setzen, um »ein gutes Buch« zu lesen.

Überraschenderweise wurde mir gestattet, meine Lektüre aus Onkel Edis umfangreicher Bibliothek selbst auszuwählen, wohl in der Annahme, dass ich kein jugendverderbendes Gift erwischen würde, weil die meisten Werke in ungarischer oder französischer Sprache abgefasst waren, abgesehen von einem mindestens 24-bändigen Lexikon und einer bibeldicken Ausgabe von »1001 Nacht«. Wenn meine Eltern nur einen Blick hineingeworfen hätten, sie hätten mir das Buch sofort entrissen, denn es war die ganz und gar ungekürzte, unzensierte, absolut nicht jugendfreie Version der alten Märchengeschichten. Dennoch, sie hätten sich nicht allzu viele Sorgen machen müssen, denn ich verstand die in äußerst verschnörkelter Sprache geschriebenen detailreichen Schilderungen der 1001 Nächte ohnehin nicht, ahnte nur, dass sie vielleicht etwas mit den für mich unter 1001 dunklen Schleiern liegenden Geheimnissen des wirklichen Lebens etwas zu tun haben könnten. Bestärkt wurde ich in dieser Annahme durch die farbenfrohen Illustrationen, auf denen mandeläugige Schöne fußballgroße Brüste vor sich hertrugen und pluderhosige Herren ihre Hände an Orten ruhen ließen, wo sie, meiner bescheidenen Meinung nach, nicht das Geringste zu suchen hatten.

Als Nächstes durchforschte ich systematisch das Lexikon und ich wurde zu meiner Überraschung auch fündig, ich weiß nicht mehr, unter welchem Stichwort, vielleicht war es »Anatomie des Menschen«, vielleicht nur »Mensch«. Jedenfalls gab es da prächtige Schautafeln, und zwar Darstellungen des weiblichen und des männlichen Körpers in mehreren Schichten übereinander. Man sah auf dem ersten Blatt den ganzen Corpus mit Haut, dann auf dem nächsten die Muskeln, dann die Blutgefäße, gefolgt von den inneren Organen, schließlich das Skelett. Das, was mich am meisten interessierte, war in dem Lexikon auch nicht zu finden, und ich war genauso schlau wie zuvor. Ich wusste, dass da irgendetwas sein musste, auch wenn ich nie zuvor einen nackten Menschen gesehen hatte, nicht einmal meine Eltern traten mir vor die Augen, ohne in ein Badetuch gewickelt zu sein.

Mangels Aufklärung und anderweitiger Unterhaltung durch die Anatomie-Bilder vertiefte ich mich genussvoll in den Beitrag unter dem Stichwort »Missbildungen des menschlichen Körpers« und ergötzte mich an den Abbildungen einer Dame mit Vollbart und eines Jungen, dessen Steiß ein zentimeterlanger Schweif entspross.

So war ich langsam bis zum fünfzehnten Lebensjahr herangewachsen und für reif genug befunden worden, Tanzen und gute Manieren, das heißt wohl, *noch bessere* Manieren, in der berühmten Wiener Tanzschule Elmayer beigebracht zu bekommen. »Der Elmayer«, ein ehemaliger Rittmeister, residierte in einem noblen Palais der Wiener Innenstadt, und jede Familie, die etwas auf sich und ihre Kinder hielt, ließ diese dort für das Entrée in die Gesellschaft vorbereiten.

Wieso »der Elmayer« einen so unschlagbar guten Ruf genoss, das ist mir immer noch unklar. Er war ein kleiner dünner Mann mit den für Kavalleristen typischen O-Beinen und er kommandierte uns herum, als wären wir begriffsstutzige Rekruten auf dem Kasernenhof. Unsere Partner waren Angehörige der Militärakademie in Wiener Neustadt, also angehende Offiziere, gewohnt, geschurigelt zu werden, aber auch wir Mädchen wagten es nicht, aufzumucken – ich schon gar nicht, wie man sich denken kann. Ich war froh, wenn ich einen halbwegs in der Größe passenden Tänzer fand und nicht, wie es mehr als einmal passiert ist, mit einem Jüngling das Bein schwingen musste, über dessen Scheitel ich ohne Schwierigkeiten hinwegblicken konnte.

Die Herren, selbstverständlich in blütenweißen Zwirnhandschuhen, hielten uns denn auf die streng gebotene Distanz – allerdings nur, wenn wir, zur hämmernden Klaviermusik, im großen Saal unter den wachsamen Augen des Herrn Rittmeisters dahinwalzten. Wurde das Gedränge zu groß, dann durfte man auch in den Nebensaal ausweichen, und es kam dann doch recht häufig vor, dass ein junger Mann ein junges Mädchen enger an sich zog, als es laut rittmeisterlicher Dienstvorschrift erlaubt war.

Nach ein paar Monaten in der Tanzschule war ich ein wenig lockerer geworden, und ich hatte einen Burschen gefunden, der mir sehr gut gefiel und dessen Auge auch mit unübersehbarem Wohlwollen auf mir zu ruhen schien: von oben herab, denn er war doch, man glaubt es kaum, einen halben Kopf größer als ich und unzweifelhaft der bestaussehende, von allen Mädchen stürmisch begehrte Tänzer. Immer öfter schaffte er es, mit mir, sich elegant durch die Menge schlängelnd, in den Nebensaal zu entweichen, mit seinen Lippen über meine Haare zu streifen und mir »schönes Herzerl«, oder etwas Ähnliches zuzuflüstern, wobei er mich beim Tango so eng an sich drückte, dass mir fast die Luft wegblieb.

Süße Wonne, grenzenlose Seligkeit – ein paar paradiesische Tage lang, bis die Mutter sagt: »Was ist los, ich mache mir Gedanken, dein Besuch (Codewort für die Regel) ist überfällig.« Ich, noch ganz unbekümmert: »Aber er hat doch schon manchmal auf sich warten lassen.«

Sie, besorgt: »Aber doch nicht so lang wie diesmal. Wenn er nicht bald kommt, musst du dich vom Dr. Gerisch (Hausarzt) anschaun lassen.«

»Auch gut«, sage ich und hüpfe davon.

Abends im Bett der Schock. Ich setze mich auf, mein Kopf wird heiß und wirr, das Echo eines vor Jahren mit der Mutter geführten Gespräches dröhnt hämmernd in endlosen Wiederholungen in meinem Schädel. Wenn eine Frau und ein Mann ... innig umarmen ... eng aneinander drücken ... Leben entsteht ... eng umarmen, innig aneinander drücken – andere Umstände!

So weit bin ich schon mit meinen fünfzehneinhalb Jahren, dass ich weiß, der Besuch bleibt aus, wenn man schwanger ist. Sünde. Schande. Gottes Strafe. Aus dem Haus gewiesen werden. Ich stehe auf, taumle zum Fenster, reiße es auf. Finstere Nacht, sachte rauscht der mächtige Kastanienbaum im Garten. Ich lehne mich hinaus, starre in die Tiefe. Zweieinhalb Stockwerke. Genügt es? Ich weiß es nicht. Ich habe Angst, beginne zu weinen, dann zu beten. Ich will noch nicht sterben. Sünde. Schande. Zweieinhalb Stockwerke – nein, das genügt nicht. Vielleicht bin ich dann querschnittgelähmt *und* schwanger. Ich warte bis morgen, vielleicht bis übermorgen. Wenn dann der Besuch noch nicht da ist, fahre ich ins Hochhaus – Wiens erstes und bislang einziges Hochhaus – in der Herrengasse, ein paar Schritte vom Elmayer entfernt. Dann fahr ich hin und tu es.

Schlaflose Nacht. Am Morgen endlich der Besuch. »Du siehst elend aus, Kind«, sagt die Mutter. Ich muss weinen. »Nana«, tröstet sie, »der Besuch kommt unregelmäßig, solange man noch so jung ist wie du. Wenn du erst einmal verheiratet bist, richtet sich das von selbst ein.« Ich traue mich nicht zu fragen, was der Besuch mit meiner künftigen Ehe zu tun habe. Es hätte wohl auch nichts genützt. Die Antwort wäre bestenfalls gewesen: »Darüber spricht man nicht.«

Meine Sexualerziehung lag durchaus im Zeitgeist, im Mainstream, um modische Worte für ein ewiges Phänomen zu gebrauchen. In meinem speziellen Fall trieb sie allerdings absurde Blüten und versetzte mich schon sehr früh in Angst und Schrecken.

Das erste einer Reihe von Erlebnissen, die, heute berichtet, zu schallendem Gelächter animieren, hatte ich im Alter von elf oder zwölf Jahren.

Es war ein kalter Wintertag und wir, meine Mutter und ich, hatten beide einen Termin bei unserem Zahnarzt, am Franziskanerplatz im Herzen der Stadt, gleich hinter dem Stephansdom. Wir zogen uns elegant an. Man kleidete sich immer elegant, wenn man »in die Stadt« ging, fernes Echo aus jenen Tagen, da unser Wohnviertel noch ein dörflicher Vorort gewesen war, »die Stadt«, deren Mauern erst rund 60 Jahre vor meiner Geburt gefallen waren, das Zentrum eines Weltreiches.

Die Sitte, »ordentlich angezogen« in »die Stadt« zu gehen, hat sich übrigens bis weit nach dem Zweiten Weltkrieg gehalten und der samstägliche Korso über Kärntner Straße, Graben, Kohlmarkt vermittelte einen homogenen Eindruck von Élégance und Lebensstil. Heute ergibt sich in der »Stadt« dasselbe Bild wie überall auf der Welt, wo Touristen das Feld erobert haben und auch die Einheimischen keinen Anlass mehr sehen, sich in irgendeiner Form von der Masse abzuheben. Ich frage mich nur manchmal, wo die schicke, exquisite Garderobe getragen wird und zu sehen ist, außer in den Auslagen der internationalen Boutiquen und Modesalons in der Kärntner Straße, auf dem Graben und dem Kohlmarkt.

Wir also marschierten an einem kalten Februartag, edel gewandet, in »die Stadt« zum Zahnarzt, wobei marschieren wörtlich zu nehmen ist, denn wir gingen immer zu Fuß, 3,25 Kilometer hin, 3,25 Kilometer zurück, um das Geld für die »Tramway« zu sparen. Den Zahnarzt, Dr. Maximilian Klagsbrunn, hätten wir uns eigentlich nie im Leben leisten können, denn seine Klientel, bestehend aus den Reichen und Schönen der Stadt, war sternenweit von unserer Welt entfernt. Er und sein Partner, Dr. Gut, behandelten uns dennoch mit der gleichen Sorgfalt – die beiden Herren waren Kriegskameraden meines Vaters gewesen.

Dr. Klagsbrunn war, das kann ich jetzt retrospektiv beurteilen, herrenmäßig distinguiert und elegant wie der britische Schauspieler David Niven, Dr. Gut hingegen ähnelte Sir Peter Ustinov und war, diesem gleich, humorvoll, spaßig und kinderlieb. Ich wurde immer von Dr. Gut behandelt, der mir alle Angst durch komische Geschichten nahm, die er während seiner schmerzenden Arbeit erzählte. Am Nebensessel wurde meine Mutter von Dr. Klagsbrunn betreut, der leise und begütigend auf sie einsprach. Wir haben die beiden nach 1938 sehr vermisst. Sie sind nach Shanghai geflohen und trotz aller Bemühungen meines Vaters war es nach dem Kriege nicht möglich, auch nur eine Spur von ihnen zu entdecken.

Nachdem wir den Zahnarztbesuch glücklich hinter uns gebracht hatten, traten wir den Heimmarsch an. Wenige Schritte vom Franziskanerplatz entfernt, in der Weihburggasse, die Dämmerung war bereits hereingebrochen und es herrschte lebhafter Fußgängerverkehr, kam ein junger Mann mit ausgestreckter Hand auf uns zu, hielt aber jäh inne, als meine Mutter zu schreien begann: »Hilfe, Hilfe, Polizei!« Die Menschen blieben stehen, starrten uns an, ich verstand überhaupt nichts, und meine Mutter schrie immer weiter. Tatsächlich kam sehr bald ein »Spinatwachter« – so nannten wir die Polizisten leise spöttisch, weil sie spinatgrüne Uniformen trugen – der Spinatwachter also kam daher und fragte, was denn los sei. »Dieser Mann«, rief meine Mutter und deutete dramatisch auf den noch immer verdutzt dastehenden Jüngling, »dieser Mann hat versucht, meiner Tochter an den Busen zu greifen«. (Wobei erklärend hinzugefügt werden muss, dass ich damals noch nicht einmal den Ansatz eines solchen besaß.)

»Aber gehn S', gnä' Frau«, sagte der sehr gemütliche Spinatwachter, »ist das wirklich wahr?«

»Ja, das ist wahr«, pfauchte eine Mutter.

»Um Gottes willen, nein«, beteuerte der junge Mann, »ich habe die Damen nur mit Bekannten verwechselt und wollte sie begrüßen.«

Nach langem Hin und Her hatte sich meine Mutter noch immer nicht beruhigt und sie bestand darauf, den Mann zu verhaften, was der Polizist auch seufzend und kopfschüttelnd tat. Zu viert, voran der Polizist, den Delinquenten mit festem Griff haltend, dahinter meine Mutter und ich, verstört, mit hängendem Kopf, gingen wir zur nächsten Wachstube, wo der mutmaßliche Täter vom Wachkommandanten einem strengen Verhör unterzogen, meine Mutter als Zeugin einvernommen wurde. Beide beharrten auf ihrer Aussage, und als ich gefragt wurde, konnte ich nur unter Schluchzen hervorstoßen, ich könnte mich an nichts erinnern, in der berechtigten Annahme, dass es meiner Mutter gar nicht gefiele, wenn ich wahrheitsgemäß erklärte, überhaupt nichts bemerkt zu haben.

Der Wachkommandant war sichtlich rat- und hilflos; er schien erst dann wieder Mut zu fassen, als er, nach Aufnahme der Personalien, festgestellt hatte, dass mein Vater aktiver Offizier war. Entschlossen griff er zum Telefon, rief in der Gentzgasse an, zum Glück war mein Vater daheim. Er schwang sich augenblicklich in ein Taxi (ein Taxi!!!) und kam herbeigeeilt. Im Zimmer des Wachkommandanten wurde ein Gespräch unter Männern geführt, dann rief mein Vater meine Mutter hinein. Wenige Minuten später erschienen die Eltern wieder im Vernehmungsraum, fassten mich wortlos an der Hand, wir verließen die Wachstube und begaben uns nach Hause – nicht zu Fuß, sondern mit der Straßenbahn. Meine Mutter wirkte kleinlaut. Es wurde nie mehr über den Vorfall gesprochen.

Nur einige Tage oder Wochen später ließ sie, es muss sich ein dementsprechendes à propos ergeben haben, die Bemerkung fallen, das der Busen (sie sagte immer Busen, niemals Brust) das Heiligste einer Frau sei und – den Rest konnte ich schon auswendig, ehe sie ihn noch ausgesprochen hatte: »... darf nur vom Ehemann berührt werden.« Ich weiß, ich weiß: »innig umarmt« darf man auch nur vom Gemahl werden und geküsst allenfalls von dem Mann, von dem man bereits einen verbindlichen Heiratsantrag erhalten hat.

Wenige Wochen nach dem Ende meiner infolge gnadenloser Ignoranz eingetretenen Scheinschwangerschaft lud mich der darin die zentrale Rolle spielende junge Mann zum Five o'clock tea ins Hochhaus ein – schriftlich, wie es sich gehörte und wie es uns der Elmayer eingetrichtert hatte. Überraschenderweise waren meine Eltern einverstanden – dass mich meine Mutter zu *jedem* Rendezvous, beide Eltern zu *jedem* Ball begleiten würden, stand selbstredend von vornherein fest – und ich verfasste ein entsprechendes Antwortschreiben, genau so, wie es meine Mutter mir diktiert hatte.

Nachdem ich das Billett im Briefkasten versenkt hatte, kamen ihr jedoch schwere Bedenken, die darin verwendete Anrede betreffend. »Lieber Willy«, hatte ich geschrieben, und je länger sie darüber grübelte, desto mehr bezweifelte sie deren Korrektheit. »Sehr geehrter Herr«, schlug ich vor. »Kommt nicht in Frage«, erwiderte sie, »das ist zu viel der Hochachtung.« Schließlich einigten wir uns auf »werter Herr«. Wir gingen gemeinsam zum Briefkasten, warteten auf den Beamten, der die Post auszuheben hatte, und nach einem endlosen Palaver zwischen ihm und meiner Mutter rückte er endlich das ominöse Schreiben wieder heraus, sodass ich ein neues verfassen konnte.

Das Rendezvous verlief für uns zwei junge Menschen sehr erfreulich, wir hielten beim Tanzen wohlgemessenen, aber nicht übertriebenen Abstand voneinander und von ihrem Tisch aus ließ meine Mutter ihr gütig-wachsames Auge auf uns ruhen.

Bei der Gegeneinladung indes erregte ich ihren heftigen Zorn, sodass sie tagelang kaum ein Wort mit mir sprach. Und das kam so: Am Ende des Tanzschuljahres, etwa Mitte Juni, ich war gerade sechzehn geworden, durfte ich an einem Samstag fünf junge Herren und vier junge Damen zu einem kleinen Fest bei mir zu Hause einladen. Meine Eltern haben sich die größte Mühe gegeben, den Abend erfolgreich zu gestalten. Das Speisezimmer war ausgeräumt und zum Tanzparkett umgemodelt worden, mein Vater bediente das Grammofon, meine Mutter hatte ein überwältigendes Büffet arrangiert. Alle waren vergnügt und ausgelassen, bester Laune bei einer Reihe von Gesellschaftsspielen, an denen auch meine Eltern lebhaften Anteil nahmen. Die Militärakademiker, allesamt in Uniform, waren angesichts eines ranghohen Offiziers zunächst ein wenig gehemmt, wurden aber in dem Maße lockerer, in dem sie merkten, dass mein Vater kein trockener Kommiss-Schädel, sondern ein leutseliger, heiterer, zu allerlei Scherzen aufgelegter Mann war. Hinzu kam noch, dass mein Vater, dem alten österreichischen Militärkodex folgend, die jungen Männer duzte, wodurch sich sehr bald eine fast familiäre Atmosphäre einstellte.

Nach den Spielen wurde geschmaust, anschließend unermüdlich getanzt, bis von einem Augenblick zum anderen sich, von meiner Mutter ausgehend, eisige Kälte im Raum ausbreitete. Ihr Zorn war so deutlich spürbar, dass die gelöste Stimmung jäh ins Nichts kippte. Hastig verabschiedeten sich die jungen Männer von meiner Mutter mit Handkuss, die jungen Mädchen mit Knicks – ratlos und verdattert.

Ich hatte sogleich ein ganz schlechtes Gewissen, wusste aber nicht warum, bis es mir in einer minutenlangen Strafpredigt ausführlich mitgeteilt wurde. Ich hatte mich un-mög-lich benommen, skan-da-lös, ich sollte mich in Grund und Boden schämen ob meiner geradezu scham-lo-sen Anbiederung an einen meiner Tanzpartner. Nein, ich sollte mich gar nicht entschuldigen, sie hätte alles genau gesehen und es sei unentschuldbar.

Und was, bitte schön, hatte ich verbrochen? Auf der Anrichte, an der ich mit dem jungen Mann vorbei getanzt war, stand eine Kristallschale, wohlgefüllt mit feinem Konfekt. Ich hatte ein Stück Nougat genommen, davon abgebissen und den Rest meinem Partner in den Mund gesteckt. Das war im Juni. Im darauf folgenden Juli ließ ich die Gelegenheit, meinen ersten Kuss zu empfangen, ungenützt verstreichen. Ich nehme an, dass sich nach dem vorher Berichteten niemand darüber wundert.

Er hieß Hans Rauchfuß, stammte aus Schwarzenberg im Erzgebirge, ein ruhiger, introvertierter Mensch, klug und sehr belesen; wenn er sich sehr gerade hielt und ich mich so krumm wie möglich, passten wir sogar in der Größe halbwegs zusammen. Sein viel kleinerer, vor Schalk und Übermut berstender Freund hieß Sturm, genannt Stürmchen, sein Vorname ist mir entfallen. Beide waren Leutnants bei einem Infanterieregiment in Leisnig in Sachsen, unweit von Hartha, wo ich die Ferien bei meiner nun verwitweten Großmutter verbrachte.

Dieser Sommer 1937 war der beglückendste und erfüllteste von all den vielen, die ich dort verlebt hatte. Wir waren halb erwachsen, einige der Jungen studierten schon, wir durften mehr oder weniger tun und lassen, was wir wollten, die wie immer lang ersehnte Freiheit hatte eine neue Qualität bekommen. Nicht länger spielten wir Ball, Fangen, Verstecken, Indianer, sondern rasten mit den Fahrrädern über Land, picknickten in den Wäldern, »wohnten«, so das Wetter schön war, im Freibad von Geringswalde, lachten und neckten einander, kleine Flirts flammten auf und erloschen rasch wieder, und manchmal saßen wir nur beisammen, führten tiefsinnige Gespräche und kamen uns ungeheuer erwachsen vor, wobei die bereits »lebenserfahrenen« Burschen das Wort führten und uns die Welt erklärten.

Der Clou des Sommers indes war ein kleines Auto, Marke DKW – ins Sächsische übersetzt »da kannste würchen (würgen)«, ein Kabrio noch dazu und es gehörte ganz allein meiner Freundin Gretel Matthes. Sie war zwar erst siebzehn, ein Jahr älter als ich, aber dank einer Ausnahmegenehmigung hatte sie bereits den Führerschein erwerben dürfen, denn sie war die Assistentin und engste Mitarbeiterin ihrer Mutter bei der Führung der landwirtschaftlichen Maschinenfabrik in Kieselbach bei Hartha.

Die Mutter fuhr einen großen Adler, die Autos standen nebeneinander in der Garage, und lange Jahre, vielmehr sogar Jahrzehnte, gab es für mich keinen angenehmeren, anregenderen Duft als den von Benzin und Motoröl, den ich mit vollen Lungen gierig wie ein kostbares Parfum einsog, sobald ich die Gara-

Wir fühlen uns wie Kino-Stars. Mit Gretel Matthes in ihrem kleinen Kabrio

ge betrat. Diese Vorliebe hat sich erst gelegt, als ich in der Stadt am Benzin- und Abgasgestank langsam zu ersticken drohte.

Gretel war häufig geschäftlich unterwegs, wobei ich sie begleiten durfte, manchmal fuhren, nein brausten wir, wie die wilde Jagd mit mindestens 50 Stundenkilometern, vor Lust und Lebensfreude laut schreiend und singend, zum puren Vergnügen über die Landstraßen und durch die Dörfer, in eine Wolke von Staub gehüllt, der Schrecken aller Hühner, Gänse und Enten, deren Reviere wir ernsthaft bedrohten, ohne allerdings jemals ein Federvieh auch nur anzukratzen. Gretel war eine vorzügliche, trotz ihrer Jugend bereits routinierte Fahrerin und keineswegs auf meine guten Ratschläge angewiesen. Wir trugen, das war in jenen Tagen der Dernier Cri, seidene Kopftücher und wir fühlten uns wie die schicken Damen aus Hollywood und Berlin-Babelsberg, welche uns von der Leinwand herab den Traum von der großen Welt vermittelten.

Eines Tages kamen Hans Rauchfuß und »Stürmchen« dazu. Ich weiß nicht mehr genau, wie wir einander kennen gelernt haben, ich glaube, sie hielten mit ihrer Einheit eine militärische Übung in der Umgebung von Kieselbach ab, rasteten in der Nähe der Fabrik, von wo Soldaten Trinkwasser holten. Jedenfalls kamen wir mit beiden Leutnants ins Gespräch, man vereinbarte ein Wiedersehen. Die jungen Männer kamen mehrmals zu Besuch und eines Tages luden sie uns in eine Bar nach Döbeln ein, vorausgesetzt, dass Fräulein Matthes die Güte haben würde, uns alle vier dahin zu chauffieren.

Sie hatte die Güte und eines Abends zogen wir zu viert los. Wir holten die beiden Männer in ihrer Kaserne ab, fuhren nach Döbeln, wo sich die Bar als eine große Enttäuschung erwies. Es war ein ganz normales, kleines, eher schäbiges Tanzlokal, kaum besucht, der sichtlich gelangweilte Klavierspieler klimperte fast für uns allein die gängigen Schlager. Was mich allerdings faszinierte, das war der Tresen, an dem gezählte vier hohe Barhocker standen, die wir sofort mit Beschlag belegten. Ich war noch nie auf einem Barhocker gesessen, bestieg ihn vorsichtig, aber nicht vorsichtig genug, um ein Haar wäre ich abgestürzt, hätte mich nicht Hans Rauchfuß in seinen starken Armen aufgefangen.

Lange berieten wir, was wir trinken sollten, sowohl Gretel als auch mir war vollkommen klar, dass die beiden Leutnants mangels übermäßig gefüllter Portemonnaies nicht allzu spendabel sein könnten. Also entschieden wir uns für Limonade, an der wir eine kleine Ewigkeit lang mit den Strohhalmen sogen. Als diese dann nur noch gurgelnde Leergeräusche verursachten, war es schon fast Zeit zum Heimgehen – 23 Uhr war das von Tante Liesbeth vorgegebene Limit – und unsere Kavaliere überredeten uns dann doch noch zu etwas Alkoholischem. Ich glaube, die Leutnants bestellten Bier, wir Mädchen Eierlikör, eine Delikatesse, die Gretel sehr schätzte, ich aber noch nie probiert hatte. Sie schmeckte ausgezeichnet, aber von dem Tröpfchen Likör bekam ich bereits einen leicht benebelten Kopf, denn ich trank nie Alkoholisches.

Was dann passierte, wird vermutlich die beiden jungen Män-

Hans Rauchfuß, der Mann, der mich nicht küssen durfte

ner bis an ihr frühes Ende gequält haben: Sie waren zahlungsunfähig. Sie hatten beide, in der Eile, sich in Zivil zu werfen, die Geldtaschen vergessen. Kaum je in meinem Leben habe ich hastigeres Gesuche und Gewühle in sämtlichen Taschen mit Anzeichen steigender Panik gesehen. Es war mir selbst entsetzlich unangenehm, wie mich überhaupt anderer Leute Ungemach niemals erheitern kann, sondern immer nur peinlich berührt. Ich bin ein hoffnungsloser Fall für alles, was Comedy und ähnliche Unterhaltungen bieten. Gretel rettete die Situation, sie hatte gerade genug Geld bei sich, um die Rechnung zu begleichen, für ein Trinkgeld reichte es nicht mehr. Üble Nachrede war uns sicher.

Auf der Heimfahrt, mein Kopf fühlte sich nach dem Eierlikör noch immer leicht benommen an, saßen Haus Rauchfuß und ich auf den Hintersitzen, eng aneinander gepresst in dem Kleinwagen, und plötzlich legte er seine Hand auf die meine und flüsterte mir mit belegter Stimme ins Ohr: »Darf ich Sie küssen, Fräulein

Thea?« Ich wollte es eigentlich, ich wollte es vor allem, weil ich neugierig war und weil schon viele meiner Schulfreundinnen bereits mit Kuss-Erlebnissen prahlten, denen ich nicht das Geringste entgegenzusetzen hatte, aber ich traute mich einfach nicht. Ich zog meine Hand weg, bekam einen steifen Rücken und krächzte »nein danke«. Danach wurde kein Wort mehr gesprochen.

Dennoch entwickelte sich zwischen uns beiden ein herzliches, amikales Verhältnis, eindeutig die schwachsinnige Theorie widerlegend, dass Freundschaft zwischen Mann und Frau nicht möglich sei. Mehrfach hat mich Hans in Wien besucht, wir wechselten zahllose Briefe, fünf Jahre lang, bis er in den Weiten Russlands gefallen ist, ebenso wie sein Freund Stürmchen, und keiner von beiden, dafür möchte ich mein Seelenheil verwetten, mit dem Horst-Wessel-Lied auf den Lippen ...

Ein knappes Jahr später bin ich dann doch endlich zu meinem ersten Kuss gekommen, nicht von Hans, sondern von dem Mann, den ich vier Jahre später heiraten werde; ein Hauch von zartem Begehren, Vorahnung eines Paradieses, das zu betreten man noch nicht wagt, sekundenschnell vorüber. Dann Hand in Hand weiter durch den sonnigen Frühlingstag. Und sehr heiß ist es auch. Ich beginne im Mantel zu schwitzen, der Kavalier nimmt ihn mir galant ab. Wir schlendern plaudernd weiter, alles ist, wie es immer ist, die ganz gewöhnliche, allgegenwärtige Angst mit eingeschlossen. Was passiert nun, da mich ein Mann geküsst, der mir noch nicht einmal einen Antrag gemacht hat? Ich weiß es, die Mutter hat es mir oft genug angedroht, man sieht es einem Mädchen sofort an, wenn es zum ersten Mal geküsst hat.

»Was ist denn los?«, fragt der Vater, als wir beim Abendessen zusammensitzen, angesichts einer Tochter, die versucht, ihren Mund so viel wie möglich aus dem Gesichtsfeld der Eltern zu wenden und, wenn deren Blick doch voll auf sie fällt, legt sie rasch die Hand darüber. Ach nichts, stottert sie verlegen, nur ein bisschen Zahnweh. Ein genialer Einfall. Auf der Stelle kommt das Thema zur Sprache, das uns seit Tagen beschäftigt: Dr. Klagsbrunn und Dr. Gut sind, buchstäblich über Nacht, verschwunden, man schreibt den April 1938. Wo findet sich ein ebenso guter Zahnarzt?

Die Eltern beraten weiter, ich höre nicht mehr zu. Schlagartig ist mir die Erleuchtung gekommen: Sie haben nichts gemerkt! Ich bin gerettet. Der nächste Gedanke: Es ist gar nicht wahr, was man mir da jahrelang eingeredet hat. Logische Frage: Was noch alles ist Lug und Trug, die mir all die Zeit Angst eingejagt haben? Zweifel beginnen zu sprießen. Der Kuss, er war ein kleines Stück des Apfels vom Baum der Erkenntnis ...

Lächelt jemand an dieser Stelle? Sind sie wirklich so komisch, die Nöte eines jungen Mädchens aus einer hunderttausend Jahre zurückliegenden Ära der bürgerlichen Verschrobenheit? Aber nein doch, das Zeitalter der allgemeinen Verklemmtheit war noch lange lange nicht ausgestanden, und sie fand sogar im Allgemeinen Bürgerlichen Gesetzbuch ihren Niederschlag.

Fast zwanzig Jahre später, so um die Mitte der Fünfzigerjahre, stand ich als Angeklagte vor Gericht und musste mich, als verantwortliche Redakteurin der »Welt am Montag«, wegen »Reizung zur Lüsternheit und Irreleitung des Geschlechtstriebes« vor dem Presserichter verantworten, wurde schuldig gesprochen und zu einer Geldstrafe von zweitausend Schilling verurteilt, das Doppelte meines damaligen monatlichen Salärs. Der Verlag war dann so großzügig, das Bußgeld für mich zu entrichten.

Mein Verbrechen? Ich hatte auf der Filmseite meiner Zeitung ein Bild der Sophia Loren zugelassen, deren schönes Dekolleté so »gewagt« war, dass man ein, zwei Zentimeter des Spaltes zwischen den beiden Busenhälften erspähen konnte.

Der Paragraf 2 des »Bundesgesetzes vom 31. März 1950 über die »Bekämpfung unzüchtiger Veröffentlichungen und den Schutz der Jugend gegen sittliche Gefährdung«, der mir zum Verhängnis wurde, sieht ein Strafausmaß von bis zu einem Jahr Gefängnis *plus* 360 Tagsätze vor. Ich bin demnach sehr billig davongekommen. Und die Pointe der Geschichte ist, dass dieses Gesetz und dieser Paragraf noch heute gelten. Erst jetzt wäre die gegebene Gelegenheit, höhnisch zu lachen.

Welche Auswüchse und Ängste dieses im Volksmund so genannte Pornografiegesetz in den Redaktionen ausgelöst hat, kann ich an zwei weiteren Fällen beispielhaft aufzeigen.

Der eine ereignete sich ungefähr um die gleiche Zeit, da ich wegen »Reizung zur Lüsternheit und Irreleitung des Geschlechtstriebes« vor den Kadi gezerrt worden war. Ein Mordfall hatte sich ereignet, etwas, das wir im Lokalreporter-Jargon »eine blutige Hacke« nannten. Das Opfer war eine Prostituierte, deren Wohn- und Arbeitsort mir noch geläufig ist, Wien 6, Linke Wienzeile (meine Redaktion befand sich in Wien 5, Rechte Wienzeile, daher meine exakte Erinnerung), und wir standen in der Redaktionskonferenz vor der heiklen Entscheidung, wie wir das anstößige Wort »Prostituierte« umgehen könnten, ohne den Presserichter auf den Plan zu rufen. Die anderen Zeitungen entschieden sich für blumige Umschreibungen wie »Schöne der Nacht« oder »Gunstgewerblerin«, eine wagte die ordinäre Variante »Dame des horizontalen Gewerbes«, aber alles dies passte meinem lieben, dünnhäutigen Chefredakteur Alois Piperger nicht. Er entschied, dass es am besten wäre, bei der schlichten Wahrheit zu bleiben und den Beruf der Frau anzugeben, wie er in ihrem Personalausweis stand. Und so geschah es auch, worauf sich nächsten Tages in ganz Wien schallendes Gelächter erhob. Der Beruf des armen Mordopfers war nämlich der einer Handarbeiterin. »Handarbeiterin« stand in der »Welt am Montag« zu lesen statt »Prostituierte«. Ich vermute, dass sogar der finstere Großinquisitor auf dem Stuhl des Presserichters ein kleines Lächeln zu Stande gebracht hat.

Auch eine der amüsantesten Geschichten, die ich je recherchiert und geschrieben habe, fiel der hauseigenen Zensur zum Opfer, bei einer anderen Zeitung, einem anderen Chefredakteur, dessen Identität ich aber, um seine Hinterbliebenen zu schonen, nicht preisgebe, denn ich würde seinem Namen ein weit weniger freundliches Epitaph beifügen als meinem guten Alois Piperger, den wir zärtlich »Pi« nannten.

Es war damals, als, eine sensationelle Neueinführung, bei der Wiener Polizei die ersten weiblichen Kriminalbeamten ihren Dienst zu versehen begannen. Ohne allzu große Schwierigkeiten erwirkte ich die Erlaubnis, eine solche Beamtin mehrere Tage lang bei ihren dienstlichen Obliegenheiten zu begleiten und zu beobachten, um darüber eine Serie zu schreiben. Ich glaube, dass dies jetzt, schon aus Datenschutzgründen, nicht mehr so ohne weiteres möglich wäre, wenn doch, dann erst nach Überwindung ungezählter bürokratischer Hindernisse. Seinerzeit genügte ein Anruf beim Pressesprecher der Polizei-Direktion, mit dem ohnehin die halbe Journalistenschar per Du war, oder schlimmstenfalls beim allseits beliebten, überaus pressefreundlichen Polizeipräsidenten Josef »Joschi« Holaubek, dessen Türe jedem von uns buchstäblich Tag und Nacht offen stand. Er war jener legendäre Präsident, der sich nicht zu gut war, persönlich auf Verbrecherjagd zu gehen, und der einen vielfachen Übeltäter, mit einer Geisel hinter dicken Hausmauern verschanzt, durch den freundlichen Zuruf: »Kumm auße (heraus), i bin's, dei Präsident«, zur Aufgabe überreden konnte.

Ob nun mit Bewilligung des Pressereferenten Dr. Baum oder des Präsidenten persönlich – für einige Tage durfte ich mich, stumm und daher nicht als neugierige Außenseiterin kenntlich, an der Seite einer Kriminalbeamtin am Rande der Wiener Unterwelt bewegen, vorwiegend im typisch »weiblichen« Ressort, nämlich bei der Befragung von Frauen, Halbwüchsigen und Kindern.

Das interessanteste Kapitel zum Thema Arbeit weiblicher Kriminalbeamter bei der Wiener Polizei stellte eine nächtliche Razzia auf der Jagd nach Geheimprostituierten dar, die von der, jetzt nicht mehr existierenden Abteilung GM (Geschlechtskrankheiten und Mädchenhandel) durchgeführt wurde. In einer nasskalten Februarnacht machten wir uns zu viert, zwei Angehörige von GM, »meine« Kriminalbeamtin und ich, zunächst auf den Weg durch die Nachtlokale, wo die Kriminalisten mit durch langjährige Übung geschulten Blick Mädchen aus der Menge pickten und durch mehr oder weniger geschickte Fragen herauszubekommen versuchten, ob sie eine »Gewerbsmäßige« oder eine »Geheime« war. Die Methode war eher rüde und gar nicht fein, ihre Treffsicherheit musste bezweifelt werden.

Heftig blamiert haben sich die, wie man sie in Wien nennt,

»Kieberer«, als sie in einem Jazz-Keller ein Paar aufs Korn nahmen, das schon durch sein Aussehen in den Augen der GM-Leute äußerst verdächtig war. »Den Nega und sei Hur', die schnapp ma uns«, frohlockte einer der Beamten, komplimentierte das Paar aus dem Saal und erlebte eine fatale Überraschung: Der »Nega« wies sich als US-Diplomat aus, »die Hur« als die Tochter eines hohen Beamten des den Kriminalisten vorgesetzten Innenministeriums. Katzbuckelnde Entschuldigungen, zerknirschte Reuebezeugungen. Leider habe ich nie herausbekommen, ob der Zwischenfall irgendwelche dienstrechtliche Folgen gehabt hat.

Nachdem wir genügend nächtliche Etablissements verunsichert hatten, kamen die Stundenhotels an die Reihe, wo das Aufspüren Geheimprostituierter sich relativ einfach gestaltete. Frauen, die ein Dokument hatten, das sie als registrierte Huren auswies, den so genannten »Deckel«, pflegten diesen beim Nachtportier abzugeben, ehe sie mit ihrem Galan aufs Zimmer gingen. Der Portier zeigte uns das Papier der Dame – sie und ihr Freier wurden von den Sittenwächtern nicht behelligt.

Eil- und dienstfertig machten uns aber die Portiere, immer darauf aus, sich mit der Polizei gut zu stellen, aufmerksam auf Paare, deren weiblicher Part ihnen im Sinne der Strafordnung gegen Geheimprostitution verdächtig erschien. Wir klopften dann an der entsprechenden Türe an, das Männlein und das Weiblein wurden aufgefordert zu öffnen und dann gesondert von den Kriminalbeamten und der Kriminalbeamtin einvernommen. Konnten die Delinquenten ohne Zögern Name und Anschrift des Partners nennen, wurden sie in Gnaden entlassen. Kam aber nur ein verschämtes Stottern zu Stande, er hieße »Putzi«, sie »Mausi« und man hätte einander erst am selben Abend beim Heurigen kennen gelernt, dann schlugen die Gesetzeshüter erbarmungslos zu: Das Mädchen wurde festgenommen und im Arrestantenwagen zu weiteren Verhören sowie auf jeden Fall zur medizinischen Untersuchung in die Polizeikaserne transportiert.

Ich war damals jung und so begeistert von meinen neuen Erfahrungen als Teilnehmerin an einer nächtlichen Razzia, dass mir gar nicht recht zu Bewusstsein kam, wie barbarisch und menschenverachtend diese ganze Aktion war. Zum Glück durfte ich darüber ohnehin nicht schreiben, ich hätte heute vermutlich Anlass, mich meiner schriftlich nachzulesenden mangelnden Sensibilität zu schämen.

Aber dieser Aspekt meines Berichtes erregte ganz und gar nicht das Missfallen meines strikt auf Law and Order fixierten Chefredakteurs, sondern eine andere, echt komische Episode:

Wir betraten, zwischen vier und fünf Uhr morgens, ein bekanntes Stundenhotel im dritten Bezirk, durchgefroren, übernächtigt, missmutig und sehr erleichtert, als uns der Nachtportier nur ein einziges verdächtiges Paar ankündigte: erster Stock, Zimmer Nummer drei. Erschöpft schlichen wir über die Stiege, als uns ein Stubenmädchen begegnete, einen Packen Schmutzwäsche mit beiden Armen umklammernd.

»Wo wollen S' denn hin?«, fragte sie.

»Erster Stock, Zimmer drei«, erwiderte einer der Beamten.

»Da können S' net hinein, das ist belegt. Zimmer zwei ist frei«, sagte sie. Dann nach einer kurzen Pause: »Aber alle viere?«

»Sind Sie verrückt«, bellte der Beamte, »wir sind doch von der Kriminalpolizei.«

»Ah«, sagte sie und ihr Gesicht erhellte sich, »ah, das ist was andres. Dann dürfen S' selbstverständlich.«

Diese Geschichte mit dieser Pointe war, im Journalistenjargon ausgedrückt, ein veritables »Zuckerl«, doch meine Leser bekamen es nicht zu schmecken. Empört schmiss der Chef die anstößige Geschichte hin, ob ich noch nie etwas vom Schmutz- und Schund-Paragrafen gehört hätte. Ich versicherte ihm, dass ich nicht nur davon gehört, sondern auch in unliebsame Bekanntschaft mit diesem geraten sei, mir sei nicht klar, woran sich der Presserichter stoßen könnte. »An den Prostituierten«, schrie der Chef, »an den Prostituierten!« Der langen Rede kurzer Sinn: Die Artikel-Serie erschien in gereinigter Form, war dementsprechend langweilig und trug bestimmt nicht zur Auflagensteigerung bei.

So weit mein Bericht von Seinerzeit, den ich nicht beschließen möchte, ohne einen Blick auf »Dieser-Zeit« zu werfen, da mir, nach der viel gepriesenen sexuellen Befreiung nach 1968 in steigendem Maße nacktes Fleisch und kopulierende Paare ins Auge springen, selbst in der Fernsehwerbung, wo es kaum eine Reklame gibt, die nicht, sei es nach dem Genuss von Jogurt, dem Eröffnen von Bankkonten oder dem Kauf eines bestimmten Autos durch sündig schöne Models, finale sinnliche Genüsse verheißt.

Kein noch so unbedarfter deutscher Reihenkrimi, in dem, offenbar einer weltweit getroffenen heimlichen Übereinkunft zwischen Film- und TV-Produzenten in aller Welt, Personen verschiedenen Geschlechts sich, einer immer gleichen Choreografie folgend, in den Betten wälzen, einmal er, einmal sie obenauf. Wenn die beiden so rhythmisch, innig verschmolzen um die gemeinsame Achse rotieren, muss ich immer an die Toskana denken, wo Freunde in einer Riesenvilla aus dem 17. oder 18. Jahrhundert residierten. Große Feste mit vielen Teilnehmern fanden in der saalartigen Personalküche im Untergeschoss statt. Die Gäste saßen an endlos langen, blanken Holztischen, und während die Vorspeisen serviert wurden, beobachteten sie gespannt die Fertigstellung des Festbratens, der sich gemächlich auf einem antiken Bratspieß über der Glut des überdimensionalen Herdes drehte. Dieser sinnliche Anblick verströmte mehr erotisches Flair als die nie enden wollende kinematografische Matratzengymnastik, die uns bis zum Brechreiz täglich serviert wird.

Fast noch mehr stößt mich die raubtierartige, niemals variierte Form des Küssens ab, die sich ungefähr seit den Achtzigerjahren, aus Amerika kommend, seuchenartig über unsere Kinoleinwände und Bildschirme ausgebreitet hat. Ausgerechnet aus Amerika, wo bis weit in die Siebziger die Moguln von Hollywood vor den allmächtigen Frauenverbänden zitterten, die ein Gesetz erzwangen, wonach ein Fuß des Mannes *immer* den Boden zu berühren hatte, wenn ein Paar gemeinsam im Bett lag. Ich kann ihn schon nicht mehr sehen, diesen in des Wortes exakter Bedeutung »verbissenen« Wettkampf, wer von beiden als Erster mit seiner Zungenspitze das Gaumenzäpfchen des Gegners erreichen wird.

Ganz traurig wurde ich, als ich kürzlich einen der letzten Filme der anbetungswürdigen Katherine Hepburn sah, worin sie eine alte Dame spielte, die sich, nach jahrzehntelanger Witwenschaft, in einen alten Herrn verliebt, was in beider Familien alle möglichen Turbulenzen auslöst. Die Drehbuchautoren und der Regisseur haben sich doch tatsächlich nicht entblödet, die beiden Alten in eine feurige Umarmung zu manövrieren. Das Parkinson'sche Zittern von Kopf und Händen der Hepburn war bereits unübersehbar, dennoch stürzte sie sich tapfer in den oralen Clinch mit ihrem Partner. Leicht irritiert von diesem Schauspiel lauerte ich eigentlich nur auf den Augenblick, da einem von beiden unweigerlich das falsche Gebiss aus dem Mund katapultiert werden müsste. Dazu kam es aber nicht, entweder weil die berühmten Zahnärzte von Hollywood denn doch ihr Handwerk perfekt beherrschen oder weil ein fingerfertiger Cutter der Peinlichkeit rechtzeitig ein Ende bereitet hat.

Wenn ich ehrlich bin: Dieser Hauch von einem Kuss, den ich am 3. April 1938 empfangen habe, Verheißung und Erfüllung zugleich, scheint, rückblickend betrachtet, wesentlich erregender gewesen zu sein als die zum Klischee erstarrte Speichel-Leckerei.

6

Wir Bildungsbürger

Meinen ersten Zugang zur Hochkultur hatte ich im Alter von ungefähr vier Jahren. Ich imaginierte einige Miniatur-Holzhäuser, ockergelb mit rotem Dach und grünen Fensterläden, wie sie im Erzgebirge geschnitzt werden, dazu ein paar grüne Pyramiden mit braunem Stamm, Tannenbäume darstellend. Dieses Bild schiebt sich noch immer vor mein geistiges Auge, wenn die Oper »Tannhäuser« von Richard Wagner erwähnt wird.

Mein Vater hatte, mit Hilfe meines Großvaters, der, samt Großmutter, gerade zu Besuch in Wien war, unter viel Getue, Getöse und immer wieder aufflackender Ratlosigkeit, in einem Fach der Anrichte im Speisezimmer einen geheimnisvollen Kasten aufgestellt, dem vier dünne schwarze Drähte entsprossen. Am Ende dieser Drähte befanden sich vier Gegenstände, bestehend aus hufeisenförmigen, silberfarbenen Metallbügeln, an deren Enden schwarze, muschelartige Gebilde angehängt waren.

Nachdem der Kasten nebst Drähten und Bügeln endlich installiert war, setzten sich die Erwachsenen um den Esszimmertisch, stülpten sich die Bügel über den Kopf, sodass ihre Ohren mit den Muscheln völlig bedeckt waren, und schon nach wenigen Augenblicken schienen sie, sehr zu meinem Entsetzen, in kollektive Trance zu verfallen. Manchmal hielten sie die Augen geschlossen, dann schlugen sie diese wieder auf, um sie himmelwärts zu verdrehen, mein Vater summte von Zeit zu Zeit leise vor sich hin und alle wiegten, unbekannten Rhythmen folgend, den Oberkörper leise hin und her. Ich saß, zu tiefstem Schweigen angehalten, ratlos daneben, denn mit der Erklärung, die man mir in kurzen Worten gegeben hatte, wusste ich nichts anzufangen. Man hatte mir gesagt, dass der komische Kasten Radio hieße, dass man über die Muscheln Musik und auch Sprechstimmen hören könnte, und gerade werde »Tannhäuser« von Richard Wagner gespielt. Den Namen Richard Wagner habe ich mir damals sicher nicht gemerkt, »Tannhäuser« hingegen, verbildlicht durch meine Interpretation dieses unbekannten Wortes, hat sich schon damals für alle Zeiten meinem Gedächtnis eingeprägt.

Später durfte auch ich mir manchmal die Muscheln aufsetzen und, verbunden mit heftigem Rauschen und Knattern, Musik hören, aber nichts davon hat mir einen besonders Eindruck hinterlassen. Einige Jahre später wurde dann ein Radio mit Lautsprecher angeschafft, ein Gerät, das so manche Kontroverse zwischen mir und meinem Vater ausgelöst hat, vor allem, als ich langsam in die Jahre kam, die man heute mit »Teenager« umschreibt, damals hieß es »Backfisch«. Ich hätte gerne Schlager gehört, die mein Vater abscheulich fand, besonders, wenn sie ein bisschen fetzig (aber immer noch sehr, sehr melodiös und zum Nachsingen geeignet) waren. Diese »Negermusik« wäre strikt abzulehnen. Es dauerte allerdings nicht lange, da kam sein goldenes Herz wieder leuchtend zum Vorschein. Nach einer langen Krankheit, die mich um ein Haar ins Jenseits befördert hätte, schenkte er mir ein Koffergrammofon und, neben der obligaten klassischen Musik, auch ein paar Schlagerplatten, inklusive »Negermusik«. Mit dabei selbstverständlich auch die prägende Leitmusik meiner Kinderjahre, Schuberts Impromptu in As-Dur, das mich, bis zum Jahr 1938, fast allabendlich in den Schlaf geleitet hat, gespielt von der über uns wohnenden Frau Schaplin, einer brillanten ehemaligen Konzertpianistin, deren Lieblingsstück eben dieses Impromptu war.

Über Tannhäuser und Wagner insgesamt konnten wir uns, insbesondere nach dem Kriege, nicht einigen. Mein Vater war ein Wagnerianer reinsten Wassers und ließ, dank glücklicher

Umstände, die ich gleich erläutern werde, keine einzige Wagner-Aufführung in der Wiener Staatsoper aus. Mein Zugang zum Bayreuther Meister hat sich jedoch seit 1938 zunehmend verschlossen. Zwar war »Tannhäuser« die erste Oper, die ich in Natura in der Wiener Volksoper sah, hingeführt von einer der möglichen Nachfolgerinnen meiner Mutter und von dieser selbst erkoren, Fräulein Juliane Pettirsch, und ich war ebenso aufgewühlt wie sie. Beide schluchzten wir bei den dumpfen Tönen des Pilgerchores, beide schmachteten wir mit Elisabeth. Ich war also auf dem besten Wege, Vaters Spuren in den Wagner-Himmel zu folgen, bis dann die Zeit kam, da ich diesen Komponisten einfach nicht mehr hören konnte, zu eng war er mir mit dem exzessiven Wagner-Kult des Dritten Reiches verschmolzen, ein dröhnendes Markenzeichen für dessen Identität. Ich brachte nicht die von meinem Vater gezeigte Größe auf, das eine vom anderen zu trennen, schon gar nicht, nachdem ich mich eingehend mit der Biografie des Meisters beschäftigt hatte. Dann mochte ich ihn als Menschen auch nicht mehr, da konnte mein Vater Tausende Male argumentieren, man müsste, gerade bei großen Künstlern, das Werk vom Charakter trennen. Er konnte es, ich konnte es nicht, so Leid es mir tut.

Damals, vor 1938, da war auch die Opernwelt noch nicht aus den Fugen geraten und sogar der Eklat, den Hans Knappertsbusch Mitte der Dreißigerjahre ausgelöst hatte, war bald vergeben und vergessen. Der weltberühmte, dem Hause am Ring scheinbar zutiefst verbundene Dirigent hatte sich eines Tages, unter Mitnahme einiger Spitzenkräfte, aus dem Staub gemacht, um im Deutschland Hitlers noch mehr Geld und noch mehr Ruhm zu ernten, als dies in dem kleinen, ausgebluteten Österreich möglich war. Die Wiener Staatsoper hatte nicht lange unter dem Verlust zu leiden, in Deutschland nicht mehr erwünschte Künstler wurden freudig aufgenommen. Bis sie 1938 weiterfliehen mussten.

Die Oper war eindeutig der Mittelpunkt unseres kulturellen Lebens, dank eines Zusammentreffens mehrerer glücklicher Umstände. Dieser Musentempel hielt gleich drei Zugänge für uns bereit. In regelmäßigen Abständen war mein Vater »Offizier vom Dienst«, beauftragt, ein strenges Auge auf die meist jungen Leute im Offiziersstehparterre zu halten. Dieses war vom allgemeinen Stehparterre abgetrennt und zumeist von Militärakademikern bevölkert. Ähnlich dem Theaterarzt standen ihm zwei Sitzplätze, ich glaube, es war die zwölfte Reihe Parkett, Mittelgang rechts, zur Verfügung. Meine Mutter begleitete ihn ständig, nur in Ausnahmefällen, dann etwa, wenn sie wieder einmal ihre grässlichen Kopfschmerzen plagten, durfte ich einspringen.

Fast immer dabei war ich, wenn Herr Wokurka hilfeheischend anrief, meist maximal eine Stunde vor Vorstellungsbeginn. Herr Wokurka war ein ehemaliger Unteroffizier meines Vaters, der jetzt an der Abendkassa der Staatsoper saß, und wenn er merkte, dass das Haus wieder einmal halb leer bleiben würde, hängte er sich ans Telefon, um Freiwillige zum »Wattieren« – dies der Fachausdruck für die Füllung nicht ausgelasteter Theater- und Konzertsäle – herbeizuflehen. Der erste Anruf galt stets meinem Vater, damit er und seine Damen sich nicht allzu sehr abzuhetzen brauchten.

Auch die Variante Nummer drei durfte ich häufig in Anspruch nehmen, die linke Proszeniumsloge, von der aus man den Sängern in die weit geöffneten Rachen blicken und den Dirigenten bei seiner mühsamen, oft sehr schweißtreibenden Arbeit beobachten konnte. Diese Loge stand ausschließlich dem Bundeskanzler Dr. Kurt Schuschnigg zur Verfügung, und da der begreiflicherweise in diesen schweren Jahren nur äußerst selten Zeit und Lust hatte, sich den schönen Künsten hinzugeben, überließ er die Loge häufig den Damen und Herren vom Leichten Artillerieregiment Nummer zwei, kurz LAR II, bei dem er sein Pferd zum täglichen Ausritt in den Prater stehen hatte und dem auch mein Vater angehörte. Da aber die Herren Offiziere und ihre Damen anscheinend weniger musikinteressiert waren, kam uns dieser Umstand sehr zugute.

Noch immer kann ich die meisten deutschen Texte der gängigen Opern auswendig, was mir jetzt, da ausschließlich in der Originalsprache gesungen wird, sehr hilfreich ist. Mühelos vermag ich den oft verworrenen Handlungsabläufen zu folgen. Mein Vater bestand darauf, dass ich vor jedem Opernbesuch das Textbuch läse, gleichgültig wie oft ich es vorher schon getan hatte.

Man hatte sich nicht nur geistig, sondern auch was die Kleidung betraf, dem großen Ereignis anzupassen. Die Garderobe von meiner Mutter und mir war nicht üppig, doch jede von uns besaß ein Abendkleid sowie einen langen Rock, der mit verschiedenen Blusen immer neu aufgeputzt werden konnte. Der Vater hatte es einfacher, er trug den reich mit Gold gezierten Waffenrock, sozusagen Frack und Smoking eines Offiziers in einem Stück. Die bunten Waffenröcke, die Smokings, bei Premieren Fracks, die Abendkleider in allen Facetten des Regenbogens, das ergab ein Gesamtkunstwerk, in dem die Architektur des Hauses, die Musik und die festliche Kostümierung der Gäste ineinander flossen und einander ergänzten, ein Bild, das Vergangenheit ist, denn das Gefühl für Harmonie und Ästhetik scheint mittlerweile, aus welchen Gründen immer, gänzlich verloren zu sein.

Wie anders wäre es möglich, dass Menschen meilenweit reisen, um (angeblich) Kultur fremder Länder und Städte kennen zu lernen und zu konsumieren, sich selbst aber als deren Antithese darbieten in verschwitzten T-Shirts, kurzen Hosen, weite Flächen nackter, meist sonnenroter und fettunterfütterter Haut schamlos ausstellend. Mit Schaudern denke ich an einen Besuch Sienas vor ein paar Jahren, wo um die Mittagszeit im Angesicht der herrlichsten gotischen und Renaissance-Palazzi des weltberühmten muschelförmigen Campo dem, meinem Gefühl nach, schönsten Stadtplatz der Welt, Menschenmassen auf dem bloßen Stein lagerten, aus fettem Papier Tramezzini verschlangen, aus Dosen Bier schlürften, um dann beides, Papier und Dosen, achtlos wegzuwerfen.

Ähnliche Szenen kann man, ich erwähnte es schon, jederzeit auch vor den altehrwürdigen Baudenkmälern der Wienerstadt beobachten. Ein krasserer Unterschied zu meinen Jugendtagen ist kaum denkbar, da man selbstverständlich einen Hut aufzusetzen und Handschuhe anzuziehen hatte, wenn man das Haus verließ, die Herren »Küss die Hand«, »Gehorsamster Diener« und »Habe die Ehre« zur Begrüßung sagten statt »Hi« oder »Tschüss« beim Abschied, und den Hut zogen. Da die Damen im Salon meiner Mutter zum nachmittäglichen Tee oder Kaffee immer die Hüte aufbehielten und einander mit »Frau Major«, »Frau Oberstleutnant« oder »Frau Generalin« ansprachen. Da die Frauen nach dem Tod eines nahen Angehörigen wochenlang tief verschleiert gingen, ein Jahr ganz in Schwarz und ein weiteres in so genannter »Halbtrauer«, also schwarz mit ein bisschen weiß aufgeputzt oder grau in grau. Da es einem Freund von mir, – und das war schon nach dem Krieg! – passierte, dass er einen scharfen Rüffel seines Vorgesetzten im Finanzministerium einstecken musste, weil er sich, wie der Sektionschef erläuterte, doch »nicht dermaßen gehen lassen« dürfe, wenn es auch draußen dreißig Grad im Schatten hätte. Mein Freund trug zu einem blauen Blazer eine – man glaubt es kaum – weiße Hose!

Weine ich dem ganzen Brimborium nur eine einzige Träne nach? Selbstverständlich nicht. Waren die Menschen seinerzeit besser? Selbstredend waren sie genau so gut oder böse, anständig oder unanständig wie heute. Der Herr, der mir am Nachmittag respektvoll die Hand geküsst und in den Mantel geholfen hat, kann genauso nachher seine Frau geprügelt haben wie der, welcher mir heute ein lässiges »Hallo« zuruft und seelenruhig zusieht, wie ich mich mit dem zu engen Mantelärmel abplage.

Nur, es gab da etwas, das das Zusammenleben im öffentlichen Raum ein bisschen leichter machte und das man uns von Kindesbeinen an eingebläut hat: Contenance (Haltung) und Höflichkeit. Nehmen wir die Dame mit dem dichten Trauerschleier: Sie zeigte an, dass sie Abstand gehalten haben möchte, und das wurde respektiert. Wenn ich heute in der Straßenbahn sitze, dann funktioniert der Reflex noch immer, der mir befiehlt aufzustehen, wenn ein alter Mensch, ein Behinderter oder eine Mutter mit kleinem Kind einsteigt – obwohl ich ja nun selbst eine alte Dame bin, der einen Platz anzubieten keinem mehr einfällt. Leider muss ich feststellen, dass meine Altersgenossinnen – vor allem diese – auch keine Ahnung mehr von Contenance und

Man geht nicht ohne Hut

Höflichkeit haben: Die einen bleiben beleidigt stehen, wenn sie keinen Sitzplatz bekommen, und werfen, je nach Charakter, anklagende oder wütende Blicke um sich, und manche brechen in lautes Geschimpfe über die verkommene »heutige Jugend« aus, was diese nur störrisch weiter an ihrem Platz festkleben lässt. Dabei gibt es doch so ein probates Mittel. Man beugt sich lächelnd zu dem Sitzplatzkleber und fragt höflich: »Würde es Ihnen etwas ausmachen, mir Ihren Platz zu überlassen?« Keiner, ich betone, *kein Einziger* hat jemals meine Bitte abgeschlagen, manchmal hat sich dann sogar ein freundliches Gespräch entwickelt. Sie ist nicht so, die »heutige Jugend«, man hat nur verabsäumt, ihr gewisse Verhaltensmuster beizubringen und, vor allem, *vorzuleben*.

Ich bin ein bisschen abgeschweift. Wo waren wir doch gleich stehen geblieben? Ach ja, bei der modischen Vielfalt und Pracht in der Wiener Staatsoper.

Wie in der Oper waren die Menschen auch in den Theatern dem Anlass adäquat gekleidet, am Nachmittag selbstredend weniger aufwändig als am Abend. Und Theater bekam ich als Kind und als Jugendliche nur am Nachmittag von innen zu sehen. Mein Vater hatte auch im Burgtheater gelegentlich Aufsichtsdienst, stets begleitete ihn meine Mutter, andere Gratis-Schlupflöcher gab es nicht.

Ins Theaterleben wurde ich auf dem üblichen Weg über künstlerische Puppenspiele, Märchenstücke und, obligatorisch für alle Kinder meiner Zeit, »Peterchens Mondfahrt« eingeführt. Alle habe ich vergessen, bis auf eines: »Pünktchen und Anton« in den Wiener Kammerspielen. Ich fühle noch undeutlich, dass mir die Aufführung außerordentlich gut gefallen hat, tief beeindruckt hat mich Pünktchens Kleid, dunkelblau mit weißen Tupfen und einem weit schwingenden Rock, ich habe das kleine Mädchen, das es tragen durfte, von Herzen beneidet. Die stärkste Empfindung aber wirkt noch immer weiter, wenn ich daran denke, wie nach Ende der Vorstellung der Autor, Erich Kästner, die Bühne betrat und sich vor den jubelnden Kindern verneigte: Ich war, gerade elf Jahre alt, auf der Stelle in ihn verliebt, träumte nächtelang von ihm und wollte natürlich alle seine Bücher haben. Von den Tausenden Büchern, die ich mittlerweile gelesen habe, hat kaum eines je diesen Überschwang an Gefühlen ausgelöst wie »Pünktchen und Anton«, »Emil und die Detektive«, »Das fliegende Klassenzimmer« und »Das doppelte Lottchen«. Seine Autobiografie und seine Gedichte nehmen immer einen besonderen Platz in meinem Herzen ein.

Im Gymnasium gab es überaus preisgünstige Schülerabonnements für Nachmittagsvorstellungen im Burgtheater, von denen ich, mit steigender Begeisterung, Gebrauch machte. Von einem ausgezeichneten Deutschlehrer aufs sorgfältigste und, vor allem, anregendste vorbereitet, tauchte ich tief in die Wunderwelt der Klassik ein, hingerissen von Schauspielern, die wir alle wie die

Halbgötter verehrten. Seit damals bin ich das willige Opfer der Theater-Sucht, der ich bis lange nach Kriegsende, da sich mir und meinen Zeitgenossen auch noch ein weites Feld bislang unbekannter Moderne zu erschließen begann, mit Haut und Haar verfallen war.

Allerdings – wenn ich jetzt gelegentlich, meist zu nachtschlafener Zeit, im Fernsehen Aufzeichnungen von Aufführungen aus den Fünfziger- und Sechzigerjahren sehe, vermag ich meinen damaligen Enthusiasmus nicht ganz zu verstehen. Hat mich das gelegentlich dick aufgetragene Pathos wirklich nicht gestört? Vieles dessen, was mich seinerzeit in Hochstimmung versetzt hat, kommt mir heute hoffnungslos antiquiert und verstaubt vor. Die Welt hat sich weiter gedreht, ich habe mich gewandelt – und irgendwie sind die Theaterwelt und ich dann nicht mehr so recht zusammengekommen, was mich unendlich traurig macht.

Ich mag es nicht, wenn ich im Theaterprogramm nachschauen muss um zu begreifen oder zumindest zu erahnen, was der Regisseur mit diesem oder jenem bizarren Einfall gemeint haben könnte. Ich mag es nicht, wenn in einem mir wohl vertrauten klassischen Stück die Darsteller plötzlich in SS-Uniform herumlaufen, damit auch, wie mir der Regisseur via Programmheft ausrichten lässt, der heutige Zuschauer begreift, dass dies oder jenes Böse auch in unserer Zeit passieren kann. Das ist, wie man es im lässigen wienerisch-jiddischen Jargon auszudrücken pflegt, eine so genannte »No-na«-Erklärung. Ist das Publikum wirklich zu dumm, um Parallelen wahrzunehmen, mangelt es ihm denn jetzt an der Fantasie, mit der es nachweislich seit jeher begabt war: Im alten Griechenland, wo man ohne jegliche Kostümierung und Bühnendekoration auskam, zu Shakespeares Zeiten, da eine schlichte Tafel verkündete, dass man sich soeben auf dem Schlachtfeld oder im Palast des Königs befände.

Ich mag es schon gar nicht, wenn sich, völlig unmotiviert, splitterfasernackte und zumeist nicht sehr ansehnliche Menschen auf der Bühne tummeln, so nach der Aussage des berühmten deutschen Schauspielers Heinz Bennent, der kürzlich in einem Fernseh-Interview feststellte: »Heute ist es wichtiger, auf die

Bühne pinkeln zu können, als seine Texte ordentlich zu sprechen.«

Auch die renommierte Hamburger Wochenschrift »DIE ZEIT«, der man beim bösesten Willen nicht Fortschrittsfeindlichkeit nachsagen kann, hat es jetzt unternommen, sich auf die Seite von uns verstörten Bildungsbürgern zu schlagen, indem sie schrieb: »Die Regisseure, die sich in den letzten Jahren erfolgreich an die Stelle der Autoren gesetzt haben, ... pflegen einen kämpferischen Umgang nicht mehr mit der Welt, sondern nur noch mit den Klassikern, die sie demontieren ... Das Theater ... muss das Leben spiegeln, nicht die Kulisse.« (DIE ZEIT vom 23. Mai 2001) »Das krachende Regietheater der Ruinenbaumeister ...« heißt es dann in einem ZEIT-Artikel vom 5. Juli 2001.

Ich mag es nicht, wenn in Mozarts »Le nozze di Figaro« der Titelheld plötzlich auf den Händen herumtapsend seine Arien schmettert und dann im letzten Akt, der wundervollen nächtlichen Garten-Szene, sich die Bühne als das Innere eines grell ausgeleuchteten roten Würfels präsentiert, auf dem drei oder vier weitere knallrote Würfel herumstehen, hinter denen sich die Protagonisten, verkrampft kauernd und auf allen vieren kriechend und daher nur mühsam Töne hervorpressend, aufs lächerlichste verstecken. Ich mag es nicht, wenn schrille, dissonante Töne mein feinfühliges Gehör martern, und ich denke immer mit Rührung an die Szene zurück, da mein kleiner Enkelsohn beim Einsetzen derartiger Misstöne aus dem Radio sich die Ohren zuhielt und schrie: »Momi, Momi, bitte abdrehen, tut so weh.«

Nicht Weh-, sondern Wohllaut hat der große, im April 2000 so jung und so unerwartet verstorbene Dirigent Giuseppe Sinopoli in seine 1981 in München uraufgeführte Oper »Lou Salomé« gesetzt und wurde dafür, wie er in einem posthum ausgestrahlten Interview klagte, »von den Intellektuellen durch die Bank geprügelt«. Das habe ihm, so fügte er hinzu, »sehr, sehr wehgetan«.

Fest gescholten werden wir alle, die wir mit einigen, durchaus nicht mit jeglichen neuen Wegen der bildenden und darstellenden Künste unsere Schwierigkeiten haben, wobei »Bildungsbürger« noch das gemäßigste aller Schimpfworte ist – als ob es nicht gerade die Bürger gewesen wären, die der Aufklärung den Weg geebnet hätten, als ob nicht Bildung der höchsten Güter eines wäre. Reaktionär wären wir Bildungsbürger durch die Bank, wenn nicht gar faschistoid, nicht gewillt, uns ein bisschen anzustrengen und dem Neuen aufzuschließen.

Dabei sitzen wir Bildungsbürger, ich gebe es offen zu, in einer veritablen Klemme, nicht nur, weil wir meist von der falschen Seite Applaus bekommen, von der wir ihn unter gar keinen Umständen haben wollen. Belastet ist insbesondere meine Generation durch die Erinnerung an die unglückseligen Zeiten, da alles, was neu und zukunftsweisend war, als »entartet« verunglimpft und vernichtet wurde. Nein, auch in dieses Fahrwasser wollen wir natürlich nicht gedrängt werden.

Das Hauptargument der Bildungsbürger-Beschimpfer lautet aber dahingehend, dass wahre Kunst niemals zu ihrer Zeit vom breiten Publikum erkannt und nur von den wahrhaft Auserwählten goutiert worden wäre, wozu gleich einige Beispiele geliefert werden: Richard Wagner, der von Eduard Hanslick in Grund und Boden kritisiert worden war, die Impressionisten, van Gogh, um nur einige wenige zu nennen. Das Gegenargument, dass die überwiegende Zahl der Künstler bis weit ins 19. Jahrhundert sehr wohl selbst von den Massen verstanden, geliebt und verehrt wurden, wird dabei geflissentlich verschwiegen.

Kann man sich die folgende Szene bei der Uraufführung eines zeitgenössischen Musikwerkes vorstellen: »Am 19. März ... fand die erste öffentliche Aufführung ... statt. 18 Mann berittene Garde und ein Dutzend Polizisten waren nötig, um den Sturm auf die Theaterkasse einigermaßen im Zaum zu halten. Im bis auf den letzten Platz besetzten Haus wurden ... eingenommen, eine Summe, die bisher noch nie ... kassiert worden war.« Aufgeführt wurde Haydns Schöpfung am 19. März 1799 im Wiener Burgtheater, 4088 Gulden, 40 Kreuzer wurden lukriert. (Zitiert nach H. C. Robbins Landon »Das kleine Haydnbuch«, Residenz-Verlag.)

Kann man sich folgende Szene bei der Aufstellung einer zeitgenössischen Skulptur vorstellen: 1424 strömt in Florenz alles Volk zusammen, um der Enthüllung der wundervollen Bronzetür Lorenzo Ghibertis am Baptisterium des Domes beizuwohnen, und in einem enthusiastischen Taumel packen einige Männer den Meister, setzen ihn sich auf die Schultern und tragen ihn, unter dem tosenden Jubel der Zuschauer, mehrere Male um das Gebäude herum.

Ich kann mich des Eindrucks nicht erwehren, dass die Künstler unserer Zeit das Feld kampflos den Schwätzern und Zotenreißern, den Reklameschreiern und Kitsch-Orgiasten überlassen, wozu aber auch die so genannten Bildungseinrichtungen, vorweg die Schulen, ihr gerüttelt Maß beitragen. Wie sonst wäre es möglich, dass sich die Kandidaten der populären TV-Quizsendungen vor Fragen nach Literatur, Geschichte, so genannter ernster Musik und bildender Kunst fürchten wie der Teufel vorm Weihwasser? Die Antworten indes auf dem Gebiet von Fußball und Popmusik kommen den meisten spontan und mühelos über die Lippen. Irgendetwas, will mir scheinen, ist da in den letzten Jahren und Jahrzehnten zwischen der Künstlerschaft und dem Publikum schief gelaufen.

Ein winziger Hoffnungsschimmer leuchtete mir kürzlich aus einer TV-Kultursendung des mitteldeutschen Rundfunks: Da haben sich Studenten der Musikhochschule Leipzig zusammengetan, um in einer aufgelassenen Fabrikhalle regelmäßig die derzeit so beliebten After-Work-Partys zu veranstalten – und sie finden überraschend starken Zuspruch von einem durchwegs jugendlichen Publikum, obwohl jene Partys ausdrücklich unter dem Namen »after-work-classic« firmieren, wobei der DJ eine kluge Mischung aus alt und neu präsentiert ...

Zur Ergötzung aller jener, die zum Kreis der auserwählten Kunstkenner gehören, seien noch zwei Episoden erwähnt, die augenfällig zeigen, wie man sich als erwiesene Bildungsbürgerin tief ins eigene Fleisch schneiden kann.

In der Nachkriegszeit besuchten wir, mein Mann und ich, wiederholt den so genannten »Strohkoffer«, so etwas wie ein In-

Lokal jener Jahre, eine schummrige, strohtapezierte Kellerhöhle in der Innenstadt, in der einander Künstler, Journalisten und Intellektuelle trafen sowie viele, die meinten dazugehören zu müssen. Es wurde diskutiert, geschwätzt, sehr viel getrunken und geraucht, die Luft war zum Schneiden, die Stimmung immer ausgezeichnet.

Gelegentlich wurden Werke junger, unbekannter Künstler ausgestellt und selten gekauft. Eines Abends waren die Wände des »Strohkoffers« mit den Bildern eines mageren, bleichen brennnäugigen Jünglings tapeziert, die mehr Beachtung fanden als üblich, und Dr. Alfred Schmeller, seinerzeit Kulturredakteur der Tageszeitung »Wiener Kurier«, später Direktor des Museums des 20. Jahrhunderts, redete uns heftig zu, eines davon zum Preis von 150 Schilling zu erwerben.

»Dieser Junge wird noch was, den sollten Sie unterstützen«, sagte er. Mein Mann sagte nichts, denn ich war die für Kunst und Kultur Zuständige in der Familie, aber ich schüttelte den Kopf. Erstens waren 150 Schilling damals ein Haufen Geld und ich war nicht gewillt, es für etwas auszugeben, das mich überhaupt nicht ansprach. Das von Dr. Schmeller empfohlene Gemälde war mir zu bunt, zu laut, zu plakativ, es würde die Harmonie meiner Wohnung stören. »Aber«, argumentierte er, »es wird sicher im Laufe der Zeit gewaltig im Wert steigen.« – »Mein lieber Doktor«, entgegnete ich, »wenn ich hätte Kunsthändlerin werden wollen, hätte ich mich früher dafür entschieden. Ich bin mit meinem Beruf als Journalistin recht zufrieden.«

Ich weiß nicht mehr, ob dieses Bild damals einen Abnehmer fand, ich weiß nur, dass es, Jahrzehnte später, um eineinhalb Millionen Schilling nach Tokio verkauft wurde. Der Maler hieß in den Strohkoffer-Zeiten Friedrich Stowasser, später nannte er sich Friedensreich Hundertwasser.

Meine mangelnde Eignung für den Beruf einer Kunsthändlerin konnte ich noch ein zweites Mal unter Beweis stellen, nachdem ich, contre cœur, ein Bild erworben hatte, das mir zwar ausnehmend gefiel, mich jedoch bei längerem Betrachten an den Rand einer Depression versetzte. Peter Weiser, ein junger Schriftsteller, der später einer der bedeutendsten Kulturmanager der Stadt werden sollte, lieferte monatlich eines seiner bezaubernden Feuilletons bei mir in der Redaktion ab. Einmal erschien er mit einem Aquarell, auf dem über einer fließenden Schilflandschaft eine große schwarze Sonne vor einem orange-rosa Himmel zu sehen war, und er flehte mich in eindringlichen Worten an, dieses Bild zu kaufen. Die Geschichte, die er dazu erzählte, die habe ich vergessen; es ging wohl irgendwie um die bedrohlichen Nöte, in denen der junge Künstler steckte. 300 Schilling würden ihm ein Stückchen weiter helfen. Auch 300 Schilling stellten eine schwere Belastung für mein Budget dar, aber Weiser, ein hoch begabter Überredungskünstler, brachte mich dazu, das Bild in Raten zu 50 Schilling zu kaufen, die er pünktlich und erbarmungslos an jedem Monatsersten kassierte. Ich hängte das Bild so auf, dass ich es nicht direkt im Blickfeld hatte.

Wochen später besuchte mich der Magnum-Fotograf Erich Lessing, ein kenntnisreicher Sammler moderner Kunst, mit unbestechlichem Blick für bleibende Werte, und er geriet in Ekstase, als er die schwarze Sonne sah. Ob ich mich dazu entschließen könnte, sie ihm käuflich zu überlassen. Wieder kam mir hurtig das Argument mit der Kunsthändlerin über die Lippen. Ich sei keine, ich würde nie eine werden, wenn ihm das Bild so überaus gefiele, dann würde ich es ihm eben schenken. Fröhlich zog Erich Lessing mit dem mich so traurig machenden Aquarell ab.

Es ist noch gar nicht so lange her, da veranstaltete die Wiener Albertina, eine der bedeutendsten Grafik-Sammlungen der Welt, eine retrospektive Schau des inzwischen berühmt gewordenen Kurt Absolon. Darunter prangte die schwarze Sonne als »Leihgabe von Prof. Erich Lessing«. Ach ja.

Um mich ein wenig vom Odium der totalen Ignorantin zu befreien, sei nur am Rande erwähnt, dass ich in meinem Wohnzimmer sehr wohl ein ganz modernes, ganz abstraktes Bild hängen habe, einen echten Frieder Danielis, genau gegenüber des Fauteuils hängend, den ich am meisten benütze, und es versetzt mit seinen unnachahmlichen Farb- und Formkompositionen meine Seele immer wieder in Schwingungen – ein probates

Mittel gegen die Anfechtungen und Misslichkeiten des täglichen Lebens ...

Das Fundament jeder bildungsbürgerlichen Erziehung war (und ist) die Schule. Es gab (und gibt) gute und weniger gute, feine und weniger feine. Es war das Bestreben jedes um das geistige wie um das soziale Fortkommen ihres Kindes besorgten Elternpaares, dieses in einer sowohl guten wie auch feinen Schule unterzubringen, was in meinem Fall keiner besonderen Anstrengung bedurfte. Die für mich zuständige Volksschule in der Haizingergasse, keine fünf Gehminuten von unserer Wohnung entfernt, genoss einen vorzüglichen pädagogischen Ruf und sie lag am Rande des vornehmen Cottage-Villenviertels, sodass sie in der überwiegenden Mehrzahl von »feinen« Kindern besucht wurde.

Mein Freund Friedel hingegen, obwohl nur einen Katzensprung entfernt von uns lebend, war einer anderen Schule zugeteilt worden und auch die lag an einer Grenze, an der Grenze nämlich zu einem Arbeiterbezirk, aus dem keine »feinen« Kinder in die betreffende Schule strebten. Obwohl es fast ausgeschlossen war, eine andere als die amtlich vorbestimmte zu besuchen, gelang es Friedels Mutter dennoch, ihren Sohn in der Haizingergasse unterzubringen – ein Bravourstück, dessen Zustandekommen ihr Geheimnis blieb. Die Mutter einer anderen Schulkollegin bediente sich eines einfachen Schwindels, mit dem sie die Unterbringung ihrer Tochter in der Haizingergasse schaffte: Sie hatte einfach die Wohnadresse ein wenig manipuliert, und als die Sache aufflog, war das Kind schon fast ein Jahr in der Klasse, aus pädagogischen Erwägungen schien es jedoch nicht geraten, sie an die ursprünglich für sie bestimmte Schule zu transferieren; ihre Mutter kam mit einer Verwaltungsstrafe davon.

Unseren ersten Schultag habe ich in düsterer Erinnerung, denn er stempelte mich, nicht nur meiner Größe wegen, zur Außenseiterin. Ich sprach, soeben von den Großeltern in Hartha kommend, in breitem Sächsisch, was nicht enden wollendes Gekicher auslöste, sobald ich nur den Mund aufmachte. Bis ich ins ortsübliche Wienerisch zurückgefunden hatte, blieb ich lieber stumm. Überdies waren alle Kinder herausgeputzt wie für ein großes Fest, ich hingegen trug einen schlichten Faltenrock und einen Pullover. Dieser Kulturschock kam deswegen zu Stande, weil meine Mutter noch zu wenig mit den österreichischen Sitten und Gebräuchen vertraut war. In Deutschland war es üblich, die Kinder am ersten Schultag »normal« zu kleiden, in Österreich wurde das beste Gewand hervorgeholt. Freund Friedel, zum Beispiel, trug einen Anzug aus dunkelblauem Samt, dazu ein weißes Rüschenhemd, und er sah mit seinen weichen, hellblonden Haaren aus wie »der kleine Lord« höchstpersönlich, ich daneben wie ein graues Mäuslein und ich habe mich auch entsetzlich geniert. Inzwischen weiß ich längst, dass auch Friedel sich in seiner samtenen Pracht gar nicht wohl gefühlt hat, und mit Schaudern denkt er noch an die weißen langen Strümpfe zurück, die er zu den kurzen Hosen getragen hat. Die Strümpfe hingen, man kann es heute kaum glauben, an miederartigen, über die Schulter gezogenen Strumpfbandgürteln, wie sie auch die Mädchen verpasst bekamen. Alle Buben mussten in der kalten Jahreszeit Strümpfe und Strumpfbandgürtel zu ihren kurzen Hosen anziehen. Lange Hosen bekamen sie erst etwa ab dem vierzehnten Lebensjahr.

Trotz dieser anfänglichen Irritation habe ich mich dann doch mit der Zeit in der Schule eingelebt und wurde, da ich süchtig nach Lernen war, in ihr heimisch. Dazu trug in erster Linie Friedel bei, das von Babyzeiten an vertraute Gesicht, der stets zuverlässige Gefährte. Und Frau Lehrerin Werther, Amalie Werther, eine Frau von unerschütterlicher Geduld und stetiger Zuneigung zu *allen* Kindern, von denen einige nicht unschwierig waren: Franz Leeb und Gustl Kramer, die einzigen Proletarierkinder in der Klasse und daher immer in geduckter Abwehrstellung gegen mögliche Hochnäsigkeit und Verachtung von Seiten der offensichtlich Privilegierten, zutiefst verletzlich, daher aufs äußerste aggressiv, sodass sie, zumindest im Anfang, schon gelegentlich ihre Fäuste einsetzten, der vermeintlichen Beschädigung ihrer Ehre Einhalt gebietend. Frau Lehrerin Werther gelang es, die beiden ebenso fest in die Klassengemeinschaft einzubinden wie den armen K., Sohn eines noch heute bekannten Großindustriellen, der nicht nur geistig, sondern auch physisch der Schwächste von uns allen war und noch bis in die dritte Klasse in die Hose machte. Keiner, keine hätte es im Angesicht der Frau Lehrerin Werther gewagt, sich über K. lustig zu machen, und auch wenn sie wegschaute, blieben wir freundlich zu K. Die Frau Lehrerin hatte es uns lange genug vorgelebt.

Die Volksschule in der Haizingergasse war ein Paradebeispiel für die anfänglich heiß befehdete, große Schulreform des Wiener Stadtschulratspräsidenten Otto Glöckel, der mit Energie und Konsequenz jahrhundertealten Staub aus den Klassenzimmern geblasen, alle brachialgewaltigen Erziehungsmethoden abgeschafft und den Lehrern beigebracht hat, die Würde der Kinder zu respektieren, ihnen aber gleichzeitig beizubringen, die Autorität des Lehrers anzuerkennen. Eine schwierige Vorgabe, bei der ihm altgediente Lehrer oftmals nicht zu folgen vermochten, weil sie ohne das berüchtigte Rohrstaberl, ohne Nachsitzen-Lassen und Strafaufgaben mit den kleinen Wilden nicht zurechtkamen. Frau Lehrerin Werther konnte es und die meisten ihrer Kollegen – damals unterrichteten vorwiegend noch Männer an den Grundschulen – konnten es auch. Daher der hervorragende Ruf der Haizingergasse.

Wie weit der berühmte »Elternfragebogen« dazu beigetragen hat, dass Frau Lehrerin Werther so gezielt auf jedes einzelne Kind eingehen konnte, das ist mir unbekannt. Diesen Fragebogen mussten die Eltern vor Schuleintritt ausfüllen, und wenn ich ihn mir heute ansehe, dann stehen mir die Haare zu Berge angesichts der permanenten Verletzung der Intimsphäre, vom Datenschutz ganz zu schweigen – Begriffe, die in jenen Tagen gänzlich unbekannt waren. Die Eltern waren angehalten, das Dokument »gewissenhaft ... im Interesse des Kindes« auszufüllen, und wenn sie das wahrheitsgemäß taten – was ich eigentlich bezweifeln möchte, es sei denn sie hatten Furcht vor der schulbehördlichen Autorität –, dann stand der neue Schüler als gläserner Mensch vor der Lehrkraft.

Genau wurde der Gesundheitszustand ausgelotet, nach körperlichen Gebrechen (zum Beispiel Linkshändigkeit!) gefragt, wann das Kind gehen und sprechen lernte, ob es alkoholische Getränke zu sich nimmt, viel spazieren geht, ob es zeichnet, malt, Gebete oder Sprüche auswendig kann, zu zählen vermag, Farben unterscheidet. Wie oft es weint, sich alleine anzieht, aufs Klo findet. Ist es hektisch beim Spielen, räumt es seine Spielsachen weg, weint es? Wird es leicht zornig? Will es immer etwas Neues? Wie verhält es sich beim Versagen eines Wunsches – und so weiter und so fort. Ich glaube, das Land stünde Kopf, würde man solches von Eltern jetzt verlangen – und dennoch, dieser Fragebogen war Bestandteil der weltberühmten Göckel'schen Schulreform. Tempora mutantur – aber schon eher sehr gewaltig.

Ich ahne es nicht, was meine Eltern in den Fragebogen hineingeschrieben haben, vermute aber, dass sie mich in strahlendem Licht darstellten, und Frau Lehrerin Werther musste selbst herausfinden, dass ich ängstlich war, um nicht zu sagen feige, mich bis an den Rand der Panik vor jeder Autorität fürchtete, und ungeheuer liebesbedürftig. Eine Fügung des Schicksals brachte es mit sich, dass Frau Lehrerin Werther und ich uns sehr nahe kamen, sodass sie mich späterhin zwar niemals sichtbar vor anderen Kindern bevorzugte, jedoch immer ihre schützende Hand über mich hielt und mich langsam dazu brachte, mich von tausendfachen Ängsten zu lösen, lockerer zu werden.

Kaum in die Schule eingetreten, erkrankte ich schwer, es war irgendetwas mit der Hylusdrüse, eine Vorform der Tuberkulose sozusagen. Ich musste wochenlang in der Universitätsklinik in einem Einzelzimmer schmachten, was auch nicht gerade zur Erhellung meiner oft verdüsterten Seele beitrug, und kam dann für weitere Wochen in ein Kinder-Erholungsheim auf dem Semmering, wo ich, dünn, schwach und verängstigt, zur Zielscheibe von mancherlei grobem Spott und hinterhältiger Hänseleien wurde.

Zu Frühjahrsbeginn war ich so weit, dass ich wieder in der Lage gewesen wäre, die Schule zu besuchen, doch die Chancen, all den versäumten Lehrstoff nachzuholen, standen schlecht. Also – sitzen bleiben! Ein schier unerträglicher Gedanke, dem die gütige Frau Lehrerin Werther schließlich ein Ende machte. Sie erbot sich, mir zweimal in der Woche nachmittags Privatunterricht zu erteilen und es gelang ihr, mir tatsächlich in wenigen Wochen beizubringen, was die anderen Kinder bis dahin gelernt hatten. Erst auf der Schiefertafel mit Kreide ungelenk in Großbuchstaben die ersten Worte formen (MIMI MAMA IM AM), aus dem so genannten Setzkasten, der aus mit den einzelnen Buchstaben bedruckten Kärtchen bestand, Worte formen und auf eine Leiste stellen, und schließlich bestand ich auch den Kampf mit Feder, Federhalter und Tintenfass, auf dem Schreibtisch meines Vaters, an dem ich arbeitete, für ewige Zeiten Spuren hinterlassend. Diese intensive Nachhilfe hat meine Eltern keinen Groschen gekostet. So war Frau Lehrerin Werther.

Ich sehe sie noch vor mir, mittelgroß, schlank, von einer Wolke aschblonden Haares umweht, ein Lächeln um den Mund und in den gütigen blauen Augen. »Ich kann mich kaum an sie erinnern«, sagt Freund Friedel, »ich habe nur den Eindruck einer ziemlich alten Jungfer mit einer ständig rinnenden Nase.« Ich widerspreche heftig. Die Nasentropfen habe ich nie gesehen und eine alte Jungfer war sie gewiss nicht, wie sonst wäre es möglich gewesen, dass der Herr Lehrer Fischer aus der Nebenklasse immer heftig mit ihr flirtete, wenn die beiden Pausenaufsicht hatten.

Kaum jemals ist mir damit deutlicher geworden, wie sehr sich das Wahrnehmungsvermögen eines Jungen und eines Mädchens voneinander unterscheiden, wie die Interessen zweier Kinder unterschiedlichen Geschlechtes, die ja immerhin in engster Gemeinschaft wie Bruder und Schwester aufgewachsen sind, langsam, aber stetig auseinander driften. Wann das wohl begonnen haben mag? In der Vorschulzeit waren wir in allem und jedem ein Herz und eine Seele, nicht ein einziges Mal gab es auch nur die geringsten Unterschiede bei unseren Vorlieben. Wir haben beide mit meinen Puppen Vater, Mutter und Kind gespielt, wobei Friedel ein sehr moderner »Vater« war und darauf bestand, unseren »Sohn« Friedel selbst zu baden (bei der »Tochter« Ilse war das unmöglich, da ihr Körper aus wasserlöslichem Pappmaché bestand). Gemeinsam standen wir am Herd unserer Puppenküche, je nach Rolle vor oder hinter dem Kaufmannsladen. Wir liebten dieselben Gesellschaftsspiele, gingen gemeinsam Eislaufen und Schwimmen, kämpften mit vereinten Kräften gegen den störrischen Drachen, den mein Vater gebastelt hatte und der nicht und nicht in die Höhe klettern wollte. Wir haben zusammen Klebepapier, mit bunten Farben geziert, hergestellt und hatten den gleichen Lebenstraum: Wir würden heiraten, zusammen eine Konditorei betreiben und den ganzen Tag Kuchen, Torten und Speiseeis essen, ohne dass uns jemand daran hindern könnte.

Ich glaube, es fing mit dem Lesen an, dem wir beide, auch das eine Gemeinsamkeit, verfallen waren, kaum dass wir die ersten Worte buchstabieren konnten. Bücher, Bücher, Bücher – wir lechzten nach Büchern, je dicker, desto besser. Aber Kinder sind keine routinierten Buchkäufer, also bekommen sie ihren Lesestoff von den Erwachsenen geschenkt nach deren Geschmack, nach deren eigenen sozialen Prägungen. Ich erhielt Mädchenbücher, allerdings nur der gehobensten Sorte, von der großen dänischen Dichterin Karin Michaelis etwa, die eine hinreißende dreibändige Serie über ein Mädchen namens Bibi geschrieben hat, niemals Minderwertiges und allseits Beliebtes wie »Trotzkopf«. Was wollte ich daher immer wieder und immer mehr? Mädchenbücher, natürlich. Friedel erhielt ein Abonnement der Zeitschrift »Frohes Schaffen«, Wissenschaft, Technik, Natur jugendgerecht aufbereitet, Reise- und Abenteuerbücher, und auch er wollte stets mehr vom Gleichen, und irgendwann riss dann, gottlob nur vorübergehend, der Gesprächsfaden zwischen uns ab, obwohl ich gerne manches von dem gewusst hätte, was er wusste. Brennend interessierten mich zum Beispiel die weißen Flecke auf der Landkarte, die es damals noch gab, aber ich hatte Hemmungen, zu fragen, aus dem unbestimmten Gefühl, dass es sich für Mädchen nicht ziemte, in dieser Richtung Neugier zu zeigen.

Es mag auch ein Erlebnis zu dieser Einstellung beigetragen

haben, das mich gekränkt und erschreckt hat. Ein Freund meines Vaters, der schon ein Auto besaß, stocherte, seinen etwa dreijährigen Sohn an der Seite, in den Eingeweiden des Motors herum und ich bat ihn, mir zu erklären, wie dieser funktionierte. Der Mann lachte, er lachte so, dass es wie Auslachen klang, und sagte: »Aber Kinderl, das ist doch nix für Mäderln, die begreifen das sowieso nicht.« Dann wandte er sich, ganz ernsthaft, seinem Sohn zu und begann ihm detailliert genau das zu erläutern, was eigentlich ich wissen wollte. Der Knabe strahlte über das ganze Gesicht, schlug die Hände zusammen und krähte: »Auto schön, Auto schön«, und begriff offensichtlich nicht das Geringste. Ich auch nicht. Ich war ja ein Mäderl und Mäderln brauchten und sollten mit Technik nichts zu tun haben. Hat sich inzwischen viel geändert? Ich fürchte nein.

Wie sehr es von den Erwachsenen abhängt, in welche Richtung sich Interessen und Begabungen entwickeln, habe ich am eigenen Leibe durch meinen Großvater nachhaltig erfahren, dessen Steckenpferd die Geschichte war. Wenn er mit mir spazieren ging, eindrucksvoll in seinem schwarzen Havellock (ein langer Mantel mit einer Art Kutscherkragen darüber), einen breitkrempigen Hut auf dem Kopf und immer, *immer* einen Spazierstock mit elegant ziseliertem Griff in der Hand, dann erzählte er mir keine Märchen, sondern kleine Geschichten aus der Geschichte. So wie Friedel seinen Sven Hedin verschlungen hat, habe ich später jedes nur erreichbare geschichtliche Werk zu ergattern versucht, bis ich so mit Geschichte angefüllt war, dass sie wieder aus mir herausdrängte und ich Sachbücher über historische Persönlichkeiten zu schreiben begann.

Wären wir andere geworden, hätte man Friedel mit Karin Michaelis und mich mit Sven Hedin systematisch und einseitig gefüttert? Eine schlüssige Antwort will sich nicht einstellen ...

Noch eine Prägung fürs Leben hat mir mein Großvater mitgegeben, die mir in allem, was ich hinfort in Angriff nahm, einen Vorteil vom Start weg verschaffte. Er hielt mich dazu an, Dinge, die getan werden mussten, ohne Zögern zu erledigen, so lästig dies auch wäre. Hausaufgaben, zum Beispiel, wären nachmittags als Erstes zu schreiben, was er mir mittels eines kleinen Gedichtchens einprägte und schmackhaft machte, dessen Endzeilen ungefähr so lauteten: »... lockt auch der liebe Sonnenschein,/ das Kind es will erst fertig sein«, mit der Auflage, dass die wenigst geliebte Aufgabe, etwa Rechnen, an erster Stelle zu stehen hatte.

Schule, ich sagte es schon, war das reine Vergnügen für mich, das sich in dem Maße steigerte, in dem mir die guten Noten Liebe, Lob und Anerkennung von meinen Eltern brachten, nach denen ich dürstete wie eine Verschmachtende.

Weniger erbaulich waren die äußeren Umstände, unter denen sich Schulleben seinerzeit abspielte in einer Klasse mit dreißig Kindern, in einem hohen stickigen Raum, wo es penetrant nach dem schmierigen schwarzen Öl stank, mit dem der Fußboden eingelassen war. Klappernde, abgeschabte Bänke und Pulte, übersät mit eingetrockneten Tintenflecken, Fenster, die, ich weiß nicht warum, nie geöffnet werden durften, beißende Kälte an manchen Tagen im Herbst oder Frühling, denn es wurde nur vom 15. Oktober bis 15. April geheizt, dann aber kam man ins Schwitzen, denn der bullernde eiserne Kohlenofen war nicht regulierbar. In der Hitze kamen die an den Wänden auf primitiven Haken gehängten Mäntel ins Dampfen und, vor allem, ins Stinken, denn die chemische Reinigung von Wollsachen war unüblich, wenn nicht gar unbekannt. In unserer ganzen weiteren und näheren Umgebung gab es nur eine einzige Firma, Haas und Sickenburg hieß sie, in der auf diese ganz und gar unübliche Weise geputzt wurde. Mäntel, Kostüme, Anzüge hat meine Mutter täglich ausgeklopft und abgebürstet, Flecken wurden mit Hilfe von Waschbenzin entfernt, das sie auch literweise in eine große Schüssel goss, um darin Seidenblusen zu reinigen – auf der Fensterbank der weit geöffneten Scheiben im Vorzimmer, aus Angst, in der Küche könnten sich die Benzindämpfe am Gasherd entflammen.

Bemerkenswert waren auch die Toiletten-Anlagen in dieser Schule der Zwanzigerjahre: fünf oder sechs Einzelabteile, Knaben und Mädchen *nicht* getrennt, weit und breit keine Gelegenheit, sich die Hände zu waschen. Die Türe zum Toilettenraum war immer versperrt, in jeder Klasse hing rechts von der Türe ein Schlüssel an einem großen Metallring, etwa 15 Zentimeter im Durchmesser, und wenn man »hinaus« wollte, musste man die Lehrerin fragen. Es hat mir darum gewaltigen Eindruck gemacht, als ich, etwa acht oder neun Jahre alt, die Erlaubnis erhielt, mir den Schlüssel zu nehmen, ohne vorher »aufzuzeigen«, nachdem mir der Hausarzt eine Blasenschwäche infolge einer schweren Infektionskrankheit attestiert hatte. Warum ich so stolz auf dieses Privileg war, das kann ich heute nicht mehr nachvollziehen, aber ich glaube, es lag daran, dass mich die meisten meiner Mitschüler, aus für Erwachsene ebenso undurchschaubaren Gründen, beneidet haben und diesen Neid habe ich genossen.

Schule allein war zu wenig. Um gründlich für alle Anforderungen des späteren Lebens einer Dame der gehobenen Mittelschicht vorbereitet zu werden, wurde dem Kind ein umfangreiches Lern- und Arbeitsprogramm verordnet, das die Freizeit zum Spielen und Erholen auf ein Minimum zusammenschrumpfen ließ.

Schon vor dem Schuleintritt wurde ich in einen Kurs für rhythmisches Tanzen geschickt (gibt es so etwas heute überhaupt noch?) um zu lernen, mich anmutig und, vor allem, *weiblich* zu bewegen. Leider war ich ein hoffnungsloser Fall. Ich brachte es einfach nicht zu Stande, meine überlangen Arme und Beine in einen Rhythmus mit dem übrigen Körper zu bringen, und so wurde das ohnehin sehr teure Experiment nach wenigen Wochen abgebrochen, sehr zu meiner Erleichterung.

Kaum der ersten, durch die lange Krankheit so schwierig gewordenen Klasse entwachsen, wurde eine Demoiselle für den Französisch-Unterricht engagiert. Französisch musste sein, Französisch war die Sprache der Diplomatie und Hocharistokratie, eine universale Weltsprache, wie meine Eltern, noch tief im Denken des 19. Jahrhunderts verhaftet, ins Treffen führten. Dass die »Weltsprache« längst ihren Glanz verloren und im realen Leben langsam vom Englischen verdrängt wurde, das wollten sie nicht zur Kenntnis nehmen. In ihren Augen wie in denen noch vieler ihrer Zeitgenossen, war Englisch minderwertig, wenig facettenreich, unkultiviert, eben die Sprache der Seeräuber, Händler und Krämer, und nicht einmal Shakespeare fand in ihren Augen Gnade. Wer und was war Shakespeare, gemessen an Schiller, Goethe, Lessing und, eine kleine Konzession an Onkel Reinhold Backmann, Grillparzer?

Mein guter Großvater aus dem sächsischen Provinznest Hartha war da viel vorausblickender, er führte, gegen heftigen Widerstand von allen Seiten, Englisch-Unterricht in der Bürger- und in der Handelsschule ein, und auch meine Mutter war, sehr zu ihrem Missvergnügen ihrer perfekt französisch sprechenden Mutter, gezwungen worden, Englisch zu lernen. Sie hat es, glaube ich, niemals sehr weit darin gebracht und alles, nicht ohne Absicht, rasch vergessen und verdrängt. Wenn sie einmal ein paar englische Worte hervorstammelte, dann hat mich immer die Aussprache überrascht, die offensichtlich zu ihrer Schulzeit korrekt war. Das U, das im Englischen meist wie A gesprochen wird, klang in ihrem Munde wie Ö. Batter (Butter) wurde zu Bötter.

Mein Vater sprach, neben seinen k. u. k. Idiomen, ein passables Französisch und er war es auch, der die Demoiselle aussuchte. Es haben sich viele Mädchen gemeldet, auch in der Schweiz waren die Zeiten nicht rosig, und es musste eine Schweizerin sein, mein Vater bestand darauf. Nach seiner Meinung wurde bei den Helvetern das reinere Französisch gesprochen. Schließlich blieben zwei Demoiselles in der engeren Wahl, eine aus Genf, eine aus Lausanne, und mein Vater entschied sich für Mademoiselle Chavanel aus Lausanne, denn, so erklärte er, das dort gesprochene Französisch sei um Klassen besser als jenes aus Genf.

Mademoiselle Chavanel erschien dreimal in der Woche für je drei Stunden und sie hatte die Aufgabe, mir und zwei Schulfreundinnen, Hilde und Inge Goldscheider, beim Spielen und beim Spazierengehen, die Grundbegriffe der Konversation beizubringen. Sie war ein süßes kleines Persönchen mit strahlend blauen Augen und einem riesigen Haarknoten im Nacken und sie sprach so gut wie kein Deutsch. Wie wir auf unserem ersten

Spaziergang überhaupt miteinander zurechtgekommen sind, das weiß ich nicht mehr; ich erinnere mich nur an das schallende Gelächter meines Vaters, nachdem wir heimgekehrt waren und er sie nach den Erlebnissen des Nachmittags im Türkenschanzpark gefragt hatte. »Ah«, zwitscherte sie munter, »c'était magnifique, nous étions à *gradaus*.« (Ah, es war wunderbar, wir waren in Gradaus – das einzige Wort, das sie aus unseren Wegbeschreibungen begriffen und für das Ziel gehalten hatte.)

Mademoiselle Chavanel hat uns leider schon nach zwei Jahren verlassen und wurde durch Mademoiselle Burla ersetzt, einer Genferin, was schon nichts Gutes ahnen ließ. Da die Goldscheider-Mädchen abgesprungen waren, erhielt ich von Mademoiselle Burla systematischen Einzelunterricht – nichts da mit Spazieren und Spielen! – überlastet mit grammaire (Grammatik) und schrillen, mit böse funkelnden Augen hervorgestoßenen »Sapristi«-Schreien (verflucht), wenn ich nur den kleinsten Fehler machte. Ich glaube, es war damals das erste Mal, dass ich es wagte, gegen meine Eltern zu rebellieren. Mademoiselle Burla musste gehen. Ich war mittlerweile zehn Jahre alt geworden und für reif befunden, allein in die nahe gelegene Nussdorfer Straße zu gehen, um im Hause des berühmten Kolosseum-Kinos bei einer Französin unbekannter Herkunft weiterzulernen. Von der kurzen Zeit, die ich dort verbrachte, ist mir nur in Erinnerung, dass die blond gefärbte Dame extrem kleine Füße hatte (Größe 32) und mir, natürlich auf Französisch, vorjammerte, dass sie nur Kinderschuhe tragen könnte. Ich musste den Unterricht bei ihr abrupt abbrechen, nachdem es geheißen hatte, dass im Kolosseum-Haus ein Sittenstrolch sein Unwesen triebe. Man hat mir zwar nicht erklärt, was das sei, schärfte mir aber umso nachhaltiger ein, nie, *niemals* mit einem Fremden mitzugehen.

Schließlich landete ich bei Madame Jeanne Pépiot, die in der Mariahilfer Straße ein angesehenes kleines Sprachinstitut betrieb, eine Pariserin notabene, stets elegant gekleidet, stets makellos geschminkt, die neben Sprachwissen auch perfekte französische Lebensart vermittelte. Ich habe sie sehr geliebt und bekomme noch immer Herzweh, wenn ich an jenen Tag denke, da Frankreich von Deutschland überfallen wurde und sie vor uns Schülern weinend zusammenbrach. Sie hatte nicht nur um ihr Vaterland zu fürchten, sie glaubte sich auch in ihrer Existenz bedroht und fühlte sich erst dann ganz sicher, als sie der Einladung des Haus-Blockwartes (mehr oder minder offizieller Spitzel der NSDAP) gefolgt und mit ihm einen Ausflug in den Lainzer Tiergarten, ein beliebtes Wiener Erholungsgebiet, unternommen hatte. Sie aß tapfer kaltes Schnitzel und Kartoffelsalat aus dem Einweckglas mit ihm und sträubte sich auch nicht, als er sie aufforderte, es den anderen Frauen gleichzutun, sich ihrer Bluse zu entledigen und im Unterkleid (Kombinäsch = Kombination, sagt der Wiener dazu) den Rest des Nachmittags in seiner Gesellschaft zu verbringen. Der Mann hat sie nicht angerührt und auch nie mehr eingeladen oder belästigt.

Vierzehn Jahre Französisch, abschließend die Prüfung auf der Universität. Und was ist dabei herausgekommen? Gezählte zwei Mal habe ich in meiner langen journalistischen Laufbahn Interviews auf Französisch geführt, alle anderen in Englisch. Französisch, die Weltsprache – adieu, adieu ...

Auch Klavierspielen musste sein. Jede gebildete Dame beherrschte diese Kunst einigermaßen und sogar mein Vater setzte sich hin und wieder an den Flügel, Marke Ehrbar, ein mächtiges Möbelstück aus schwarz mattiertem Holz, das fast ein Viertel des Esszimmers einnahm und mit einer prächtig bunt bestickten Seidendecke verhüllt war, wenn es nicht benutzt wurde. Solange wir noch kein Radio hatten, wurde abends häufig musiziert, kam die Großmutter zu Besuch, dann spielten die Damen vierhändig und dann sechshändig, nachdem ich die ersten Anfangsschwierigkeiten überwunden hatte. Außer der Ouvertüre zu »Die weiße Dame« von François-Adrien Boieldieu, einem heute längst vergessenen Opernkomponisten aus dem Anfang des 19. Jahrhunderts, ist mir keines der dargebotenen Stücke in Erinnerung.

Gregor hieß die Klavierlehrerin, ob Sophie oder Elise mit Vornamen, darüber rätseln Freund Friedel und ich noch immer. Auch er wurde von ihr in die Grundbegriffe des Klavierspiels

Der Ehrbar-Flügel, Mittelpunkt der bildungsbürgerlichen Wohnung

eingeweiht. Sie erschien zweimal in der Woche, leicht keuchend nach zwei Stockwerken, denn sie war eine dicke Dame, geformt wie ein Kegel, oben eher schmal, nach unten immer weiter ausladend, was wohl davon kam, dass sie ständig neben mehr oder weniger lernwilligen Schülern auf einem Sessel festgeklebt sitzen musste. Sie hatte das unendlich traurige Gesicht eines Basset, nur dass ihr nicht die Ohren herunterhingen wie einem solchen, sonst aber wiesen alle Linien ihres Gesichts, die Augen, die Mundwinkel, abwärts. Wir waren angehalten, besonders rücksichtsvoll und höflich zu ihr zu sein, denn sie hatte, so hieß es, ein schreckliches Schicksal zu tragen. Vermutlich eine der ungezählten Frauentragödien, wie sie nach dem Ersten Weltkrieg an der Tagesordnung waren: kein Mann, kein Geld, als Dame, die bessere Zeiten gesehen hatte, gezwungen, widerspenstigen Kindern klassische Musik nahe zu bringen.

Einmal war ich in ihrer Wohnung in einem kleinen, längst schäbig gewordenen Biedermeierhaus gleich hinter der Mariahilfer Straße, eine Flucht von dunklen Höhlen, angestopft mit den herrlichsten Bildern und Antiquitäten, die Zeugnis ablegten von längst vergangenem Wohlstand.

Ich liebte klassische Musik, ich übte, täglich mindestens eine Stunde lang, mit wachsender Begeisterung, von den Czerny-Etüden bis zum »Fröhlichen Landmann« von Robert Schumann. Ehrgeiz trieb mich immer weiter an, ich wollte es unbedingt Elly Ney gleichtun, einer damals weltberühmten Pianistin. Ein unbestimmtes Gefühl sagte mir, dass ich als Frau nur dann volle Anerkennung und Beachtung finden würde, wenn ich etwas ganz Besonderes leistete. Nach mehreren Jahren unermüdlichen, verbissenen Trainings wurde mir klar, dass ich keine zweite Elly Ney werden könnte. Von einem Tag zum anderen habe ich, sechzehnjährig, den Klavierdeckel zugemacht und nie mehr in meinem Leben eine Taste angerührt. Alles, was geblieben ist, das ist meine Vorliebe für Klavierkonzerte. Von Mozart – wem sonst? Der kostbare Ehrbar-Flügel ging dann nach dem Krieg den Weg all dessen, was nicht überlebensnotwendig war, und wurde in Butter, Speck, Kartoffeln umgetauscht.

Und dann mit zehn in die Mittelschule, wie es seinerzeit hieß, heute ist die offizielle Bezeichnung AHS, Allgemeinbildende Höhere Schule, die Leute sagen trotzdem noch immer Mittelschule. Eine gleichermaßen gute wie feine musste es wieder sein und es war nicht eine der nächstgelegenen, sondern 25 Gehminuten von unserer Wohnung entfernt, in den Augen meiner Eltern ein nicht zu unterschätzender Vorteil, denn ich war vor Schulbeginn und nach Unterrichtsende zu einem längeren Fußmarsch gezwungen, gesund, gesund, gesund. Kein Mensch wäre auf die Idee gekommen, sein Kind mit der Straßenbahn in die Schule fahren zu lassen.

Das Mädchen-Realgymnasium, das meine Eltern ausgewählt hatten, bestand erst seit wenigen Jahren, vor mir gab es nur drei oder vier Klassen, und es hatte sich in dieser kurzen Zeit einen vorzüglichen Ruf als ein modernes, effizientes Institut erworben.

Und: die Schule lag ebenfalls am Rande des Villenviertels, zwei Drittel meiner Mitschülerinnen entstammten vornehmen, vor allem aber sehr begüterten Familien. Es würde sich die Gelegenheit ergeben, rechtzeitig das zu entwickeln, was nirgendwo so wichtig ist wie in Österreich: gute Beziehungen.

Ohne Aufnahmeprüfung ging nichts, aber darauf fürchtete ich mich gar nicht. Von Anfang an ängstigte ich mich vor keiner einzigen Prüfung, im Gegenteil, ich ging mit leicht euphorischen Gefühlen dahin, denn ich hatte fleißig gelernt, meiner Meinung nach alles begriffen und würde nun Gelegenheit haben, aller Welt zu beweisen, dass ich, eine brave Schülerin, ganz und gar nicht auf den Kopf gefallen war. Dieses Selbstvertrauen hat mir, hat uns allen, die gute Frau Lehrerin Werther vermittelt. Es wurde allerdings im Laufe der nächsten Jahre von einzelnen Lehrkräften systematisch, wie es schien, erschüttert, sodass ich das Phänomen Prüfungsangst sehr wohl kennen lernte, obwohl ich niemals in meinem Studieneifer nachgelassen hatte.

Der überwiegende Teil unserer Professoren entsprach durchaus den Vorstellungen, die sich meine Eltern von ihnen gemacht hatten, indem es ihnen gegeben war, uns zu motivieren und für ihre Fächer zu interessieren. Wie anders wäre es möglich gewesen, dass ich so spröde Stoffe wie Physik, Chemie und Darstellende Geometrie nicht nur nicht fürchtete, sondern sogar liebte, vor Englisch, Turnen und Mathematik gelegentlich in Panik verfiel. Die Englisch-Lehrerin, da muss der Wahrheit die Ehre gegeben werden, hat uns weit über das hinaus geführt, was man gemeiniglich als »Schul-Englisch« bezeichnet, aber sie hatte eine Art, die Prüfungen sadistisch aufzuheizen, dass ich einmal sogar in Ohnmacht gefallen bin, ehe sie überhaupt die erste Frage gestellt hatte.

Die Turnlehrerin hatte die Klasse zweigeteilt: in ihre Lieblinge, die sie duzte und mit Vornamen ansprach, und in die anderen, das waren die weniger Begabten, diese wurden mit Nachnamen angeredet und bei jeder Ungeschicklichkeit bloßgestellt und scharf gerügt. Eine meiner besten Freundinnen, Herta Wiedermann, Leichtathletin von höchsten Graden, und später für die niemals stattgefundenen Olympischen Spiele von 1940 trainiert, war das geliebte Augenlicht dieser Lehrerin, ich hingegen gehörte zum Abschaum, weil ich es nicht ein einziges Mal schaffte, über den Schwebebaum zu gehen ohne kläglich abzustürzen.

Der Mathematiker, klein und dick, in der Klasse allgemein geschätzt, hatte es speziell auf mich, groß und dünn, abgesehen, und beliebte mich zu Prüfungen mit den aufmunternden Worten »Kumm auße, du Knödel« aufzurufen. Ich habe Mathematik, das heißt diesen speziellen Lehrer, gehasst, bin aber immer mit einem blauen Auge, einer Zwei im Zeugnis, davongekommen.

Kaum der Schule entronnen, hat mir ein einziges, vorzügliches Buch die Schönheit, die Leichtigkeit, die innere Logik dieser Materie vermittelt. Es hieß »Vom Einmaleins zum Integral«, der Autor war ein Mann namens Egon Colerus und er verhalf mir wenig später zu einem außerordentlichen Triumph. Mit meinem ersten Mann, einem Artillerie-Offizier, und mehreren seiner Kameraden und deren Frauen saßen wir in geselliger Runde beisammen, die Herren diskutierten über ein mathematisches Problem und konnten sich nicht einig werden, bis ich mich einmischte und sagte: »Aber das ist doch ganz einfach, weil ...« Die Männer schwiegen einen Augenblick perplex, bis dann einer zu meinem Mann sagte: »Ich wusste gar nicht, dass du ein mathematisches Genie geheiratet hast.« Was ich damit beweisen und nachdrücklich behaupten will: Jedes Kind, es sei denn grenzdebil, kann jeden Stoff begreifen, man muss ihn nur richtig aufbereiten und durch die entsprechende Darbietung schmackhaft machen. Eine andere Geschichte ist es natürlich, wenn, was zurzeit recht häufig vorkommen soll, die lieben Kleinen nicht lernen *wollen*, ein Phänomen, das seinerzeit so gut wie gar nicht existierte. Es war eine *Ehre*, die Mittelschule besuchen zu dürfen und zu können und man war mächtig stolz, eine Visitenkarte vorweisen zu können auf der unter dem Namen »stud.gym.« zu lesen war.

Meine Lieblingsgegenstände waren Geschichte – kein Wunder, nach der Indoktrination durch meinen Großvater – und Deutsch. Wer so viel las wie ich, den musste es früher oder später zum Schreiben drängen, und ich mochte nichts so sehr wie das Aufsatzschreiben, was mir manchen Dämpfer nicht ersparte. Einige meiner endlos langen Ergüsse hat mir, vor allem in den oberen Klassen, Prof. Dr. Rudolf Langer, der strengste und zugleich beste Deutschlehrer, den sich ein junger Mensch nur wünschen konnte, mit einem verächtlich gezischten »journalistisches Geschwafel« hingeschmissen. Er hat es leider nicht mehr erlebt, dass ich tatsächlich Journalistin geworden und auch später mit meinem »Geschwafel« ganz gut über die beruflichen Runden gekommen bin.

Die Mittelschulzeit war jedoch nicht, wie man aus dem vorher Gesagten vielleicht voreilig schließen könnte, ein einziges Fest. Ich lernte gern. Gut. Ich lernte leicht. Auch gut. Ich wurde, von Ausnahmefällen abgesehen, selten durch Prüfungsängste gepeinigt. Noch besser. Dennoch: die acht langen Jahre – acht Jahre sind, wenn man noch jung ist, eine Ewigkeit – waren kontinuierlich von dem überschattet, was man heute Stress nennt. Der ständige Zwang, immer mit guten Noten zu brillieren, weil ich ansonsten meines Stipendiums verlustig geworden wäre. Das Schulgeld betrug, zumindest in den ersten Jahren, siebzehn ganze österreichische Schilling, das klingt jetzt wenig, seinerzeit war es viel für einen Staatsdiener, und so suchte er um Nachlass eines Teiles der Gebühren an, der auch gewährt wurde, allerdings eben unter der Voraussetzung guten Abschneidens der Schülerin. Die Notenskala im Halbjahrs- und im Abschluss-Zeugnis reichte von eins bis vier und da gab es eigentlich niemals Schwierigkeiten, das Klassenziel nicht nur zu erreichen, sondern auch noch mit der Bemerkung »vorzüglich« auf dem Dokument geadelt zu werden.

Die Tücke lag im Detail der Benotung von Prüfungen und Klassenarbeiten. Da ging die Skala von 1, –1, +2, 2, –2, +3, 3, –3, 4. Meine Mutter, die, ich habe es mehrfach erwähnt, allerorten Unheil dräuen sah, wurde bei einer –1 ganz leicht nervös, +2 versetzte sie in Aufregung, 2 oder –2 waren eine Katastrophe, die zwangsläufig mein Schicksal in die Richtung Waschfrau lenken würde. Mit einer 3 hätte ich mich vermutlich gar nicht nach Hause getraut.

Bis es dann doch passierte. In der sechsten Klasse, ich war fünfzehneinhalb Jahre alt, erkrankte ich an Scharlach, seinerzeit, lange vor der Entdeckung des Penicillins, eine Todesdrohung, der nur unter strengster Spitalsquarantäne beizukommen war. Auf Grund der angesehen Stellung meines Vaters, der Tatsache, dass meine Mutter eine diplomierte Krankenschwester war und unsere Wohnung die erforderliche Größe hatte, durfte ich daheim bleiben. Meine Mutter war mit mir in einem Zimmer kaserniert, meine aus Hartha herbeigeeilte Großmutter konnte sich zwar in der Wohnung frei bewegen, Küche und Haushalt versorgen, durfte aber weder auf die Straße gehen noch die Schwelle meines Zimmers überschreiten. Mit ständig gewechselten Gummihandschuhen versehen brachte sie das Essen, holte Geschirr, Schmutzwäsche und Nachttöpfe ab. Mein Vater war das Verbindungsglied zur Außenwelt, es war ihm jedoch nicht gestattet, meinem Zimmer auch nur in die Nähe zu kommen. Er war die ganze Zeit, die er daheim verbrachte, ins Schlafzimmer verbannt, das wiederum für meine Großmutter tabu war. Lediglich der behandelnde Arzt hatte überall freien Zutritt. Wie er sich gegen die mögliche Weiterverbreitung der Krankheit schützen konnte, das ist mir rätselhaft, denn ich meine noch heute den innigen Kontakt zu spüren, wenn er mir sein angenehm kühles Ohr auf den glühenden Rücken legte um mich »abzuhorchen«. Gab es denn damals noch kein Stethoskop?

Das komplizierte Ritual spielte sich im Laufe weniger Tage perfekt ein, und nach mehreren Krisen, da ich nahe am Rande des Abgrunds stand, war ich innerhalb von sechs Wochen endlich dem Leben wiedergegeben. Den Abschluss des Dramas bildete dann der Einzug von einigen gewalttätigen Männern, die mit giftsprühenden Spritzen anmarschiert kamen und die ganze Wohnung desinfizierten. Den Biedermeiermöbeln hat das gar nicht gut getan. Das kostbare Kirschholz warf hohe Wellen, aber meine Mutter hat erstaunlicherweise nicht ein Wort darüber verloren.

Kaum genesen und nach wenigen Tagen in der Schule erwischte mich, da ein Unglück selten allein kommt, eine Blinddarmentzündung und ich musste operiert werden. Insgesamt neun Schulwochen versäumt. Die Möglichkeit, dass ich die Klasse wiederholen müsste, lag drohend in der Luft – sitzen bleiben: die größte denkbare Schande in jenen Tagen, Scharlach hin, Blinddarm her. Der Schmach zu entgehen habe ich buchstäblich Tag und Nacht gebüffelt und ich setzte meinen Ehrgeiz darein, es ohne Nachhilfelehrer zu schaffen. Auch Nachhilfestunden galten als nicht mehr zu tilgender Makel. Um die Sache kurz zu machen: Ich habe es geschafft, aber das Jahreszeugnis war ein Desaster, ein Schicksalsschlag für meine Mutter, den weder meine heißen Tränen noch Vaters gütliches Zureden, gespickt mit vernünftigen Erklärungen, lindern konnte.

Sie ließ sich bei unserer Frau Direktor melden, in der Hoffnung von dieser Trost zu erhalten, doch sie kam als gebrochene Frau zurück. Frau Direktor, offenbar eine Meisterin psychologischen Einfühlungsvermögens, hatte gesagt: »Aber meine liebe Frau Oberstleutnant, finden Sie sich doch bitte mit den Tatsachen ab. Ihre Tochter ist in der Pubertät und es ist eine alte Erfahrung, dass da bei manchen Mädchen die geistige Entwicklung zum Stillstand kommt und sie auf dem Status einer Sechzehnjährigen verharrt. Sie können ja versuchen, sie weiter in der Schule zu lassen, vielleicht schafft sie die Reifeprüfung, ich würde mir aber an Ihrer Stelle nicht allzu große Hoffnungen machen.«

Meine Mutter beruhigte sich erst, nachdem ich das Semesterzeugnis der nächsten Klasse nach Hause gebracht, das mich im oberen Drittel der Lern-Hierarchie angesiedelt hatte. Wirklich ihres Lebens froh wurde sie, nachdem sie das »vorzüglich« im Reifezeugnis zu Gesicht bekommen hatte. Frau Direktor überreichte es mir mit den Worten: »Meine liebe Knapp, ich habe immer gewusst, dass du eine Zierde unserer Schule bist.«

Dieser Pointe habe ich alsogleich eine weitere hinzuzufügen, auf die ich erst gestoßen bin, als ich, Material für dieses Buch suchend, das Reifezeugnis meines Großvaters entdeckte, der mir von Mutter und Großmutter immer als perfekter Ausbund eines glänzenden Schülers zur Nachahmung empfohlen worden war. Und was fand ich heraus? Auf einer fünfteiligen Notenskala gab es viermal die 4, fünfmal die drei, einmal die zwei.

Was ich daraus gelernt habe? Das, was mir schon immer bekannt war: Nicht aufs Zeugnis kommt es an, sondern auf das, was man im Leben dann leistet und darstellt. Mein Vorzugszeugnis hat mir stets nicht viel mehr eingetragen als ein verächtliches »Streberin«.

7

Politik ist nichts für Frauen!

Es war ein heißer Frühsommertag des Unglücksjahres 1933, als wir, nebst anderen Gästen, Onkel Joseph, Tante Anna und meinen Vetter Rudi auf ihrem soeben erworbenen und mit großem Stolz präsentierten Grundstück am Rande des Wienerwaldes besuchten, wo ein kleines Sommerhaus entstehen sollte. Das eine Ereignis dieses Tages hat sich sofort für immer in mir verfestigt, das zweite, damals von mir nur am Rande wahrgenommen, wurde so oft rekapituliert, bis mir schien, auch ich hätte es bewusst miterlebt. Wieder und wieder musste ich daran denken, sobald, etwa ab der zweiten Hälfte des letzten Weltkrieges, der Satz fiel: »Joseph hat es schon damals vorausgesagt«, wobei meine Großmutter nicht versäumte, triumphierend hinzuzufügen: »Und Großvater hat es schon in den Zwanzigerjahren gewusst.«

Was mich an jenem Sommertag des Jahres 1933 so überaus beeindruckte und mit unbändigem Stolz erfüllte, das war die Entdeckung, dass ich, ich ganz allein unter all den anderen, scheinbar übersinnliche Kräfte besaß.

Onkel Josephs Grundstück lag direkt am Waldesrand, fernab jeder öffentlichen Wasserleitung, und so musste nun mühsam auf der Wiese nach einer Quelle oder wenigstens einer Wasserader gesucht werden, zu welchem Behufe ein Rutengänger engagiert worden war. Unter allgemeinem Hallo und gespannter Anteilnahme trug der Mann seine zweihändige Rute, die in einem Stab mündete, gemächlich hierhin und dorthin vor sich her, nickend, kopfschüttelnd und dann endlich das erlösende: »Aha, da ham mas.« Der Stab hatte sich heftig nach unten verbogen, Wasser war gefunden. Es folgte, was zwangsläufig folgen musste, jeder der Anwesenden versuchte auch sein Glück, doch die Rute war nicht bereit, auch nur einen Zucker zu tun.

Nach meinem Vetter kam ich, die Jüngste, als Letzte an die Reihe, eher belächelt, denn wie sollte ausgerechnet der Kleinsten gelingen, was den Großen versagt geblieben war? Aber, oho! Kaum kam ich der Wasserader auch nur in die Nähe, verbog sich die Rute mit solch einer elementaren Kraft, dass ich sie, trotz heftigster Anstrengung, nicht mehr zu halten vermochte. Sie hüpfte mir einfach aus der Hand. Gelächter, Geschrei, Gratulationen; der Wünschelrutengänger klopfte mir auf die Schulter und sagte, er hätte eine solche Begabung noch nie getroffen.

Es ist möglich, dass er mir nur schmeicheln wollte, doch ich schwamm auf einer Wolke der Seligkeit und war, zumindest für eine Weile, der Mittelpunkt der ganzen Gesellschaft, was mir zuvor noch nie wiederfahren war. In meinem Glücksrausch sah ich mich schon als Inkarnation wunderbarer Kräfte, die mich über die Masse der normalen Sterblichen hinausheben würden.

Überflüssig zu sagen, dass das Interesse an mir bald erlahmte und dieser Nachmittag endete wie alle dieser Art. Die Erwachsenen saßen auf mitgebrachten Decken und Klappsesseln, die von Tante Anna vorbereiteten Erfrischungen genießend, wir Kinder tollten spielend umher, und ich erinnere mich nur undeutlich, dass mein Vater, Onkel Joseph und ein weiterer Herr ein wenig abseits an einem Klapptisch saßen und in verhaltenem Ton heftig miteinander diskutierten.

Wie man mir später erzählt hat, holte Onkel Joseph schließlich ein Blatt Papier und einen Bleistift hervor, begann lange Listen mit vielen Zahlen zu schreiben, wobei von Mannschaftsstärken, Bruttoregistertonnen, Ölreserven und anderen Ressourcen die Rede war, um dann das eindeutige Fazit seiner Überlegungen zu verkünden: Wenn Hitler, der in Deutschland soeben an die

Macht gekommen war, den Krieg begänne, und dass er dies würde und wollte, das stand für ihn (Onkel Joseph) außer jedem Zweifel, dann müsste er ihn zwangsläufig innerhalb von ein oder zwei Jahren verlieren. Die Zeitspanne, das war der einzige Fehler, der den Berechnungen meines Onkels innewohnte.

Ich weiß nicht, ob mein Vater und der andere Mann, der dabei gewesen ist, ihm geglaubt haben, ich weiß überhaupt so gut wie gar nichts über das politische Geschehen und die politischen Perspektiven aus den ersten siebzehn Jahres meines Lebens, denn eines der vielen Tabus meiner Adoleszenz – einige habe ich ja bereits ausführlich erwähnt – lautete: Politik ist nichts für Frauen, nach Goethe in Faust: »Ein garstig Lied! Pfui! Ein politisch Lied!« Mein Vater war kein Macho, die Frauen in unserer Familie hatten viel mehr zu reden und zu bestimmen als in anderen – manchmal mehr, als den Männern gut tat, wie ich heute weiß –, aber von Politik wurden sie fern gehalten. Aus Liebe, wie es hieß, aus Rücksichtnahme, um ihre Nerven nicht zu belasten.

Auf den Ausflügen mit unseren Freunden und Bekannten, im Schwimmbad, bei geselligen Treffen – immer steckten nach einer Weile Männer und Frauen in von einander gesonderten Gruppen beisammen und besprachen, was für sie wichtig war. Die Frauen über Haushalt, Kindererziehung, aber nicht nur das – auch Theater, Kunst, Bücher kamen aufs Tapet, und ich erinnere mich an den begeisterten Aufschrei von Phila Weinreb, die wunderschön war, aber bestimmt nicht die Allerklügste. »Schopenhauer müsst ihr lesen, Schopenhauer ist wichtiger als alles andere ...« Die Männer sprachen, das wussten wir, über Politik und sie machten immer besorgte Mienen. Das Phänomen, die Damen von diesem wichtigen Thema fern zu halten, war demnach durchaus nicht auf unsere Familie beschränkt.

Ein Phänomen übrigens, das noch bis weit in die Nachkriegsjahre existierte. Es war in den Siebzigern, als ich den damaligen Intendanten des Hörfunks interviewte und ihn fragte, warum es denn im Radio keine weiblichen Nachrichtensprecherinnen gebe, von politischen Redakteurinnen ganz zu schweigen. (Dass es bei den Zeitungen anders gehandhabt wurde, dafür war ich das lebende Beispiel.) »Aber gehn S', meine Gnädigste, das wollen wir doch nicht, aufregende und schreckliche Nachrichten aus dem Mund von Frauen hören.« Um alsogleich, es war ein sehr gebildeter Herr, in ein Schiller-Zitat zu verfallen: »Ehret die Frauen!/ Sie flechten und weben/ Himmlische Rosen ins irdische Leben,« und fügte hinzu: »Dafür sind die Frauen da, nicht fürs garstige politische Geschäft.« – »Lied«, war ich versucht, ihn zu verbessern, »garstig Lied heißt es bei Goethe.« Ich hielt aber dann doch den Mund, denn es war anzunehmen, dass er nebst politischen Nachrichten auch keine Besserwisserei von rosigen Frauenlippen hören wollte.

Ich habe lange darüber nachgedacht, wie ich mein politisches Wahrnehmungsvermögen aus jener Zeit bildlich darstellen könnte, und da fiel mir der Vergleich mit einer Badekabine ein. Dunkelheit, Holz rundherum und nur hie und da ein Astloch, durch das man einen winzigen Ausschnitt der Umwelt sieht, aber nicht in der Lage ist, irgendwelche Zusammenhänge zu erkennen.

Konfetti sehe ich durch das erste Astloch. Das kleine Mädchen, das noch nicht zur Schule geht, hüpft jauchzend umher, um das viele in einem kalten Herbstwind durcheinander wirbelnde Konfetti einzufangen. »Lass das, das Zeug ist schmutzig«, mahnt meine Mutter. »Aber ich mag Konfetti«, mault das Kind. »Das ist kein Spielzeug, das sind Stimmzettel«, erläutert der Vater. Das Kind hat noch keine Ahnung, was Stimmzettel sind, erst viel später, als es einmal die Szene erwähnt, begreift es, was dieses »Konfetti« in Wirklichkeit war. Es gab noch keine amtlichen Stimmzettel, in Scharen standen Vertreter der verschiedenen Parteien vor den Wahllokalen und drückten jedem Passanten ganze Packen der parteieigenen Stimmzettel in die Hände, die dann umgehend auf die Straße geworfen wurden und zum Entzücken des Kindes durch die Luft segelten.

Vielleicht ein Jahrzehnt oder mehr später konnte man ähnliche politische Konfettiwirbelstürme in den Wiener Straßen beobachten und die Dreizehn- oder Vierzehnjährige hatte daran fast ebenso viel Spaß wie die Drei- oder Vierjährige. Es war die Zeit, da die Nazi-Partei in Österreich offiziell verboten war und deren findige Propagandisten sich wirkungsvoll Aufmerksamkeit verschafften, indem sie heimlich an die letzten Wagen der Straßenbahn Säcke aus dünnem Papier anbrachten, die während der Fahrt aufplatzten und Hunderte von Zettelchen mit darauf gedruckten Parolen sowie Kaskaden winziger aus Blech gestanzter Hakenkreuze über die Gassen fliegen ließen.

Durch ein anderes Astloch sehe ich festlich gekleidete Menschen, die, rote Nelken angesteckt, rote Fahnen schwingend, singend und von donnernder Marschmusik aus mehr oder minder wohl gestimmten Blasinstrumenten begleitet, am 1. Mai durch die Straßen marschierten. Ich fand den Anblick berauschend schön und angesichts der freudig erregten Massen, der durch Mark und Bein gehenden Musik überlief mich ein undefinierbares Glücksgefühl – der »heilige Schauer«, wie es Konrad Lorenz einmal später sehr gescheit formulieren würde. Ich konnte gar nicht glauben, was mir meine Großmutter aus den Tagen ihrer Kindheit in Dresden erzählte, wo der Vater Fenster und Türen verrammeln ließ und die ganze Familie nebst Personal konfiniert hielt, aus Angst, »die Sozis« könnten aus einem solchen Maiaufmarsch gleich eine blutige Revolution und alle braven Bürger, wie anno 1789 in Frankreich, um einen Kopf kürzer machen.

Der »heilige Schauer« überfiel mich übrigens gleichermaßen, wenn am Fronleichnamstag die große Prozession an unserem Haus vorbeimarschierte, mit farbenprächtig leuchtenden Priestern, Heerscharen weiß gekleideter kleiner Mädchen, über den Köpfen schwankenden Heiligenfiguren, fromme Lieder singenden Männer und Frauen in ihrem besten Sonntagsstaat und dazu die unvermeidliche Blaskapelle, die das Herz des Kindes höher hüpfen ließ. Ob es die gleiche war wie beim Maiaufmarsch, wollte es vom Vater wissen. Er lachte und meinte, das glaube er eigentlich nicht.

Meine »politische Bildung«, wenn man es denn so nennen will, erfolgte gewissermaßen rückwärts gerichtet, und zwar ausschließlich aus dem Munde meiner Großmutter, die, wie die meisten alten Leute, in Erinnerungen und fernem Echo von Erinnerungen ihrer Vorfahren schwelgte. Ausführlich erzählte sie in der

Familie tradierte Geschichten aus den Napoleonischen Kriegen, als der Widerstand der Deutschen diese, nach jahrhundertelanger Zerrissenheit, zu einer Nation zusammenzuschweißen begann, woraus die giftige Sumpfblüte des Nationalismus spross. Der Freudenschrei eines Ahnen: »Die Russen stehn bei Pulsnitz«, bereit also, schon bald ihr Scherflein zur großen Völkerschlacht bei Leipzig von 1813 beizutragen, wurde haarklein berichtet und, selbstverständlich, das Völkerschlachtdenkmal ebendort dem Kinde, nebst ausführlicher Schilderung des großen Ereignisses vom Siege über den Korsen, nicht nur einmal, sondern gleich mehrmals vorgeführt.

Noch stärker als der allgemein deutsche bewegte meine Großmutter verständlicherweise der sächsische Patriotismus und der Nachklang des Leids, das Sachsen 1866 zugefügt wurde, als es an Österreichs Seite den bösen Preußen unterlag, schlug sich in einem der ersten Gedichte nieder, das sie mich auswendig lernen ließ: »Warum sieht denn die Elbe/ bei Dresden so gelbe?/ Sie kommt hinter Meißen,/ pfui Spinne, nach Preußen.«

Auch ein Liedlein aus ihrem politischen Repertoire lehrte sie mich, das sie in ihrer Kindheit – sie war Jahrgang 1874 – wohl oft von den Mägden singen gehört haben mag, wenige Jahre nach dem für Deutschland so glorreichen Sieg über den französischen Erbfeind im Jahre 1871. Nach der Melodie von »Nun vergiss süßes Flehn, sanftes Kosen und das Flattern von Rosen zu Rosen« aus Mozarts Figaro wurde geträllert: »Reißet aus, reißet aus, reißet alle, alle aus, dort steht ein französisches Schilder-Schilderhaus ...«

Häufig erwähnt wurde von den Damen des Hauses – nur von ihnen, der Vater sprach kein einziges Wort darüber – der Erste Weltkrieg. In erster Linie wurden, wenn das Kind nicht essen wollte, die schrecklichen Hungersnöte beschworen, und wie glücklich die Menschen gewesen wären, hätten sie nur ein paar Bissen des köst-li-chen Spinats oder der wun-der-ba-ren Kalbsleber bekommen, deren Überreste sich bis zum Erbrechen im Munde des Kindes ansammelten, um in einem heimlichen Augenblick ins Klo gespuckt zu werden.

Das waren die Worte der Mutter, aber die Großmutter lief zu Hochform auf, wenn sie über »das perfide Albion«, die »hinterhältigen Franzosen« und die »verräterischen Italiener« herzog. Sie schuf ein Feindbild des Hasses und des Schreckens, denn Frankreich und England waren doch letzten Endes verantwortlich für den Verlust ihres ansehnlichen Vermögens – oder etwa nicht? Vater und Großvater schwiegen noch immer – wer hätte es gewagt, diese Frau daran zu erinnern, dass Politik nichts für ihresgleichen wäre ...

1927 wurde Österreich zum ersten Mal von einem Bürgerkrieg zwischen rechten und linken Kräften bedroht. Nachdem zwei Angehörige des schwarzen Frontkämpferverbandes, die einen Mann, Mitglied des roten Schutzbundes, und ein Kind niedergeknallt hatten, vom Gericht freigesprochen worden waren, kam es zu schweren Krawallen und schließlich setzte eine aufgebrachte Menge den Wiener Justizpalast in Brand. Die Polizei griff brutal durch, 89 Tote und 1500 Verletzte blieben auf der Strecke.

Nichts. Nicht das kleinste Loch in meiner imaginären Kabine. Ich war immerhin ein Kind von sechs Jahren, man müsste doch meinen, dass zumindest ein Fetzchen Erinnerung an die aufwühlenden Geschehnisse hängen geblieben wäre. Ich war in Hartha. Sicher muss ich in Hartha gewesen sein, dort wurden innerdeutsche Angelegenheiten diskutiert, man hatte genug eigene Sorgen, das Kind brauchte aber auch davon nichts zu erfahren.

1934 – ja, da gibt es einige einschneidende Erinnerungen, allerdings von höchst unterschiedlicher Gewichtigkeit.

Angst, entsetzliche Angst, war das vorherrschende Gefühl. Am 12. Februar brach der Bürgerkrieg aus, der schon Jahre latent geschwelt hatte, die ultimative Auseinandersetzung zwischen Links und Rechts, wobei darunter nur die konservativen Kräfte, nicht schon die Nationalsozialisten zu verstehen sind, die ein halbes Jahr später zu Mord und Totschlag schritten. Die Vorgeschichte ist kompliziert, würde den Rahmen dieses Buches sprengen, das sich in erster Linie mit den Empfindungen der noch nicht einmal Dreizehnjährigen befasst, die ohnehin von nichts eine Ahnung hatte.

Es wurde geschossen, ganz nah von unserer Wohnung, schwere Detonationen, Kanonen auf die von der roten Gemeinde erbauten Arbeitersiedlungen gerichtet. Dumpfer Aufschlag nach dumpfem Aufschlag – das Kind liegt zitternd im Bett der Mutter, eng an sie geschmiegt, aber diese kann wenig Trost spenden. Auch sie bebt am ganzen Leibe, schluchzt leise und antwortet auf die Fragen des Kindes, was dies denn alles zu bedeuten hätte: »Ich weiß es nicht, Kind, ich weiß es auch nicht. Der Vati ...« Der Vater. Ja, wo ist er denn? Wieso ist er nicht daheim, um seine Familie zu beschützen? Der Vater ist in der Kaserne. Ist er wirklich in der Kaserne? Ist es sein Regiment, das auf die Gemeindebauten schießt? Daran denke ich damals nicht. Erst viel später gehen mir diese Überlegungen durch den Kopf, doch ich will es nicht wissen. Viel zu froh war ich, dass er eines Tages plötzlich wieder daheim war. Vielleicht hat er dann doch mit der Mutter über alles gesprochen, mit mir jedenfalls nicht. Dass es bei diesen Kämpfen 128 Tote und 409 Verletzte auf Seiten der Exekutive, 137 Tote und 399 Verwundete auf Seiten des roten Schutzbundes gegeben hat, das lese ich erst Jahre, wenn nicht Jahrzehnte später in den Geschichtsbüchern nach.

Die Angst um den Vater, das war das eine. Die Freude über ein paar schulfreie Tag mitten im Jahr das andere. Das andere hat zwar das eine nicht aufgewogen, doch die Tatsache, dass ich über das politisch verursachte hochoffizielle Schulschwänzen fast ebenso glücklich wie ich unglücklich über Vaters Abwesenheit war, die lässt sich nicht ableugnen. Ist einem Kind daraus ein Vorwurf zu machen? Politisch korrekt war es nach heutigem Verständnis auf keinen Fall. Bleibt nur die Frage, ob einem Kind politische Korrektheit überhaupt zumutbar ist.

Noch zwei weitere, diesmal sehr prominente Tote sind in diesem Jahr 1934 zu beklagen: der österreichische Bundeskanzler Engelbert Dollfuß wird am 25. Juli im Verlauf eines letzten Endes fehlgeschlagenen Nazi-Putsches in seinen Amtsräumen ermordet, der deutsche Reichspräsident und gefeierte Heros des Ersten Weltkrieges, Paul von Hindenburg, stirbt am 2. August friedlich an Altersschwäche.

Juli, August? Ich bin in Hartha. Ich glaube, der Name Dollfuß ist in meiner Gegenwart überhaupt nicht gefallen, wenn ja, dann vermutlich ganz am Rande, weit außerhalb des Interessengebietes des Kindes.

Ganz anders verhält es sich im Fall Hindenburg. Ich war mit den Freunden unterwegs, mag sein, um Pilze in der Fröhne zu suchen, mag sein im Freibad von Geringswalde, jedenfalls gehe ich nachher nicht direkt heim zur Großmutter, sondern, aus einem Grund, den ich nicht mehr weiß, ins schräg gegenüberliegende Haus zum Kantor Henning, einem alten Freund meines verstorbenen Großvaters. Ich klingle an der Tür, aber niemand öffnet, obwohl jemand in der Wohnung sein muss, denn ich höre Musik. Ich drücke an der Tür – sie ist gar nicht geschlossen und sie gibt sofort nach. Ich gehe den Klängen der Musik nach und es bietet sich mir ein unvergessliches Bild: Vier oder fünf Menschen stehen regungslos über das Zimmer verteilt, so als wären sie so wie weiland Lots Töchter beim Anblick von Sodom und Gomorrha zu Salzsäulen erstarrt, und der alte Kantor, ein nüchterner, eher strenger Herr, vor dem ich immer einen Heidenrespekt empfunden habe, weint und wimmert, die Hände vors Gesicht geschlagen, wie ein kleines Kind. Die Musik, die mir augenblicklich ans Herz greift, stammt, so erfahre ich später, von Beethoven, zweiter Satz der Eroica, der so genannte Trauermarsch. Hindenburg ist gestorben, das ganze Land wie gelähmt. Auch meine Großmutter weint tagelang, teils, wie sie sagt, weil der alte Herr von der ganzen Nation wie ein Vater geliebt worden war, teils, weil nun niemand wisse, wie es weitergehen werde ohne ihn; ohne seinen doch mäßigenden Einfluss werde es der Hitler noch toller treiben als bisher, das hätte schon Großvater, lange vor seinem Tod, vorausgesehen. Ich verstand kein Wort, ich fragte nach, aber die Großmutter war flink mit der vertrauten Formel zur Stelle, diesmal speziell auf Kinder gemünzt: »Das verstehst du nicht, das brauchst du auch gar nicht zu verstehen. Politik ist nichts für Kinder.«

Was dabei herauskommt, wenn man Kinder (und wohl auch Frauen) systematisch zu politischen Ignoranten erzieht, lässt sich sehr schön an einer Episode darstellen, die sich nach meiner Rückkunft aus Hartha auf dem Wanderweg entlang der Donau von Klosterneuburg nach Wien abspielte.

Die Vorgeschichte dazu hat mit Ilse zu tun, jenem Mädchen, dem ich ein paar Jahre zuvor die Zöpfe abgeschnitten hatte. Die Tochter des Hausmeisters meiner Großmutter gehörte nicht zu unserer Clique von Kindern und Jugendlichen aus den so genannten »besseren« Kreisen, aber gelegentlich hatte ich mit ihr gespielt, da sie nun einmal unter einem Dach mit uns lebte. In diesem Jahr 1934 war sie, zwei oder drei Jahre älter als ich, zu einer von mir sehr bewunderten Persönlichkeit herangereift. Sie hatte eine führende Funktion beim Bund Deutscher Mädchen (BdM) inne, trug eine schicke Uniform, trat locker und doch zugleich sehr bestimmt auf – mit einem Wort: ich bewunderte sie grenzenlos.

Mich beeindruckten die Aufmärsche von BdM, HJ (Hitlerjugend) und SA mit festem Schritt, dumpfen Trommeln, klingendem Spiel und wehenden Fahnen außerordentlich und sie lösten ein ähnliches Hochgefühl bei mir aus wie die Umzüge der Roten am 1. Mai und die Fronleichnamsprozessionen vergangener Jahre in meiner Heimatstadt. Erst in Jahrzehnten werde ich durch das aufschlussreiche Werk »Masse und Macht« von Elias Canetti belehrt, wie die Mechanismen funktionieren, um durch solche plakative Demonstrationen einhelligen heiligen Willens harmlose Zuschauer plötzlich zu begeisterten Mitläufern zu machen.

Ich jedenfalls war reif dafür, nachdem Ilse mir sogar gestattet hatte, an dem einen oder anderen Heimabend ihrer BdM-Gruppe teilzunehmen, wo sie Reden schwang, die ich nicht kapierte, die mir jedoch imponierten. Meist wurde gesungen, ich tat begeistert mit, merkte mir Texte und Melodien – nicht vergeblich bekam ich ja zuhause umfassenden Musikunterricht.

Nach Wien zurückgekehrt musste ich natürlich mein neues Wissen und meine neue Begeisterung sogleich weitergeben und die Ersten, die meinen Worten und meinen Gesängen andächtig lauschten, das waren meine Freundin Trude Weinreb und ihr zwei Jahre jüngerer Bruder Kurt. Die Weinrebs und wir verbrachten den ersten Sonntag nach meiner Heimkunft zusammen im

Schwimmbad von Klosterneuburg. Während die Erwachsenen nach den Anleitungen von Franz Weinreb, der ein begeisterter und ausdauernder Sportler war, fleißig turnten, zogen wir Kinder uns ins Weidengebüsch am Ufer des Stromes zurück. Dort brachte ich den Freunden in ziemlich kurzer Zeit die beiden Lieder aus meinem BdM-Repertoire bei, die mir am besten gefielen.

Als wir am Abend, wie immer zu Fuß, von Klosterneuburg nach Wien marschierten, vornweg die Kinder, dann die beiden Frauen, zum Schluss die Männer, begannen Trude, Kurt und ich lauthals zu singen, was nichts Außergewöhnliches war, es wurde beim Wandern oft und gern gesungen.

Unsere erste Darbietung erregte noch keine besondere Aufmerksamkeit, es war ein deutsches Heimatlied und handelte von »Märkische Heide, märkischer Sand sind des Märkers Freude, sind sein Heimatland ...« oder so ähnlich. Als wir aber den zweiten Gesang angestimmt und nur ein paar kurze Zeilen gesungen hatten, kamen die beiden Männer angestürmt und geboten uns, auf der Stelle aufzuhören. Wenn ich mich recht erinnere, lautete der inkriminierte Reim: »Wir werden weiter marschieren, bis alles in Scherben fällt, denn heute da hört uns Deutschland und morgen die ganze Welt ...«

Und die Konsequenzen? Welche Konsequenzen? Das Übliche eben. Ein neues Gebot, ein neues Verbot – mit solchen Leuten wie die Ilse verkehrt man nicht, solche Lieder singt man nicht. Basta! *Man*. *Man* hält sich gerade! *Man* isst, was auf dem Teller liegt! *Man* begrüßt Damen mit einem Knicks! *Man* steht auf in der Straßenbahn, wenn Ältere keinen Platz bekommen! *Man* lässt sich nicht küssen, es sei denn, man ist verlobt! Man, man, man ...

Es waren aufregende, turbulente, politisch brisante Zeiten und ich frage mich heute, da ich mich als hochpolitischen Menschen bezeichnen kann, wie eine Heranwachsende von einiger Intelligenz davon nicht im Mindesten berührt werden konnte. Verdrängung vielleicht?

Ich konsultiere mein Tagebuch, das ich bereits sehr jung zu schreiben begonnen habe – nicht eine einzige Zeile von dem, was die ganze Welt damals in Aufruhr versetzt hat. Stattdessen larmoyante Gefühlsausbrüche einer Pubertierenden, die sich von allen, von der Mutter insbesondere, nicht verstanden fühlt, dann Seiten um Seiten das Auf und Ab der ersten Liebe, die nichts anderes sein kann als die einzige, ein ganzes Leben erfüllende. Dieses Tagebuch ist wie losgelöst von Zeit und Raum, es hätte vor hundert Jahren geschrieben sein können oder vor zweihundert. Ob Mädchen in den kommenden hundert Jahren ähnlich empfinden werden, das wage ich nicht zu beurteilen.

Wenn ich mit Trude, die ich täglich zwischen 7.30 und 7.35 Uhr an der Ecke Gentzgasse und Weimarer Straße traf, zur Schule ging (meist kam sie zu spät, immer kam sie keuchend angehetzt) – was haben wir da gesprochen? Immerhin: Ihr Vater war ein prominenter Sozialdemokrat, ihre Großmutter eine der Mitbegründerinnen der berühmten »Kinderfreunde«, er war Jude und hatte schwer zu kämpfen, nachdem er, 1934, seine Stellung bei einer halbstaatlichen Handelsgesellschaft verloren hatte. Nun schlug er sich mit einem eigenen kleinen Geschäft mühsam durch – ausgerechnet Autoersatzteile, in einer Zeit, da fast niemand ein Auto sein Eigen nannte – und worüber sprachen wir während der 20, 25 Minuten? Wir erzählten einander selbst ausgedachte Indianergeschichten, bauten kleine Dialog-Szenen ein, wobei Trude den Old Shatterhand und ich den Winnetou verkörperte. In unseren beiden Familien nämlich galt: Karl May liest *man* nicht, Karl May ist jugendverderbender Schund, Karl May ist das Letzte.

Karl May bescherte mir den enttäuschendsten Geburtstag meines Lebens. Ich hatte, von Trude angefeuert, gewagt, mir wider besseres Wissen »Winnetou« zu wünschen, und meine Mutter erging sich auch in geheimnisvollen Andeutungen, ich werde auf dem Gabentisch eine große, eine freudige Überraschung erleben. Mit klopfendem Herzen und fliegenden Händen begann ich das erste der drei Bücherpäckchen auszuwickeln und augenblicklich verwandelte sich die »freudige Überraschung« in abgrundtiefes Missvergnügen. Meine lieben Eltern hatten mir eine dreibändige Gesamtausgabe der Werke von Theodor Storm beschert und sie erwarteten, dass ich darüber hochbeglückt sei.

»Old Shatterhand« und »Winnetou«. Trude Weinreb – links – im berüchtigten »mitwachsenden« Dirndl

Ich wusste, was *man* zu tun hatte, ich zwängte ein strahlendes Lächeln auf meine Lippen und bedankte mich überschwänglich.

In der Tagespolitik ging es drunter und drüber. In Österreich war die Demokratie durch die Auflösung des Parlaments praktisch abgeschafft, es herrschte ein autoritäres Regime, alle Parteien außer der regierungstreuen »Vaterländischen Front« waren verboten. Das Land war wie ein brodelnder Kessel, dessen Deckel mit Mühe niedergehalten werden konnte, und immer öfter drangen giftige Dampfwolken nach draußen. Nazis schmissen Bomben, in den Schulen prügelten sich die Buben, auf den Universitäten waren die Studenten oft knapp daran, einander die Schädel einzuschlagen. Vor allem begann von Seiten der Rechten eine vehemente Hetzjagd gegen alles Jüdische.

Wie war das in unserer Klasse? Über unsere Schule im Allgemeinen kann ich nichts sagen, aber über die eigene Klasse vermag ich genaue Auskunft zu geben, nämlich die, dass hier das Politische kaum eine Rolle spielte, sieht man davon ab, dass zwei oder drei Mädchen Zöpfe trugen, und zwar das Geflecht direkt über den Ohren angesetzt, so, wie es angeblich die alten Germaninnen getan hatten. Etwa ein Drittel unserer Klassenkameradinnen waren Jüdinnen und es ging auch ein feiner Haarriss durch die Klasse, der aber nichts mit den unterschiedlichen Konfessionen zu tun hatte. Auf der einen Seite die Reichen und Verwöhnten aus dem Cottage-Viertel, die Töchter von Industriellen und Bankiers, die Bittmann-Kleider besaßen, in Autos herumfuhren, den Sommer am Lido in Venedig verbrachten, im Winter zum Schifahren auf den Arlberg fuhren, die zum Frisör gingen, Nägel lackierten; auf der anderen Mädchen wie ich und Trude Weinreb, Töchter von Beamten, Geschäftsleuten, Angestellten, die zu Fuß gingen, hausgeschneiderte, vielfach geänderte Garderobe trugen, die Ferien in Bauernhäusern verlebten, sich den Schulschikurs kaum leisten konnten, die Haare selbst wuschen und die sich weder schminken noch die Fingernägel lackieren durften. Trude und ich hatten einmal heimlich farblosen Lack aufgetragen, worauf es ein Riesendonnerwetter von Vater Weinreb gab und das harte Wort »Das tun nur Dirnen!« fiel.

In die Mädchenidylle der Heranwachsenden drängte sich in den folgenden Jahren die Politik dann doch immer dreister hinein, und zwar in dem Maße, in dem der Druck auf den österreichischen Dampfkessel sich von außen, präzise gesagt, vom Deutschland Hitlers, zu verstärken begann. Die Regierung versuchte mit allen Mitteln ein österreichisches Gemeinschaftsgefühl zu schaffen, die Abwehrkräfte zu festigen, und so wurden auch wir zunehmend mit politischen Parolen überschüttet. Wir mussten ein staatstragendes Lied lernen und bei jeder sich bietenden Gelegenheit wurde es angestimmt. Es lautete: »Ihr Jungen schließt die Reihen fest, ein Toter (gemeint war der ermordete Bundeskanzler Dollfuß) führt euch an./ Er gab für Österreich sein Blut, ein wahrer deutscher (sic!) Mann./ Die Mörderkugel, die ihn traf,/ sie riss das Volk aus Zank und Schlaf ...« Weiter weiß ich nicht mehr. Die Melodie war einprägsam, sie tönt mir noch immer in den Ohren und zu meiner großen Verwunderung und Überraschung habe ich, im Laufe der Recherchen für dieses Buch, erfahren, dass kein Geringerer als Hermann Leopoldi diese geschrieben hatte. Für Nicht-Wiener: Leopoldi war einer der populärsten Liedermacher der Zeit, die ganze Stadt trällerte seine heiteren Songs wie etwa: »Ich bin ein stiller Zecher« oder »Wie wär's mit einer schönen kleinen Überlandpartie«. Niemals hätte ich ihm zugetraut, dass er auch ein politisches Kampflied hätte komponieren können und wollen.

Was den Deutschen ihr unentwegt oktroyiertes »Heil Hitler«, wurde für uns Schülerinnen ein zackig hervorgestoßenes »Österreich« mit erhobener Schwurhand. Manche Lehrer forderten es von uns, sooft sie die Klasse betraten, andere wieder nicht, besonders eifrig war hiebei die von mir ansonsten sehr geschätzte Dr. K. Österreich war in diesen Jahren, das lässt sich nicht leugnen, eine Diktatur, gemildert durch leichte Schlamperei.

Der Druck von außen wurde zunehmend stärker, der Druck von innen gleichermaßen, indem die Nazis immer dreister und immer aufmüpfiger wurden, aber eine in allerletzter Minute mit den verbotenen Sozialdemokraten angedachte Abwehr-Allianz kam nicht mehr zu Stande. Österreichs Bundeskanzler Dr. Kurt Schuschnigg, von Hitler gedemütigt und in steigendem Maße zu Konzessionen gezwungen, suchte sein Heil in einer Volksabstimmung, die am 13. März 1938 stattfinden und den Willen der Österreicher zur Beibehaltung ihrer Selbstständigkeit aufrufen sollte. Sie wurde vereitelt, als alle Anzeichen darauf hindeuteten, dass es ein Sieg für Schuschnigg werden würde: In der Nacht vom 11. zum 12. März überschritten deutsche Truppen die Grenze, um dem »unterdrückten österreichischen Volk« beizustehen.

Gegen 20 Uhr hielt der Bundeskanzler im Rundfunk eine Ansprache, in welcher er mit bewegter Stimme erklärte: »Der Herr Bundespräsident beauftragt mich, dem österreichischen Volk mitzuteilen, dass wir der Gewalt weichen. ... weil wir um keinen

Preis, auch in dieser ernsten Stunde nicht, deutsches Blut zu vergießen gesonnen sind.« Zum Schluss sagte er: »So verabschiede ich mich von dem österreichischen Volk mit einem deutschen Wort und einem Herzenswunsch: ›Gott schütze Österreich!‹« Drei Stunden später ist das Rundfunkgebäude fest in der Hand der Nationalsozialisten und einer der ihren wird zum neuen Bundeskanzler ausgerufen.

Meine Mutter und ich saßen wie gelähmt vor dem Radioapparat – wieder, wie damals 1934 – war der Vater in diesen dramatischen Stunden nicht bei uns, sondern in der Kaserne, und rückblickend scheint mir die Szene wie aus einem absurden Theaterstück: Auf dem Esszimmertisch lag ein riesiger Osterschinken, den Tante Resi aus Köszeg geschickt und der kurz zuvor von einem Eilboten geliefert worden war. Nichts als der Schinken auf einem Stück Karton, und während wir gebannt lauschten, schnitt die Mutter eine Scheibe nach der anderen ab, steckte sie abwechselnd sich selbst und mir in den Mund.

Ich geriet allmählich in Panik, nicht wegen der Ereignisse an sich, sondern wegen der Angst um den Vater. Ich hörte das Wummern der Kanonen von 1934, es steigerte sich zu einem Furioso, und ich raffte mich auf, sagte zur Mutter, dass ich gehen werde, den Vater zu suchen. Wie ich mir das vorgestellt habe, kann ich nicht einmal mehr ahnen, es war nur eine unwiderstehliche Kraft, die mich aus dem Haus trieb, trotz des herzzerreißenden Flehens meiner Mutter.

Ich stürzte auf die Straße und ich stellte zu meiner Überraschung fest, dass ich bei Gott nicht die Einzige war. Hunderte, Tausende waren unterwegs, alle stadtwärts, es war ein beängstigendes Getrappel, Gedröhne, Geschrei und ich, die zeitlebens schreckliche Angst vor großen Menschenansammlungen hatte (und habe), wurde mitgerissen, mitgeschoben, mitgedrängt, ob ich wollte oder nicht. Aber ich wollte, ich musste, kindischer Gedanke, in die Wilhelmkaserne und nachschauen, ob mein Vater überhaupt noch lebte.

Durch die Währinger Straße gelangte ich zum Ring, zum Schottentor, das immer noch so heißt, obwohl dort seit ewigen

Die Eltern, etwa ein Jahr vor dem Ende Österreichs

Zeiten kein Stadttor mehr steht, und mit größter Anstrengung gelang es mir, mich aus dem geradeaus ins Stadtinnere wälzenden Menschenwurm zu lösen und links abzubiegen, Richtung Wilhelmkaserne. (Später habe ich dann erfahren, dass das euphorische Volk ein einziges Ziel hatte: das deutsche Reisebüro in der Kärntner Straße, wo man flugs ein riesiges Hitler-Portrait ins Schaufenster gestellt hatte, an dem die Leute, in stiller Andacht, wie vor einem Heiligenbild, oder besser Götzenbild, mit hoch erhobenem Arm vorbeizogen.)

Ich hingegen begann mich vom Schottentor stadtauswärts aufzumachen und plötzlich, ich hielt es zunächst für ein Traum- oder Wunschbild, stand mir mein Vater gegenüber, auf dem Weg in die Gentzgasse, woher ich soeben gekommen war. Er schien weder überrascht noch erstaunt, er sagte nichts und fragte nichts, und als ich zu weinen begann, nahm er mich stumm in die Arme, strich beruhigend über mein Haar. Dann zog er meinen Arm unter den seinen, wir spazierten wie ein altes Ehepaar langsam Richtung Gentzgasse, unbehelligt, da der uns entgegenkommende Menschenstrom zu einem Rinnsal versickert war.

Als Trude und ich nach ein, zwei unterrichtsfreien Tagen wieder gemeinsam zur Schule trotteten, war von Winnetou nicht mehr die Rede. Sie war deprimiert und verunsichert, der Vater hatte noch in der Nacht, da die deutsche Wehrmacht in Österreich einmarschierte, einen Rucksack gepackt, war Hals über Kopf nach Vorarlberg gereist und über die grüne Grenze in die Schweiz entwichen. Dass es ihm gelingen würde, innerhalb weniger Wochen die Familie nach Holland zu lotsen und dann zusammen mit ihr nach Australien zu entkommen, das stand zu diesem Zeitpunkt noch keineswegs fest. Um die Geschichte abzurunden: Trude ist in Australien an Heimweh fast zu Grunde gegangen, aber als ihr Vater kurz nach dem Krieg nach Österreich kam, um die Heimkehr der Familie in die Wege zu leiten, wurde er von keiner Seite dazu ermutigt. Im Gegenteil. Die Familie Vanry, wie sie jetzt hieß, blieb auf der anderen Seite des Globus, Trude hatte erst mehr als dreißig Jahre später die Kraft, einen Besuch bei mir zu wagen ...

Sie war in jenen Märztagen eine der wenigen »Nichtarierinnen«, die überhaupt noch in die Schule kamen. Die meisten meiner jüdischen Mitschülerinnen waren verschwunden, ihre Bänke blieben leer, um kurze Zeit später von Klosterschülerinnen besetzt zu werden, deren Gymnasium von den neuen Machthabern überfallsartig geschlossen worden war.

Als an jenem Tag der Unterricht begann, wurde die erste Stunde von Dr. K. gehalten, jener Lehrerin, welche die eifrigste »Österreich«-Ruferin gewesen war. Sie kam zur Tür herein, wir erhoben uns, wie es Vorschrift war, von unseren Plätzen und sie schmetterte mit emporgerecktem Arm ein fröhliches »Heil Hitler« in die Klasse.

In diesem Augenblick regte sich etwas in mir, ich wusste damals noch nicht genau, was es war. Ein vages Gefühl, dass die Welt keineswegs so funktionierte, wie ich immer geglaubt hatte, dass sie es täte. Die Jugendzeit ging zur Neige, ich begann, sechzehn Jahre und neun Monate alt, erwachsen zu werden.